中共山东省委党校(山东行政学院)创新工程成果

山东省党校(行政学院)系统智库联盟重大调研课题成果

山东新旧动能转换案例研究(2018)

《山东新旧动能转换案例研究(2018)》编写组　编

山东大学出版社

图书在版编目(CIP)数据

山东新旧动能转换案例研究:2018/《山东新旧动能转换案例研究(2018)》编写组编. —济南:山东大学出版社,2019.9

ISBN 978-7-5607-6435-1

Ⅰ.①山… Ⅱ.①山… Ⅲ.①区域经济发展—研究—山东 Ⅳ.①F127.52

中国版本图书馆 CIP 数据核字(2019)第 205720 号

责任编辑:徐 翔
封面设计:张 荔

出版发行:山东大学出版社
社 址 山东省济南市山大南路 20 号
邮 编 250100
电 话 市场部(0531)88364466
经 销:新华书店
印 刷:山东新华印务有限责任公司
规 格:720 毫米×1000 毫米 1/16
15.75 印张 230 千字
版 次:2019 年 9 月第 1 版
印 次:2019 年 9 月第 1 次印刷
定 价:39.00 元

前言

近年来山东大力推进新旧动能转换重大工程，抓住了实现产业转型升级、品牌跃上高端化、迈上国际价值链中高端、经济保持中高速持续增长、实现经济高质量发展的“牛鼻子”，新旧动能转换在山东全省掀起热潮，各部门、市、县、乡镇和企业自觉探索新旧动能转换的规律，特别是结合实际探索推动新旧动能转换的方向、定位、着力点等，探索出一些有效的模式，形成了许多可推广借鉴、可复制的典型案例。中共山东省委党校（山东行政学院）校（院）委会高度重视对典型案例的研究，要求发挥全省党校（行政学院）系统智库联盟的作用，系统、全面总结全省各地新旧动能转换的典型做法和创新举措。智库联盟理事会秘书处联合新旧动能转换研究中心设计研究方案，于2018年组织全省党校（行政学院）系统智库联盟的专家学者围绕全省新旧动能转换进行了深入系统的调研，总结出了一批改造提升传统产业、发展壮大新兴产业、新业态、新模式、跨界融合化和品牌高端化的典型案例，现将其整理编辑出版。

本书由中共山东省委党校（山东行政学院）新旧动能转换研究中心首席专家迟树功教授进行了系统修改、统稿。本书总结了31个典型案例，由各研究团队在数月深入调研的基础上合作完成。案例一“加快农业新旧动能转换 推动农业高质量发展——山亭区发展农业‘新六产’模式”由吴清江、满孝东、刘成付编写；案例二“推动新旧动能转换的‘农创+’模式——农业高质量发展的平度样板”由王彬堂、窦美增、贾晓峰编写；案例三“蓬莱市改造提升苹果产业传统动能的实践”由赵承松、邹丽丽、徐长业编写；案例四“推动乳山牡蛎产业高质量发展”由刘佳强、丛众华、杨绍平编写；案例五“改造提升传统动能的日钢模式”由万克洲、黄建立、魏剑阁、张德艳、侯世暖、田冠华编写；案例六“改造提升传统动能 质量效益双提升——泰山玻璃纤维邹城有限公司案例”由秦贞红、孙儒、张庆柏、张明凡编写；案例七“以智能制造推动新旧动能转换——天润曲轴股份有限公司典型案例”由孙浩编写；案例八“改造提升传统动能 实现轮胎行业‘凤凰涅槃’”由崔佃江、任其军、崔立峰、孙青编写；案例九“东阿阿胶实现全产业链融合发展模式”由宋强、孙青、王文娟、王瑞琦、张倩编写；案例十“西王集团推动新旧动能转换的实践与启示”由马兴无、李翠娥、孙明远、钱晖、王进、张希玲编写；案例十一“兰山区木业产业改造提升传统动能的模式”由肖立军、朱孔富、祝远洪、张玲、孟凡洁编写；案例十二“武城县运用‘共享工厂’模式推动新旧动能转换的实践”由王会星、程显营编写；案例十三“莱州市推动制造业新旧动能转换的探索”由王吉刚编写；案例十四“‘农光互补’——新旧动能转换的新泰模式”由周京文、宁洪军、刘霞、李训亮、李娟编写；案例十五“走向辉煌的企业创新模式”由王克明、王桂红编写；案例十六“打造货运物流的‘滴滴打车’式互联网平台——泰安峰松物流新业态发展模式”由张建勇、侯庆利、张娇、陈勇编写；案例十七“‘文化+’释放新动能的曲阜实践”由胡亚军、孔杨、江美田、张娜娜编写；案例十八“台儿庄区古城向服务业转型的实践探索”由单秀清、韩冬编写；案例十九“立足自身优势 积极培育新动能——以青岛中德生态园为例”由朱华、郭岩岩、蒋玲玲、王艳、周志胜编写；案例二十“培育县域园区新动能——德州（禹城）高新技术开发区的实践探索”由李召海、王艳、张猛编写；案例二十一“规划引领、产城融合的新动能培育模式——济南新材料产业园典型案例”由徐陆军、马洪宝、杜玉晶、张晓敏、王军编写；案例二十二“沂源县经济开发区推动新旧动能转换的实践与启示”由陈先军、任继功、姚杰、刘春玲编写；案例二十三“中小企业的孵化器 新兴产业的聚集地——连城济北智造小镇新旧动能转换案例”由周耀泉、赵云芳、刘培延、吴传凤、钱霞、王安青、秦珊、孟茸、李忠辉编写；案例二十四“临沂经济技术开发区培育产业集群的探索”由王涛、王芸飞、刘鑫编写；案例二十五“全国第二大农村‘淘宝’村集群”由胡海滨、徐姗、杨桂林、袁继翠编写；案例二十六“塑造高质量发展基因的新旧动能转换之路——以青岛国际院

士港小巢引凤为例”由赵德森、张纲、崔艺显编写；案例二十七“新旧动能转换背景下诸城特色小镇建设案例”由玄洪恩、丁坤元、张茂辉、于秀芳编写；案例二十八“东营区依靠新旧动能转换促进区域经济高质量发展”由李士花、刘静、丁树强、刘沙沙编写；案例二十九“东昌府区以规划引领新旧动能转换”由杨红、李颖萍、孟杭编写；案例三十“周村区改造提升传统动能的实践与启示”由李克、李健编写；案例三十一“生动演绎新旧动能转换的菏泽样本——牡丹创意家居小镇的实践”由孙文涛、张胜男、胡瑞、曹国文、王婷婷编写。

迟树功

2019 年 2 月 17 日

目　录

第一编　推动农业新旧动能转换案例

第二编　推动制造业新旧动能转换案例

第三编　培育服务业新业态新模式案例

第四编　推动园区新旧动能转换案例

第五编　发展现代优势产业集群案例

第六编　培育区域新动能案例

第一编

推动农业新旧动能转换案例

案例一

加快农业新旧动能转换 推动农业高质量发展

——山亭区发展农业“新六产”模式

农业“新六产”是农村一、二、三产业深度融合发展的新型业态，是指以农业为基础，延伸产业链实现产业“1＋2＋3”（“1＋2＋3”就是第一产业接二连三、向后延伸，第二产业接一连三、双向延伸，第三产业接二连一、向前延伸），提升价值链实现效益“1×2×3”（“1×2×3”就是一产的一份收入，经过二产加工增值为两份收入，再通过三产的营销服务形成三倍收益，综合起来就是六份收入，产生乘数效应），贯通供应链实现产销直接对接，由此推动农业全环节升级、全链条升值、全产业融合，实现农业持续增收增值的新型农业经济业态。推进农业“新六产”是新时代构建现代农业产业体系、实现小农户与现代农业发展有机衔接的重要途径，是加快农业转型升级、推动农业新旧动能转换的重大举措。作为敲响农村土地使用产权制度改革全国第一锤的县级区，山亭区坚持以习近平新时代中国特色社会主义思想、党的十九大精神和习近平总书记视察山东时重要讲话精神为指导，认真贯彻落实省、市新旧动能转换重大工程战略部署，立足山亭区实际，积极推动山亭农业新旧动能转换，加快全区农业“新六产”发展，逐渐探索出了一系列成功做法，形成了山亭农业“新六产”实践模式。

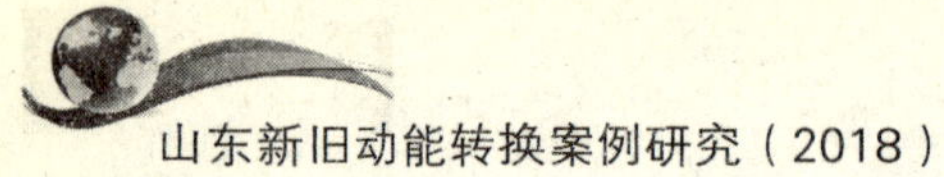

一、山亭农业“新六产”形成的背景

1.政策背景

就国家政策来说，2018年中央一号文件指出：“构建农村一、二、三产业融合发展体系。大力开发农业多种功能，延长产业链、提升价值链、完善利益链……让农民合理分享全产业链增值收益。”①中共中央、国务院出台的《乡村振兴战略规划（2018～2022年）》提出：“以完善利益联结机制为核心，以制度、技术和商业模式创新为动力，推进农村一、二、三产业交叉融合……推动乡村产业全面振兴。”②这些政策为山亭区农业“新六产”发展提供了有力的国家政策支持。山东省在出台《山东省人民政府办公厅关于加快发展农业“新六产”的意见》《山东省新旧动能转换现代高效农业专项规划》的基础上，省政府又出台了《山东省农业“新六产”发展规划》，进一步明确提出：“我省将重点围绕推动产业链、价值链、供应链‘三链重构’以及终端型、体验型、循环型、智慧型‘四型发展’，下好农业‘新六产’发展这个‘先手棋’，加快打造乡村振兴齐鲁样板。”③这些政策为山亭区农业“新六产”发展提供了有力的省级政策支持。在市级层面，2018年8月29日，枣庄市人民政府印发的《枣庄市新旧动能转换现代高效农业专项规划（2018～2022年）》提出：积极创建省级农业“新六产”示范县，培育农业“新六产”示范主体30家。到2022年，全市农业“新六产”发展总体水平明显提升，产业链完整、功能多样、业态丰富、利益联结更加稳定的新格局基本形成。④ 这些政策为山亭区农业“新六产”发展提供了有力的市级政策支持。总之，山亭区农业“新六产”发展有其深厚的国家、省级和市级政策的引导和支持。

---

① 中共中央国务院关于实施乡村振兴战略的意见[EB/OL]. http://www.shanting.gov.cn，2018-02-08.

② 中共中央国务院印发《乡村振兴战略规划（2018～2022年）》[EB/OL]. http://www.people.com.cn，2018-09-26.

③ 关于印发《山东省农业“新六产”发展规划》和《山东省农业“新六产”发展监测指标体系》的通知[EB/OL]. http://www.sdny.gov.cn，2018-09-30.

④ 关于印发《枣庄市新旧动能转换现代高效农业专项规划（2018～2022年）》的通知[EB/OL]. http://www.zzny.gov.cn，2018-08-30.

2. 区情背景

山亭区位于枣庄市东北部，总面积1018平方公里。全区有大、小山头5000多座，山地丘陵占全区总面积的87%，素有“八山一水一分田”之称。应怎样在有限的“一分田”上做文章呢？发展现代农业是山亭农业发展的根本之策，也是山亭农业的未来。2008年以来，山亭区积极探索现代农业发展的新路子，推动农村改革，成立了全省第一家土地合作社，颁发了全国第一份农村土地使用产权证，建立了全国首家农村土地使用产权交易所，带动枣庄市成为国家农村改革试验区。与此同时，山亭区大力推进农业种植业、农产品加工业以及农业旅游业等农业服务业，实现了农村一、二、三产业协同发展。截至2017年，全区形成了粮食面积40万亩、蔬菜总面积10万亩、特色林果基地10个、果品年总产量15万吨、农产品年加工量200余万吨、国家地理标志产品登记认证4个、全国绿色食品原料标准化生产基地3个及市级以上休闲农业与乡村旅游示范单位36个。2017年全区完成地区生产总值144.71亿元，比2009年增加70.4亿元，年均增长8.7%；城镇和农村居民人均可支配收入分别达到20606元、12061元。山亭区先后荣获了国家农业可持续发展试验示范区、国家农业综合标准化示范区、全国休闲农业与乡村旅游示范县、山东省现代农业示范区、山东省农产品质量安全示范区、山东省电子商务示范县等多项荣誉称号。这些显著成绩为山亭区农业“新六产”发展奠定了坚实的基础。

二、山亭区发展农业“新六产”的主要做法

山亭区发展农业“新六产”采取的主要做法如下：

1. 农业经营主体延伸农业产业链

此做法主要有以下两种模式：一是种养业经营主体向农产品加工、流通等领域延伸模式。“枣店香”大红枣种植专业合作社原来以种植长红枣为主业，现在投资建设了2000米生产加工区，注册了“枣店香”“枣春”等商标，获得了QS生产许可证和绿色食品认证，并对接淘宝、京东等电商平台开展线上线下同步销售，完成了自身产业链延伸。二是农产品加工企业开展全产业链经营模式。山亭润品源食品有限公司在原来水果罐头业基础上建立了标

准化果品原料基地、果蔬加工工程技术研究中心、生态农业观光园及网络直销店，实现了全产业链经营。

2.农业与观光休闲旅游对接融合

此做法主要有以下两种模式：一是以柜族部落为代表的休闲创意农业型模式。柜族部落在开发和建设中融入创意和休闲的元素，每个集装箱柜体周边都设置了体验田园，将集装箱式的蜗居创意和休闲农业完美结合起来，打造了以山水田园、时尚蜗居、农事体验、美丽乡村为一体的休闲创意农业模式，成为枣庄市首家创意农业示范点。据统计，2018 年 1 月份以来，柜族部落游客接待量总计达到了 26.7 万人次。二是以洪门村为代表的休闲采摘农业型模式。北庄镇洪门村积极开展以葡萄种植业为中心的多种产业经营活动。该村在传统葡萄种植业基础上探索举办了 9 届葡萄采摘节，并发展了 30 余家农家餐馆、旅馆，实现了葡萄种植业与休闲采摘游的对接融合。目前，洪门国家级田园综合体项目正在有序推进建设。

3.农业与互联网产业深度融合

冯卯镇付庄村“糯果果”家庭农场通过网络社交分享和会员认养方式，把农田里的优质瓜果直接送到客户餐桌，并在 2017 年推出了 VIP 会员服务网络客户端，提供“私家果园”“私人果树”定制，初步建立起了网上城市销售枢纽，实现了农业与互联网产业的深度融合。

三、取得的主要成效

山亭区发展农业“新六产”取得了显著成效，主要表现为以下几个方面：

1.农业“一产”提升式发展取得显著成绩

在特色林果方面，2017 年以来山亭区已改造火樱桃等特色果品 2.6 万亩，建设特色果品科技示范园 1 处，并创建了枣庄市国家现代农业示范区精品特色园 11 个（6 个标准园、3 个生态园、2 个产业园）、国家级“一村一品”示范村镇 1 个及省级“一村一品”示范村镇 3 个。目前，全区已拥有特色林果面积 48 万亩、全国“一村一品”示范村镇 5 个及省级“一村一品”示范村镇 5 个；在优质杂粮方面，2017 年以来借助中国农科院的帮扶指导，山亭区引进谷子、绿豆、红小豆等优质杂粮新品种 12 个，新建杂粮基地 4 处，推广杂粮面积

15 万亩。

2. 农业“接二(产)连三(产)”式发展取得显著突破

在培育“接二(产)连三(产)”型农业经营主体方面，2017 年以来山亭区已发展市级以上农业龙头企业 13 家、各类农民专业合作社 162 家、家庭农场 68 家及 50 亩以上的种粮大户 11 户。目前，全区已拥有市级以上农业龙头企业 87 家(其中省级 6 家、国家级 1 家)、各类农民专业合作社 1321 家(其中市级以上 76 家)及家庭农场 349 家(其中市级 29 家)；在塑造农产品品牌方面，2017 年以来全区已拥有食品类中国驰名商标 1 个(“莺歌”商标)、山东省著名商标 10 个、山东名牌产品 3 个及山东省首批知名农产品企业产品品牌 3 个。全区农产品“三品一标”认证总量达到了 156 个。

3. 农业旅游深度融合式发展取得显著成果

2017 年以来山亭区已发展省级农业旅游示范点 3 个、省级精品采摘园 3 个、山东省好客人家农家乐 11 个、市级以上休闲农业与乡村旅游示范单位 11 个、省级旅游特色村 8 个及省级旅游强乡镇 1 个。目前，全区已拥有省级农业旅游示范点 19 个、省级精品采摘园 14 家、山东省好客人家农家乐 110 个、市级以上休闲农业与乡村旅游示范单位 47 个(国家级 1 个、省级 3 个)及省级旅游特色村 36 个。全区省级旅游强乡镇实现了全覆盖。

四、主要启示

分析山亭区发展农业“新六产”的做法及成效可得到以下启示：

1. 理念更新是先导

实践证明，没有思想观念的更新，就没有山亭区农业“新六产”现有的发展格局。只有积极适应农村一、二、三产业融合发展新要求，及时更新农业发展观念，才能不断以新理念引领农业“新六产”实现更大发展。实践证明，山亭区农业“接二连三”的成功，本质上是各产业供给与人的需求的成功对接。农业“新六产”的发展必须是以人为核心的发展。

2. 创新是动力和支撑

实践证明，没有创新，就没有山亭区农业“新六产”的持续发展。因此，必须把创新摆在农业“新六产”发展的第一动力和战略支撑位置来认识和把握，积极推动产品创新、模式创新、载体创新等各项创新，用创新推动和支撑农业“新六产”发展。同时，需要探索实施农产品区域公用品牌创建工程，委托专门权威机构完成区域农产品公用品牌整体规划，筹建农业投资发展公司等品牌管理运营主体，并认证“三品一标”农产品，实现农产品知名度和市场影响力的不断扩大。

3. 平台载体是抓手

实践证明，基地、园区等平台载体是农业“新六产”发展的最有效抓手。需要积极创新和做优农业平台载体，着力打造终端型农业、体验型农业、循环型农业、智慧型农业和共同体型农业五种新型农业“新六产”业态，推动农业“新六产”实现更好发展。需要创新和做优网络虚拟平台，探索建立现代农业智能监测平台、电商示范村平台、农业云平台等平台，促进互联网与农村一、二、三产业深入对接融合，打造智慧农业“新六产”升级版。同时，需要创新和做优实体平台，探索搭建粮食生产功能区平台、特色农产品优势区平台、家庭农场集聚区平台、创意农业与乡村旅游集群区平台、三产融合发展先导区平台、国家级农产品质量安全区平台、现代农业产业园平台、现代农业科技园平台、现代农业创业园平台、田园综合体（是指作为主要建设主体的农民合作社以农业为主导，以农民充分参与和受益为前提，以田园为载体，融合工业、旅游、创意、地产、文化、商贸等产业而形成的多功能、复合型、创新性的局域农业经济共同体）平台及共同体农业平台，以及探索实施特色农业产业规模膨胀工程、新型农业经营主体培育发展工程、科技助力农业产业升级工程、农业产业链延伸工程及农业产业链“触网”“融网”工程，从而推动农业“新六产”不断深入发展。

4. 政策是先决条件和坚强保障

实践证明，政策是农业“新六产”得以顺利发展的先决条件和坚强保障。必须把落实上级政策与研究制定农业“新六产”新政策紧密结合，实现农业“新六产”发展的政策效应和政策效益最大化。必须认真全面落实已有的国家现代农业示范区建设、国家可持续发展试验区建设、国家农业可持续发展试验示范区建设、国家农业综合标准化示范区建设、国家农业绿色发展试点先行区建设、国家果菜茶有机肥替代化肥项目试点县建设、国家农村改革试验区建设、国家生态示范区建设、国家重点生态功能区建设、国家全域旅游示范区建设、省级农产品质量安全示范区建设及山东省电子商务示范县建设各项建设政策，并积极推进相关项目的建设，就能不断推动农业“新六产”发展再上新台阶，不断开创农业“新六产”发展的新局面。

案例二

推动新旧动能转换的"农创＋"模式

——农业高质量发展的平度样板

2017年中央一号文件提出要培育农业农村新动能，这是实践中"三农"工作面临的一个全新课题，也是实现乡村振兴的重要途径之一。平度作为农业大市，探索出推动新旧动能转换的"农创＋"模式——农业高质量发展的平度样板，为农业转型升级、加快农业现代化建设做出了有益的探索。

一、案例背景

2018年1月3日，国务院批复《山东新旧动能转换综合试验区建设总体方案》，标志着山东新旧动能转换综合试验区建设正式成为国家战略；2月22日，山东省委、省政府召开山东省全面展开新旧动能转换重大工程动员大会，省委书记刘家义在会中指出，建设新旧动能转换综合试验区，是在我国改革开放40周年的关键节点上，党中央交给我省的重大政治责任和必须完成好的重大政治任务，是山东发展的重大历史机遇，是我们面对的重大挑战。我们只有思想再解放，才能更加清醒地认清发展趋势，把握发展大势，汇聚起更强大的动能。

为更好融入全省新旧动能转换综合试验区总体布局，平度市制定了《平度市新旧动能转换"154"实施方案》，精准定位发展和突破方向。在农业领域，平度市立足农业大市探索农民创新创业模式，推动农民创新创业载体（简称“农创体”)建设,编制《“农创平度”发展规划》,研究出台《“农创平度”十二条》,全面打造“农创平度”品牌。

二、案例概述

“农创平度”品牌,就是通过农创与名品、科技、电商、旅游、扶贫、金融结合的六大模式,搭建起农民创新创业载体,将其作为加快培育农业新动能的重要抓手。“农创平度”通过新技术、新产业、新业态、新模式促进产业智慧化、智慧产业化、跨界融合化、品牌高端化,实现了传统产业提质效、新兴产业提规模、跨界融合提潜能和品牌高端提价值。目前,全市 28 个总投资 59 亿元的农创项目进展顺利。

(一)“农创+科技”

在推进“农创平度”建设中,突出了科技作用。借助农业科技创新成果和大学创新创业基地,强化科技孵化功能,建设集科技研发、成果转化、示范推广于一体的农创体(农民创新创业载体)。青丰种业农创体依托落户的青岛市首家涉农院士工作站,投资 5 亿元建设“四中心一基地”,推行“育繁推一体化+社会化服务”模式,打造种业创新小镇、全国种业百强企业,年繁育推广良种 4000 万公斤,辐射带动育种合作社 132 个、种植户 17600 个,引领全省乃至黄淮地区的小麦生产。

(二)“农创+名品”

依托拥有马家沟芹菜、大泽山葡萄、云山大樱桃、平度大花生等 19 个国家地理标志保护产品,数量居全国县级市前列的优势,建设以名品带动产业、产业助推创业,互促共进的农创体,成为全国优质果品生产基地和出口农产品质量安全示范区。总规划面积 1 万亩的马家沟芹菜农创体,在全国形成技术标准,名品效应带动种植面积增长 60 倍,亩均收入增加 6 倍。产量居全国前列的平度大花生,是国家地理标志保护农产品,地域保护面积 32 万亩,带起了年加工能力 3000 吨以上的 37 名销售大户,年购销 22 万吨,深加工 2 万吨,交易额 15 亿元,并且创造了万亩花生单产超千斤的全国高产纪录。

（三）“农创+旅游”

以“食在平度”（美食+食材、美食+食养、美食+旅游）为旅游引爆点，鼓励农民围绕休闲农业、乡村旅游、美食体验创新创业，结合历史悠久的农耕文明和饮食文化，打造创业与旅游深度融合的农创体。如泽山农创体以“中国葡萄之乡”大泽山为依托，发展了3条农业休闲观光带，提升了“西有吐鲁番，东有大泽山”美誉度。

（四）“农创+电商”

依托京东全国首家县级服务中心、青岛首家阿里巴巴“村淘”项目等，打造农产品网上定制、原产地直购、O2O体验等电商新模式。建成1个市级、10个镇级电子商务公共服务中心、1700余个村级电子商务服务站，各类电商经营企业（含网店）1万余家。被青岛市商务局认定1个电子商务公共服务中心、1个电子商务产业园、6个电子商务示范镇、2个电商村。以邮政物流市级分拨中心、30个镇仓、1300多个村级服务站为依托，与阿里、京东、顺丰、“四通一达”等快递物流企业协作，构建起农村电商发展的物流配送体系。农村淘宝2017年全年销售额达到3285万元。

（五）“农创+脱贫”

农创体是产业扶贫的重要支撑，主要承担着“输血”和“造血”两大功能。“输血”功能是由政府助推创业脱贫，如崔家集蔬菜扶贫农创体利用经济薄弱村扶贫资金，建设占地260亩的高标准冬暖式设施大棚，吸引有创业意愿的农民租赁种植樱桃西红柿，经济薄弱村依靠租赁收入实现脱贫摘帽；租赁种植的28个农户户均年收益10万元以上。“造血”功能是农户自主创业脱贫，共有2055户、5094人，占贫困户总数的48.6%。目前，全市建档立卡的贫困家庭已全部脱贫。

（六）“农创+金融”

平度市先后出台《农业贷款风险补偿基金管理暂行办法》《土地经营权抵押贷款保证保险试点融资方案》等扶持政策，出资4500万元设立“政银保”“助保贷”、农地经营权抵押贷款风险补偿基金等融资增信工具，引导金融机构创新推广“金土地”“惠农通”等涉农信贷产品29项，为农业发展注入金融活水。目前已为96家适度规模经营主体办理发放农地经营权证，为农业龙头企业办理抵押贷款5.3亿元，为农业经营大户办理抵押贷款2351万元。

三、取得的成效

基于每个“农创体”承载的多种功能，比如互联网元素、工贸元素、旅游元素、脱贫元素等，这些一、二、三产业要素在农创体中的叠加、融合，推动了各个产业的协同发展，使“农创＋”模式成为促进农民增收的重要手段，成为实施乡村振兴战略的重要举措。

（一）壮大了农创群体

“农创平度”建设培育了一大批有影响力的草根达人、返乡创客和致富先锋。草根达人昌云军创办了农民葡萄研究所，培育的金手指葡萄连续两年荣获“中国最甜葡萄状元奖”。“80后”青年车晓松放弃北京民办高校教师职业返回平度老家当起“农民创客”，自主设计建设智能连体大棚种植草莓，一年纯收益80余万元，在其影响下周边村庄有30多名在外打工的青壮年纷纷回乡创业。刘德波研制成功大葱一体机，拥有专有技术4项，并走上央视《创业英雄汇》。返乡创客王连强以“返乡农民工共同的农场”入选“全国新农民创业创新百佳成果”。他在接受采访时表示：“以前外出打工，现在家乡农民创业氛围浓厚，不出家门就能创业就业，为我带领1000多名返乡农民工，做大做强现代农业带来了信心。”这是平度农创群体创业观念变化的一个缩影。在这些先进典型带动下，平度农民创新创业蔚然成风。2017年，平度市农民创新创业人数达到13354人，同比增长42%，带动新增城乡就业2.2万人。

（二）助推了农民致富

通过“农创平度”培植了农民新的收入增长点和动力源，找到了致富的途径，农民人均可支配收入年增长10%左右。如大泽山镇引导农民从事假睫毛生产，年产29亿对，占全国产量的90%、全球市场的85%，带动1000余个家庭作坊共同致富。新河镇依托80多个农民创业企业，带动2.1万农民从事工艺品草编，年人均增收6600元。经济薄弱镇的云山镇，引导农民发展大樱桃产业，全镇种植面积达4万亩，年产大樱桃2500万千克，并成立了“华e电商农创体”，帮助农户进行电商免费培训、商标专利注册、包装设计，拓宽了大樱桃的销售渠道，带动农民增收9.5亿元，成为全国大樱桃的主要产地

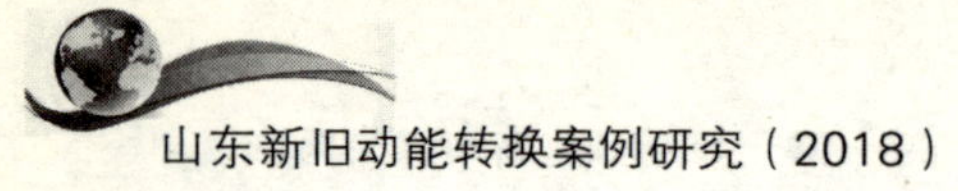

之一。

通过“农创＋脱贫”，实现了贫弱村脱贫。东阁街道西李村是青岛市经济薄弱村，同时也是黄山水库整体移民村。现有97户286人，耕地面积900亩，且大部分为山埠地，主要以发展养殖业和种植业为主，村民人均收入较低。平度将增加村庄集体经济收入、脱贫“摘帽”作为重要工作，对西李村庄进行全面帮扶。通过政府牵线搭桥，青岛北苑混凝土有限公司与西李村结成对口帮扶，公司先后投资30多万元为西李村新建了文化活动广场和冬暖式大棚，让村民既有了休闲娱乐的场所，村里也有了第一个长期增收途径。之后，村里利用项目资金和农机扶贫资金开展了村西塘坝浆砌维护、农用机械购置、道路硬化等项目，利用政府扶贫、水利扶持资金购置写字楼和新建冬暖式大棚，以出租的方式进行长效增收措施，找到了第二条长效增收之路。一系列精准扶贫项目的实施，使西李村发生了巨变，村庄不仅提前实现了脱贫“摘帽”，同时也变成了名副其实的美丽乡村。

“农创平度”推动了农村经济发展。通过“农创＋科技”，提高了粮食产量。2017年小麦总产量63万吨，全市粮食总产量140.1万吨，居全省各县市之前列，连续刷新历史纪录，获得全国粮食生产先进县标兵称号。“农创＋旅游”，推动了平度旅游业的发展。目前，全市共有4A级景区1处，3A级景区4处。成功创建省级旅游强镇1处、旅游特色村4个、旅游特色点2处、工农业旅游示范点2个、星级农家乐1处。创建青岛市级旅游特色镇1处、旅游特色村3个、旅游特色点2处。从事旅游业的农民增长65％、带动就业3800多人，2017年共接待游客545万人次，增长21％；实现旅游总收入23.2亿元，增长22％。

通过“农创平度”带动不少村庄找到了经济发展的新路径，实现了集体经济增收，乡村振兴战略正在逐步得到实施。

（三）提升了城镇化水平

围绕产城结合，农业与其他产业、新兴业态融合更加深入，“食在平度”旅游品牌、“电商服务站”“创客经济”等新业态如雨后春笋冒出，三次产业结构由2016年的13.2∶51.4∶35.4调整为2017年的12.5∶51.1∶36.4，被列为国家农村产业融合发展试点市。城乡环境更加宜居，2018年10月在青岛科学发展考核群众满意度电话民意调查中，平度再次蝉联第1名，并连续三年6次保持第一。全市城镇化率达到40.1%，全市城镇新增就业2.2万人、政策性扶持创业1050人，落户城镇农业人口增长53.4%，实现了新农村与城镇化协同发展，奠定了农民奔小康的坚实基础。

四、主要启示

新旧动能转换作为平度的“一号工程”，在集成政策、积聚力量、集中攻坚、强力推动各项工作中取得明显成效，为平度加快农业产业结构调优，实现农业领域的新旧动能转换提供了重大历史机遇。从平度市创立的新旧动能转换“农创+”模式中可得到以下几点启示：

（一）以创新为驱动，激活动能转换新要素

科学技术是第一生产力，农业发展也需要依靠科技进步的持续推动。科技是农民创新创业的难点，但也是发力点、结合点。机械制造、生物化学等领域的科技进步和推广，无论在过去、现在和将来都是农业发展所依赖的重要力量。

平度“农创+科技”的成效就源于多领域新技术的突破，推动了农业智慧化的发展。2017年以来，平度市大田农业生产在水肥一体化技术示范、农情监测智慧化、口粮质量提升、新型轮作模式四大领域实现新突破。在实现农业智慧化过程中为平度农业新旧动能转换奠定了基础。而要实现这一目标，必须使产学研有机融合推动新技术的培育。平度积极搭建各类创新平台，不断推进众创载体建设，发挥农业搭台筑巢聚才的主体作用，遴选一批产业发展前景好、有科研基础条件的企业，挖潜、培养一批领军人才，加快科技成果转化步伐。

（二）强化跨界融合，培育新业态新模式

随着城乡二元结构被打破，像平度这样的农业大市必然要面临很多新问题，比如农业可持续发展与农村各类要素资源开发、聚集不够的矛盾，农民日益增长的创业热情与自身能力不足的矛盾，农村新型城镇化与产业融合不强的矛盾，如何实现“农业强、农村美、农民富”，等等。“农创平度”六大模式，将农民创新创业建立在前景广阔的优势产业和新兴业态上，从而促进产业融

合、释放农村发展新动能。比如“农创＋名品”模式是以名品带动产业、产业助推创业。而“农创＋旅游”模式则是不断拓展农业功能，推动全市休闲农业和乡村旅游健康快速发展，为产业融合增添新活力。

（三）培育新型职业农民，为新动能提供人才支撑

平度市将创新作为引领农民创业的第一动力，以培育新型职业农民为抓手，注重发挥农村小能人、土专家的示范作用，涌现出发明智能喷灌机的蓼兰农民陈世磊，研制出大葱收获机的南村农民綦博兴等一大批农民“创客”。他们懂农业、爱农村，在推动农业新旧动能转换中发挥了积极作用。64岁的王桂欣是平度市农民创新创业协会会长。他带领志愿团队义务助农增收，通过举办“庄户学院”“合作社大讲堂”等，建立了“合作社＋党员＋致富能手”的组织体系，先后帮助3万余群众致富；为了让更多农民加入进来，他开设“庄户学院”，依靠自己勤劳的双手脱贫、致富，他把土专家和种植高手请进来，种什么就培训什么。从产前、产中、产后，到销售、市场分析都有专人讲，老百姓种地的习惯也改变了很多。王桂欣引进的圆葱优良品种直接改变了平度市仁兆镇及周边地区的圆葱销售模式和销售范围，促进仁兆蔬菜走向国际市场。2016年，王桂欣牵头成立了沙北头农民创业园，先后有11家创业实体入住，吸收返乡农民、下岗工人110人，引进了高科技的盆景葡萄栽培技术，开始了盆景葡萄生产。一年一季大田种植改为一年两季葡萄生产，一亩地过去收入1万元，现在能收入30万元。

（四）保障措施到位，加速推进新旧动能转换

在推动新旧动能转换工作中，各项保障措施的落实非常关键。平度市持续精准发力，提供组织领导、市场主体、要素供给、督查落实四项保障，为新旧动能转换重大工程开通“快车道”。比如在组织领导保障上，建立了“1＋4＋N”部门联动机制，即一个领导小组，综合协调、政策改革、重大项目、招商引资四大工作推进组，各镇街、部门建立相应工作机制，为新旧动能转换重大工程提供组织保障。在要素供给保障上，平度市突出提升资金要素保障能力和土地要素供给能力。拿出1亿元设立新旧动能转换专项引导基金，全面对接省、青岛新旧动能转换基金；针对重点产业设立产业发展基金，加大支持力度。创新企业融资方式和金融服务模式，启动建设南村滨河金融小镇、南部新区金融中心，构建起多层次、广覆盖、功能丰富、运行安全的金融服务体系。

总之，“农创+”模式推动了农业领域的新旧动能转换，也为平度乡村振兴注入强大的推动力。

案例三

蓬莱市改造提升苹果产业传统动能的实践

蓬莱市委、市政府历来重视苹果产业的培育和发展。目前，蓬莱市苹果种植面积33.5万亩，总产量91.7万吨；全市年营销量达45万吨，年出口果品16万吨，出口创汇约2.3亿美元。全市农业人口人均种植苹果1.23亩，农民人均纯收入80%以上来自苹果生产。苹果产业已成为蓬莱农村经济的支柱产业和农民收入的主要来源。

一、蓬莱市改造提升苹果产业传统动能的背景

近些年来蓬莱市苹果产业获得了长足的发展，但可持续发展与转型升级问题十分突出。

第一，传统种植模式弊端凸显，产出效益低。传统种植模式存在的弊端主要表现为两个方面：一是新技术新品种的引入和推广滞后。长期以来，蓬莱市90%的苹果园以乔化稀植为主。挂果迟，产量低，优果率更低，而且进入盛果期后树冠高大，不利于管理和机械化应用；二是机械化程度低，人工成本难下降。多年来蓬莱果业生产方式主要是靠拼劳动力，亩用工量50～60个，生产成本居高不下，每公斤苹果成本高达2～3元，大多数果园产出效益低，甚至部分入不敷出。

第二，集约化经营程度不高，规模效益差。以家庭分散经营为主，土地基本集中在农户手中，以户为单位开展生产，户均3～4亩果园。规模化、集约

化水平低，严重制约机械化、先进技术等生产方式的推广与应用。同时，“小生产与大市场”的矛盾突出，削弱了终端产品的市场竞争力。

第三，资源环境制约严重，发展的可持续性不强。一方面，蓬莱市果树种植规模已经超出全市水资源的承载能力。蓬莱市平水年农业灌溉用水缺口达3200万方，枯水年的用水缺口更是高达1.22亿方。目前，农业用水主要通过持续超采地下水满足需求，导致地下水埋深以平均每年0.5米的速度下降，已经严重影响了水生态的平衡；另一方面，由于果树种植中化肥、农药、反光膜、药袋等农用物资长期不合理和过量的使用，造成了农业面源污染不断加重，农业面源污染已成为目前水质恶化、土壤污染的重大威胁。

第四，市场营销观念滞后，宣传推介和营销力度不够。一是在创优营销环境、提供优质服务方面做得不够。长期以来，蓬莱市市镇两级果品市场建设滞后，没有建立统一规范的果品交易市场和大型物流配送中心，产销对接困难。二是对外宣传和市场开拓力度不大。“蓬莱苹果”对外影响力不足，市场知名度低。三是品牌保护不力。没有推广使用统一的“蓬莱苹果”证明商标和地理标志、标识，不利于“蓬莱苹果”品牌保护。

二、蓬莱市推动苹果产业新旧动能转换的做法及成效

面对薄弱环节和发展短板，近年来蓬莱市全面启动现代苹果产业体系建设，加快改造提升苹果产业传统动能。

（一）积极推动种植模式转变，实现苹果种植业由大到强

1.科技兴果，优化品种结构

一是合理调整早熟中熟晚熟比例，早中晚熟比为2∶17∶81，苹果优化率达95%。二是加快优质苹果苗木基地建设。2017年，新建两处优质苹果苗木基地，面积达1000亩，建设脱毒苗木繁育组培室、无病毒苗木繁育圃等生产示范园。年培育优质脱毒苗木500多万株。三是开展对矮砧密集种植模式宣传推广。截至2017年底，矮砧种密植种植面积达3万亩。2018年，将乔改矮砧当成农业的一号工程来抓。通过更新品种极大地提高了果品的市场竞争力和果农的经济效益。

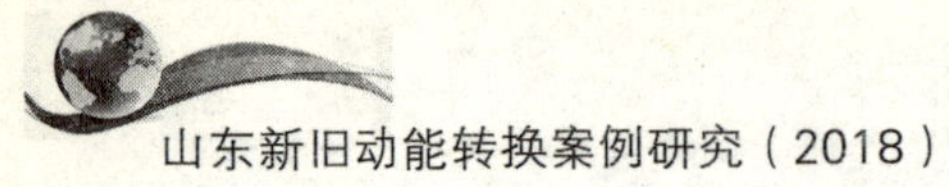

2. 因地制宜，提高机械化水平

一是加快机械化管理示范园建设，分别在蓬莱市“鑫园工贸有限公司基地”“和圣农业基地”等地集中建设了18000亩机械化管理示范果园。二是加快推进对老园的改造。对于蓬莱北部土地较平整的地区，引导果农转乔为矮砧后全面实行机械化；对于蓬莱市南部山区梯田种植果树区域，逐步推进梯改坡工程，以适应机械化需要；对于盛果期，转产或更新品种有难度的种植户，采用隔行去行的改造模式，政府给予适当财政资金补贴，鼓励引导实现机械化。目前已更新改造老果园30000余亩。

3. 推动规模化发展

全面完成了农村土地确权工作，并在此基础上加大对农民的宣传引导力度，建立了鼓励农地优先向种养大户、家庭农场流转的机制，培育出大批新型农业经营主体。到2017年底，共有烟台市级以上农业龙头企业22家，果业合作社493家，果业家庭农场61家。据统计，全市90%以上的新型农业经营主体全面完成了新品种、新技术与新经营管理模式的有机结合，并辐射带动小农户实现与现代农业的有机衔接。

（二）秉承绿色、生态发展理念，实现果业生产可持续发展

1. 大力推广果园高效节水工程

蓬莱市将节水农业当成一项方向性战略性大事来抓，作为一项硬指标来推行。到2017年底，全市耕地面积有55.43万亩，节水灌溉面积达到44.8万亩，全市农业灌溉用水有效利用系数达到0.704，位居全省前列。

2. 加大生物肥生物药的推广使用力度

蓬莱市充分利用辖区内丰富的沼液资源，全面推行水肥一体化工程，积极打造“蓄—沼—果”的农业循环经济模式。宣传引导树枝还田，提高土壤有机质含量。积极推广病虫害的生物、物理防治技术，测土配方施肥技术，保证果品的质量安全。目前，全市果树水肥一体化面积达16.56万亩。在这一进程中先后争取上级财政资金扶持1100万元，累计增效8000万元。

3. 开展地膜、果袋零使用示范点建设

蓬莱市专门划出部分现有的标准化基地作为生态果品生产的实验基地，反向而行，引进不套袋品种，完全避免果袋、地膜、反光膜的使用，实行农业清

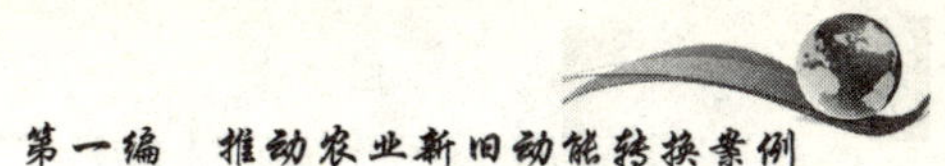

洁生产，现示范基地仍处于效益与生态结合的探索中，成功后将在全市推广。

（三）加大品牌建设力度，果品销售渠道和市场体系不断拓宽

1.加快推进“蓬莱苹果”的标准制定

围绕果品口感、含糖量、维生素含量等制定细化具体的“蓬莱苹果”标准。实施标准区域化建设战略，推行标准化基地建设和标准化生产，主要采用“公司＋基地＋标准化”“公司＋农场＋标准化”等模式，推行统一的农业操作规范。销售苹果贴上“蓬莱苹果”商标，确保“蓬莱苹果”真正成为苹果行业的高端品牌。“蓬莱苹果”2015 年正式获得国家工商总局颁发的地理标志证明商标。

2.全力打造“蓬莱苹果”品牌

在新型农业经营主体以及小农户中全面普及“蓬莱苹果”标准，同时宣传引导鼓励新型农业经营主体尤其是规模化种植企业积极参与“三品一标”认证评选。目前，已创建“蓬莱苹果”品牌 60 个；三品认证 9 家，面积 26799 亩；涌现出了“润飘”“红孩儿”“欢乐果园”等一批国内知名苹果品牌，为苹果产业持续发展注入了强大动力。自 2012 年以来，连续 4 年举办优质苹果大奖赛，极大调动了果农生产优质高档果品的积极性。2016 年，蓬莱市获得了果品流通协会颁发的“全国现代苹果产业 20 强县”荣誉证书。

3.创新营销模式，以“互联网＋”实现“农消”对接

一是大力发展产销直挂、连锁经营、物流配送等新型营销方式，在区域性中心城市开辟“蓬莱苹果”直销点，形成多层次、多渠道的市场营销网络。二是积极顺应互联网＋发展新趋势，积极推进大型仓储、冷鲜物流链建设，培育壮大一批像“田十”“美人窝”等电商企业，推动农产品网络销售快速发展。三是促进新型农业经营主体、加工流通企业与电商企业、实体市场全面对接融合，线上线下互通有无，共同发展，以多层次的营销手段，将“蓬莱苹果”品牌推广出去。

（四）整合政策资源，完善苹果产业发展支撑体系

1.建立苹果产业服务支撑体系

新品种保障果品的品质优良，机械化保障成本的降低，水肥一体化保障精准灌溉、精准施肥和生态环境，这三方面是有机整体，需统筹协调，整体推

进。为此，蓬莱市将苹果产业的改造升级作为农业的一号工程重点来打造，成立了苹果产业发展领导小组，负责整合农业、发改、交通、林业、水利、扶贫、农业综合开发等项目资金，按照扶优、扶大、扶强的原则，支持苹果基地的基础设施建设和推进产业化发展，以及农业科技的应用，充分发挥政策资金的引导作用，逐渐淘汰落后产能，引导蓬莱的苹果产业全面迈向现代化。

2.延长苹果的产业链条

近年来，蓬莱市围绕苹果、生产、加工、包装、储运等各个环节，引进一批关联度高、规模大、竞争力强、信誉好的果品深加工和配套服务企业，并鼓励支持龙头企业进行产能提升和技术改造，不断延伸产业链条，实现产品多元化发展。目前，全市共拥有保鲜气调库、冷风库224座，年储藏能力56万吨，苹果鲜果已实现季产年销，经济效益大大提高。在深加工方面，重点发展果冻、果汁、果脯、苹果酒等产品。目前，全市共有加工企业8家，年加工能力5万吨，提升了产品附加值。

3.加强技术队伍建设

按照“加强市一级，充实镇一级，普及村一级”的原则，通过集中培训镇街专业技术干部、考试招录或引进农林院校毕业生等途径，进一步充实市镇果业技术服务机构的力量；同时，不断加大对果农技术培训力度，积极推广先进的种植模式和生产管理技术。目前，全市新技术新成果应用率达90%以上。

三、蓬莱市改造提升苹果产业传统动能的启示

近年来，蓬莱市坚持把加快种植模式转变作为推进苹果产业提档升级的基础性工作，以现代矮砧集约栽培示范园建设为切入点，以培育新型经营主体为重点，强化思想引领和政策扶持、科技创新、项目推动、示范带动，推行规模化、标准化、集约化、机械化现代苹果生产模式，大力推动苹果种植模式转变，加快传统动能改造升级，取得显著成效，其成功经验彰显出转型升级的示范效应和推广潜力。

（一）统一思想认识，解决好转型导向问题

思想是行动的先导，统一思想认识是推动传统产业转型升级的前提。蓬莱市委、市政府以强烈的紧迫感和责任感，把全市上下思想统一到新发展理

念上来，统一到推进新旧动能转换重大战略上来，特别是结合苹果产业是农民群众增收的第一支柱、第一来源的实际，牢固树立“小苹果、大产业；小苹果、大民生”的发展理念，将苹果产业的转型升级作为促进农村经济发展、实现脱贫致富、助力乡村振兴的农业一号工程重点来抓。正是由于思想认识到位，坚持以新发展理念为统领，才把全市的智慧和力量凝聚在一起，攻坚克难，打赢了苹果产业升级改造的攻坚战。

（二）培育新型经营主体，解决好“谁来转”的问题

推进苹果产业改造升级，要处理好政府与果农的关系。政府不能包揽、包办，不应当干预果农，但绝不是放手不管。按照“法无授权不可为、法定职责必须为”的要求，把应该干、应该管的事情干好、管好。其中关键一点就是不断培育壮大新型苹果产业经营主体，其实质就是要解决“谁来种”“谁来转”的问题。因此，蓬莱市着力构建完善的政策体系和服务体系，培育专业大户、家庭农场、农民合作社、农业产业化龙头企业等新型经营主体。尤其是借鉴精准扶贫的做法，不搞“手榴弹炸跳蚤”，集中有限的财力资源，重点扶持接受新理念、新技术、新品种、新方式，有志于更新换代、转型升级的职业农民、企业和农业经营组织，激发创新活力和动力，把他们锻造成产业转型升级的生力军。同时，以“三权分置”为契机，引导农业适度规模经营、专业化经营，为改造升级注入了鲜活力量和新动能，并且有效解决经营者最关心的如何能挣到钱或者挣到更多的钱、如何解决技术和品种问题、如何进入市场等关键和突出的问题，从而才能激发经营主体的内生动力。

（三）善于运用辩证思维，解决好“舍”与“得”的问题

推进“腾笼换鸟”，转变种植方式，这是推动传统苹果产业改造升级的核心。“腾笼换鸟”也好，转变种植方式也罢，必须要抛弃高投入、高消耗的经营模式，意味着眼前经济利益的丧失。比如，大力推进机械化是提高劳动生产率、降低劳动力成本的重要途径。这在劳动力成本不断攀升的情况下具有特别重要的现实意义。但蓬莱苹果多分布在山区，多为梯田，要推进机械化必然要实施梯改坡工程，必然带来眼前经济利益的丧失。再比如，实施良种化是提高苹果产业经济效益的有效途径，是提升产品品质的基础性前提，而果树更新换代，转型升级，同样要丧失眼前的经济利益，况且新品种进入盛果期需要较长的生长周期。可见，新旧动能转换蕴含着“舍”与“得”的辩证法。“舍”与“得”表面看是加减法，深层看则是转型升级的辩证法。蓬莱市委、市政府着眼长远，运筹帷幄，谋篇布局，教育引导果农舍弃短期经济利益，实施机械化和良种化。同时及时出台政策激励机制，切实保护敢闯敢试、敢为人先经营主体的积极性和创造性，从根本上解决了“怎么种”“实现什么样的发展方式”问题。

（四）坚持生态优先，解决好转型路径问题

路径选择是否正确，事关转型升级的方向和成败。蓬莱市立足苹果产业实际，抓住主要矛盾，实施重点突破，开辟了具有地域和产业特色的转型之路。第一，借鉴国内外果业发展先进经验，以高效节水灌溉技术为突破口，逐步实施水肥一体化。既解决了水资源短缺的瓶颈性因素，又提高了肥料的利用率，综合效益明显提高。第二，因势利导，顺势而为，大力推进生物肥生物药替代化肥农药。既实现了化肥农药“零增长”，又提升了果品的品质和产品的竞争力；既提高了经济效益，又保护了环境，实现双赢。第三，因地制宜，挖掘整合资源，充分利用山东民和牧业股份有限公司所具有的粪、沼等资源优势，探索出了一条“蓄—沼—果”农业循环经济之路。既解决了使用生物肥代替化肥，降肥但不降费，使用成本较高，果农不愿意接受等难题，又拓展了产业链，催生了新的经济增长点。正确的路径选择推动蓬莱苹果产业走出了一条产业优、质量高、效益好、可持续的发展新路。

（五）打造高端品牌，解决好发展后劲问题

产业发展的原动力在于经营效益，而效益的实现在于产品具有竞争力。因此，在推进传统产业转型升级的进程中，必须着眼长远，不仅要考虑当下，还要考虑发展后劲问题。在消费升级背景下，消费者对于高端品牌的需求与日俱增，产品的竞争实际上已转化为品牌的较量。习近平总书记曾经提出，推动中国制造向中国创造转变、中国速度向中国质量转变、中国产品向中国品牌转变。[①] 为此，蓬莱市以打造特色高端品牌，厚植发展后劲为着力点，坚持市场导向，立足土壤、空气、水源质量高；污染源少、生态环境好等独特的优

① 《习近平：促进经济增长要实现三个转变》，人民网，2015 年 5 月 24 日。

势，高点定位，综合编制“蓬莱标准”，争做标准的“领跑者”，推进“蓬莱产品”向“蓬莱品牌”转变。同时多措并举积极宣介“蓬莱苹果”，塑造“金苹果”，扩大品牌效益。一个高端的苹果品牌，激活了动力源，也必将为整个产业带来一派新气象。

蓬莱市干部群众充分发扬“筚路蓝缕，以启山林”的奋斗精神，高点定位，科学谋划，因地制宜，推动苹果产业传统动能改造升级不断迈向新台阶。

案例四

推动乳山牡蛎产业高质量发展

党的十九大报告明确提出:“坚持陆海统筹,加快建设海洋强国”①。2018 年两会期间,习近平总书记在参加山东代表团审议时再次强调要注重经略海洋,为建设海洋强国做出山东贡献。这都为我们在新时期建设发展海洋经济指明了前进方向,提供了科学指南。特别是党的十八大以来,乳山市把新旧动能转换作为贯彻新发展理念、深化供给侧改革的重要抓手,着力在牡蛎产业转型升级方面下功夫,有效促进了牡蛎产业高质量发展,提高了经济效益、社会效益和生态效益。

一、乳山牡蛎产业转型升级的基本做法

乳山市推动牡蛎产业转型升级的主要做法如下:

(一)谋划先行,基金助力

针对牡蛎养殖业缺乏科学的整体规划,相关金融扶持政策、配套制度不健全等问题,为更好地发挥政策导向作用,乳山市委、市政府主要从以下几个方面发力:

1. 强化科学规划引领

按照“规划先行、海陆统筹、协调发展”原则,乳山市不断补齐牡蛎产业短

---

① 习近平:《决胜全面建成小康社会夺取新时代中国特色社会主义伟大胜利——在中国共产党第十九次全国代表大会上的报告》,人民出版社 2017 年版,第 33 页。

板及完善支撑体系的规划工作。每年在开展牡蛎养殖海域使用情况普查、健全牡蛎养殖资料电子档案和基础信息数据库的基础上，编制出台了乳山牡蛎产业发展总体规划、海洋生态功能区发展规划、海洋牧场发展规划、海岛利用和保护总体规划等专项规划，为牡蛎产业乃至海洋产业发展提供科学指导。

2.强化政策扶持保障

在积极争取上级资金、贯彻落实兴海惠渔政策的同时，乳山市加大地方财政的扶持力度，调整鼓励政策，市财政每年安排专项资金用于扶持牡蛎养殖大户和深加工龙头企业；以奖代补，注重引导，对不同类型、规模的海洋牧场、牡蛎养殖示范区建设主体给予30万～90万元奖励；针对牡蛎养殖业面临的生产和自然双重风险，探索实施了牡蛎养殖保险制度，保险额数最高5000元/亩，从而极大地保护了牡蛎养殖户的积极性。

3.强化产业基金引领

近年来乳山市不断深化金融创新，优化融资服务，通过“母＋子基金”的运作模式，组建了分三期投资、总规模50亿元的海洋产业发展基金。其中，一期由乳山国运主导，设立3.3亿元产业基金作为发展以牡蛎养殖为主体的现代海洋牧场引导基金，按照1∶9的比例撬动社会资本，吸引大银行、大财团参与基金建设，为牡蛎产业发展搭建金融服务平台，推动了牡蛎养殖转型升级。

(二)搭建平台，广聚人才

针对牡蛎产业配套及服务体系等公共平台建设滞后，领军人才和顶尖团队匮乏等问题，乳山市多措并举，做到了搭建平台与引进人才两手抓、两手硬。

1.搭建服务平台

重点打造完善了三大公共平台：第一，科技支撑平台。强化与中国海洋大学等高等院校的产学研合作的同时，积极推进威海正洋海洋生物技术研究院等与牡蛎相关的研究机构创建威海市级和省级科技创新平台；引进了青岛前沿海洋种业有限公司落户乳山，打造三倍体牡蛎苗种供应研发中心。第二，园区支撑平台。在山东省级“海阳所滨海养生特色小镇”的基础上，初步建成了集牡蛎养殖、精深加工、电子商务、科技研发、美食旅游、高端培训于一体的“中国牡蛎第一镇”，升级了滨海新区以牡蛎深加工为主的食品和生物科技园区。第三，行业服务平台。依托乳山牡蛎协会，建设了“蛎尚往来”电子商务平台和开发了牡蛎专业网站和手机 APP，搭建起行业对接的桥梁。

2.引进和培养人才

在政府层面，推动海洋科技领域的产学研用密切合作。聘请国内外 8 位从事牡蛎研究的顶级专家担任特邀专家，成立了乳山市牡蛎产业专家咨询委员会，成立由国家贝类产业技术体系首席科学家张国范教授任院长，地方专业技术人员参与的乳山牡蛎研究院，让更多的牡蛎养殖技术资源和产业项目投向乳山；实施“海洋产业人才培养计划”，鼓励山东外事翻译学院开设海洋产业相关专业和学科，对有推动牡蛎产业发展有突出贡献的专家和人员进行奖励；同时，健全市、镇、村三级联动的牡蛎技术推广服务网络，到 2017 年底已在 6 个沿海镇各设专职牡蛎技术推广人员 1～2 人，在牡蛎生产集中片区设置了 20 个村级服务站。

（三）科技支撑，模式创新

针对牡蛎养殖分散经营，养殖规模小，经济效益低，应对市场能力弱；缺少专业的养殖知识，新技术推广缓慢，抵御养殖风险能力差，乳山市从以下三个方面入手培育牡蛎新业态。

1.注重推广应用新技术

围绕累代养殖这个技术难题和牡蛎养殖存在四季不能常肥的技术瓶颈，加强与中国海洋大学等多处院校所合作，引进了夏季时不喷浆，一年四季都能上市销售的三倍体牡蛎新品种。同时，在保持“秋播春收”筏式吊笼传统养殖技术的基础上，与山东省海洋生物研究院合作，注重牡蛎养殖新技术推广和应用。一是推广“生态疏养”技术，根据海区养殖生产可承载力，调整牡蛎养殖筏架间距和每台筏架上的牡蛎养殖笼数量，提高了牡蛎成活率和肥满度。二是创建“立体养殖”技术，变“单打”为“双打”，使牡蛎养殖海区和饵料资源得到充分利用，海域产值得到较大增长。三是新增“生态间养、混养”技术，利用牡蛎和海藻两个养殖物种间的生态互补功能，养护、修复、提升海洋生态环境，维护海域生态平衡。目前，新养殖技术推广面积已达 1.3 万亩。

2.注重转变模式

在牡蛎产业的发展过程中，注重实现模式的三个转变：一是变“散”为“合”。支持新型经营主体加快发展，以“离岸化、规模化、标准化”为导向，发挥龙头企业的作用，采取“龙头企业＋合作社＋养殖户”的方式，实行“统一苗种、统一技术、统一管理、统一收购”的标准化生产，实现牡蛎养殖从分散化向组织化、合作化的海洋牧场养殖转变。二是变“实”为“虚”，利用互联网技术，运作了金谷之园电子商务产业园、智创电子商务产业基地等项目，打造了“互联网＋电商＋牡蛎产业园”的新模式；依托阿里巴巴“千县万村”计划大力发展淘宝村、农村电商，对接中国水产商务网等行业网站和阿里巴巴、京东商城等电商企业，设立“乳山牡蛎专营店”，推进电子交易，实现线下和线上相结合、实体和网络相结合。三是变“旧”为“新”，发挥华信食品、岳海水产等龙头企业的示范带动作用，淘汰传统扇贝网笼和木制作业船只，选用澳大利亚潮汐塑性滚动网笼和日本新型玻璃钢工船，采用水泥砣代替原有打橛的台筏固定方式，采用新机械化养殖设备，替代过去老旧的养殖设备，并融合发展人工鱼礁、网箱养鱼和底播增殖，促进经济效益可持续增长。

3.注重延伸产业链条

近年来立足于“产业强市”战略，乳山通过招商引资等多种方式吸引牡蛎深加工企业入驻，重点培育了三家实力较强的牡蛎深加工企业，其中威海耐特海洋生物新型材料科技开发有限公司以牡蛎壳为原料开发海洋生物人工鱼礁；山东温喜生物科技有限公司以牡蛎壳为原料生产土壤调理剂和饲料添加剂，产品主要销往国内市场；好当家荣佳食品是以牡蛎肉为原料加工牡蛎罐头、干粉牡蛎等，产品不仅在国内市场销售，还远销加拿大、澳大利亚、日本及印度等十多个国家和地区。同时，引导牡蛎加工龙头企业延伸产业链条，不断自主研发新产品，孵化现有的以牡蛎为原料的海洋药物、营养液、化妆品、保健品等精深加工技术，构建专业化、高端化的牡蛎产业发展链条。

(四)转变理念，绿色发展

过去个别养殖户非法围填海、非法养殖以及乱搭乱建等违法违规行为屡禁不止，破坏了海岸带生态环境，影响牡蛎养殖海域水质；有的养殖户为了追求经济效益，在养殖用药方面不规范，影响了食品安全。对此，乳山市开展了以下几项工作：

1.构建海域、海岸带监管和生态修复体系

一方面，制定完善《海岸带执法巡查办法》等管理制度，构建起“三位一体”监管体系，严格控制用海规模和范围；另一方面，把海岸带修复整治的责任、目标、任务层层分解落实至辖区沿海镇，把陆源入海污染渠道治理和近岸海洋环境治理纳入综合考核，对大乳山滨海旅游度假区等重点区域进行了保护性修复。通过防治结合，使沿岸和近海的环境得到有效的保护，牡蛎养殖海区主要理化指标达到国家一类海水水质标准，为高品质牡蛎养殖提供优越的自然生态条件。

2.打造安全保障体系

乳山市坚持将牡蛎质量安全监管作为创建“国家食品安全城”“国家农产品质量安全市”的重点，按照食品安全治理现代化要求，发挥牡蛎养殖协会的作用，在全市范围内推广无公害养殖，加强对牡蛎育苗、用药、养殖技术的指导和评级工作。结合牡蛎质量安全监管工作实际，加强了与农业、食药、公安、市场等部门的沟通衔接，开展了“守护舌尖安全”专项整治行动、专项打假行动等活动，建立了长效联动的食品安全监管机制。

3.建立质量可追溯体系

针对牡蛎销售市场上出现以次充好、以假乱真等现象，与杭州甲骨文公司合作，建立了全国首个牡蛎质量安全追溯体系，给每一件牡蛎产品都设定唯一的防伪标签。消费者通过手机等设备扫描二维码，便可获取牡蛎养殖企业名称、法人、海域使用权证书、出货捕捞时间、数量、规格等信息，实现了“来源可查、去向可跟踪、责任可认定”。一旦消费者所购买的“乳山牡蛎”出现质量安全问题，可向乳山牡蛎协会投诉举报，协会将视情况提报渔业主管部门、市场监管部门或公安部门进行处理，全程跟踪落实，给消费者一份满意的答复。

（五）擦亮品牌，高端定位

针对本地牡蛎品质较好，但由于缺少品牌带动，辨识度不强，缺乏标准化的产品，只能作为“大路货”进入农贸市场或加工车间，走不出“优质不优价、好货不好销”的怪圈，市政府及海洋渔业局等有关部门坚持“品牌就是生产力”的理念，以地理标志证明商标为抓手，实施品牌战略。

1.积极开展“创牌”推介

乳山市积极与专业传媒机构合作，充分借助网络、电视和平面媒体等多种形式广泛宣传“乳山牡蛎”品牌，开展了多届“乳山生蚝节”“牡蛎品鲜季”等节庆宣传活动。先后成功举办了三届“乳山牡蛎文化节”，2018 年，举办了“首届中国(乳山)牡蛎产业高峰论坛”，来自美国、法国、澳大利亚等国家的国际知名海洋生物研究专家和中国水产科学研究院黄海水产研究所、大连海洋大学等国内知名海洋院所专家教授，以及行业龙头企业家等 200 余名嘉宾参加了该活动。旅游部门积极参与策划了“乳山牡蛎体验之旅”线路，推出牡蛎美食、“牡蛎＋干白”“牡蛎＋温泉”等系列产品，广泛吸引了大众眼球。经贸部门组织牡蛎养殖和加工生产单位“走出去”参加国内外知名渔博会、展览会和展销会，通过开展参观产地、品鲜牡蛎、牡蛎文化宣传等活动，进一步提升乳山牡蛎品牌知名度和美誉度。

2.积极实施“用牌”“护牌”

为加强对牡蛎质量安全的监管，乳山从养殖、包装、流通、销售、食用等各环节入手，集聚监管部门合力，发挥行业协会作用，构建了行之有效的乳山牡蛎品牌保护提升体系。对“乳山生蚝”“乳山蚝”“乳山海蛎子”等字眼的商标进行注册，防止出现“杂音”，确保乳山牡蛎“一个声音吆喝、一个形象对外”。每年开展以“乳山牡蛎”为主题的联合打假行动，重点查处以假乱真、以次充好等行为，严厉打击侵犯“乳山牡蛎”地理标志证明商标专用权行为，保护了“乳山牡蛎”地标品牌。

二、乳山牡蛎转型升级取得的成效

乳山以牡蛎产业转型升级为突破口，通过一系列有效举措，激活了牡蛎产业发展活力，带动了上下游相关产业的发展，实现了牡蛎产业可持续发展。

(一)品质和效益实现同步提升

得天独厚的生态环境及养殖模式的转变和新技术的推广，造就了乳山牡蛎个头大、肉质饱满、汁液鲜美的独特品质。成品乳山牡蛎壳长能够达到 15～18 厘米，肥满度能够达到 18％～20％，较国内其他地区同类产品高 5～8

个百分点，锌、硒、铁、锰等微量元素含量也高于其他地区同类产品，而重金属元素含量远低于食品安全国家标准中食品污染物限量。牡蛎养殖效益也大幅提高，由过去4元左右一千克，到现在网上销售10元一只甚至十几元一只。目前，牡蛎养殖年产量30万吨，产值20亿元，养殖面积和产量在全国县级单位均居首位，产量约占威海市的58.35%，山东省的35.34%，全国的6.62%。全市从事牡蛎养殖、加工人员近2万人，约占渔民总数的三分之一，专业技术人员3000余人，促进渔民年增收近2亿元。通过推动牡蛎加工由常规加工向精深加工转变，牡蛎精深加工业和海洋生物技术产业销售收入大幅提升。从事牡蛎产品深加工的温喜生物年销售额达2.7亿元，解决了当地100多个就业岗位；好当家荣佳食品产品远销美国、加拿大等15个国家和地区，交易额突破了10亿元。

（二）三产融合得到有效加强

牡蛎产业的转型，带动了相关海产品加工企业的发展，仅牡蛎加工企业就新增了20多家。牡蛎电商经济也得到了长足的发展，目前乳山牡蛎已成为网红、爆品，仅淘宝上的乳山牡蛎电商就有400多家，电商销售范围达到全国，乳山市从事牡蛎电商销售人员达到0.5万人。在废物再利用方面，温喜生物等高科技企业，以生物技术为支撑，通过科技化提取、高值化利用，使牡蛎壳等海洋垃圾变废为宝生产出有机肥、海洋蛋白肽等产品，既迎合了市场需求，也对环境保护发挥出独具的作用。以耐特新材料公司为先导，加快人造鱼礁、抗风浪网箱、养殖船等渔业生产设施制造，推动了涉海服务产品升级。在打造海上田园综合体方面，以乳山建设海洋牧场为契机，华信食品投资900多万元，离岸建设可升降式海洋牧场安全多功能平台，配套以牡蛎、栉孔扇贝、魁蚶、紫菜、龙须菜等养殖为主的海上养殖区和集采收、垂钓、餐饮娱乐等为一体的海上观光区。牡蛎产业的崛起，也带动了“夏村葡萄酒小镇”的发展，擦亮了“牡蛎＋干白”城市的新名片。

（三）生态环境实现良性循环

对海岸线生态修复和加强海域监管，不仅为牡蛎养殖提供自然条件优越的海域，也让乳山的海岸带和近海水域基本恢复了往昔的生态平衡。大乳山滨海旅游度假区被打造成了一个集观光旅游、休闲度假、康体养生、文化娱乐为一体的大型综合性旅游胜地，景区被评为“国际生态旅游示范基地”和“中国最令人向往的地方”，仅 2017 年接待游客量就达到 80 多万人次；大乳山国家级海洋公园作为生态修复的突出典型，也出现在中国政府向第 21 届联合国气候变化大会提供的专题片“应对气候变化——中国在行动”中；银滩东部海岸带景观的生态修复与保护规模约 43 万平方米，近海水域全部达到国家一类海水水质标准，形成了“水清、岸绿、滩净、湾美、岛丽”的海洋生态文明新格局。

（四）品牌价值实现显著提升

牡蛎作为乳山的特色产业与大姜、茶叶并称“乳山三宝”，已经形成成熟的产业链，品牌价值大幅提升，市场份额也越来越大。近年来“乳山牡蛎”先后获批国家地理标志证明商标，被农业部认证为无公害水产品。2016 年，乳山牡蛎荣获“2016 最具影响力水产品区域公用品牌”称号，2017 年，乳山市被评为“中国牡蛎之乡”，标志着“乳山牡蛎”产业步入新的发展期。

三、乳山牡蛎产业转型升级的主要启示

乳山市牡蛎产业转型升级的实践充分表明，当前经济新常态背景下，产业转型升级离不开政府、企业的共同参与，坚持跨界融合发展和品牌战略是产业转型的成功之路。

1. 完善引导机制是有效保障

产业在转型升级过程中，地方政府既要结合当地实际高瞻远瞩加强顶层设计，又要以补链壮链、突破发展瓶颈为导向，主动搭建平台，完善政策和激励机制，营造通畅完善的市场环境，健全市场化投融资机制，有效盘活社会存量资本，增加政府有效供给，助力转型升级。

2. 开展模式创新是必然选择

通过培植龙头企业、专业合作社、经营大户等新型经营主体，引导企业实行现代企业管理制度，形成具有竞争力的现代企业集群；建立行业协会，强化自我服务、自我管理，规范行业发展；支持渔民开展多种形式的合作，发展规范化的渔民合作社，构建“科研院所＋龙头企业＋合作社＋渔户”的现代渔业产业化经营模式，是提高渔民抵御风险能力和生产经营的集中化、组织化程

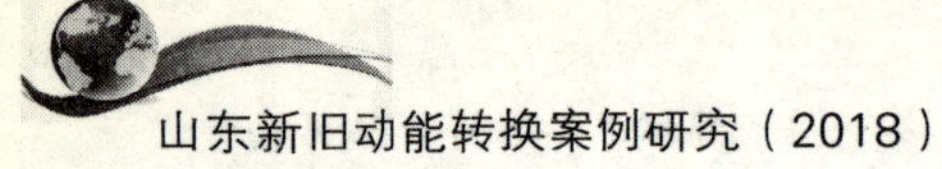

度的必然选择。

3.实施品牌战略是主要路径

随着消费者收入水平的提升，以品牌为导向的选购理念和意识日趋增强。要实施品牌战略，一方面要对本地特色产业进行准确的定位和构建高效的品牌传播体系；另一方面还要围绕品牌定位，构建品牌配称体系，这样品牌发展才能获得持久动力。乳山牡蛎正是通过全面推广健康养殖、标准化生产，加强无公害、绿色、有机水产品认证和渔业产品地理标志保护，提升品牌含金量。

4.坚持生态环保是发展底线

海洋生态环境的保护要坚持海陆统筹的指导思想，要在对海洋科学认知的基础上，实现从陆地到海洋的整体规划和统一布局，落实一体化管理。对生态环境的修复和保护，为人类提供优越的宜居环境的同时，还馈赠给我们发展海水养殖的自然条件，有利于海水养殖业可持续发展。

第二编

推动制造业新旧动能转换案例

案例五

改造提升传统动能的日钢模式

当前，传统产业面临较为困难的经营局面，中央经济工作会议明确要求“不能坐着等、站着看”，必须克服困难、闯过关口，依靠改革创新加快新动能成长和传统动能改造提升。2017 年 4 月，李克强总理在山东调研时寄望山东在新旧动能转换中打头阵，为巩固全国经济稳中向好势头提供重要支撑。山东省第十一次党代会提出要把加快新旧动能转换作为引领经济发展的重大工程，由此新旧动能转换的大幕全面拉开。在这一重大历史机遇中，日钢作为一家大型钢铁联合企业，通过传统动能改造提升突破困境，走出跨越发展之路。传统动能改造提升既是破解当前经济发展瓶颈的一剂良药，更是企业高质量发展的必经之路。

一、日钢改造提升传统动能的背景

日照钢铁控股集团有限公司（简称日照钢铁）是一家集烧结、炼铁、炼钢、轧材、酸洗、涂镀、制管、发电、制氧、水泥于一体的大型钢铁企业，公司于 2003 年建成投产，成为日照的支柱产业之一。近年来，由于铁矿石价格猛涨以及钢铁企业内部工艺、技术、管理等与国外企业有较大的差距，使得钢材市场的成本增加，压力越来越大。企业过去的主导产品螺纹钢、小型材、中型材、线材等钢材产品生产能力过剩，利润空间较小；而高附加值和高技术难度的产品（如不锈钢板、硅钢片热轧薄板、冷轧薄板等）生产能力不足。在 2008

年至2013年，企业的这些短板在受外部因素干扰及国内经济持续低迷影响下表现得尤为突出，钢铁产能过剩，全行业处于持续微利甚至亏损状态，至2013年年底日钢利税下滑至低谷。同时日钢在与众多民营小型钢铁企业的直接竞争中，由于在环保投入、规范用工、依法纳税等方面形成的企业直接或间接成本较高，亦在低端市场价格战的竞争中处于不利状态。在这种劣势困局下，也有一些向好的因素给困顿中的日钢带来曙光，那就是政府打出了一系列的组合拳，稳增长、调结构，效果已经初显。日照市政府也决定把推进日钢集团产业改造提升作为加快工业转型升级、新旧动能转换的重要抓手，这成为日钢转型升级的难得机遇。

二、日钢改造提升传统动能的艰辛历程与显著成效

在内外压力倒逼下，受挫的日钢决定以市场为导向，从供给侧结构性改革入手，提出"日钢转型升级，必须创新发展，合理定位，形成企业核心竞争力"的发展路径，将引进先进生产技术作为改造提升传统动能的突破口。日钢在多方考察和综合分析评估后，最终将目标锁定在世界最先进的热连轧技术——ESP（无头带钢轧制技术）上，该技术被称为"钢铁工业第三次技术革命"，可批量生产0.8 mm热轧薄板。该转型升级项目于2014年开工建设，2015年试生产，但在实际调试过程中，生产线一直未能达到设计标准，调试工作十分艰难，每月调试费用超过千万，耗费了大量的人力物力。困境中的日钢在反思总结后发现：引进先进技术装备只是企业拥有了转型升级的敲门砖，还需依靠先进的企业管理能力来支撑。由此，日钢及时作出同步提升管理体系的决定，全面借鉴世界领先钢企管理模式和管理制度，实现精细化管理，最终将传统动能改造提升推向成功，有效实现了"技术支撑促提升，品牌高端提价值，跨界融合延链条，节能减排显实效"的绿色发展新模式。

（一）技术支撑促提升

日钢引进意大利阿维迪工艺技术，德国西门子、奥地利奥钢联等世界顶级冶金公司技术装备，建设的3条ESP无头带钢生产线被列为山东省首批智能制造试点示范项目，代表了当今世界热轧带钢技术的最高水平。从德国西马克引进X-H型钢生产线，是目前国内H型钢生产线中轧制规格最全、

自动化程度最高、作业产能最大的生产线。其中船板钢通过了九国船级社认证;ESP 产品超薄规格比例达到 30%,0.8 mm 规格热轧超薄板已进入家电生产线,并获得英国标准协会颁发的 ISO/TS16949 质量体系认证书;ESP 薄规格产品被列入山东省 2017 年第一批重点新产品(技术)推广目录;日钢与江淮汽车搭建"产学研用"合作平台,发布了 2016 年轻卡轻量化成果——"轻卡上装实现降重 18%降本 5%目标",实现全球首发 LA 级(低合金)1.0 mm ESP 薄板并成为商用车轻量化降本关键性材料;基于日钢在汽车轻量化工作的突破性进展,在日照举行的"2017 汽车轻量化联盟会议"由其承办。世界先进工艺和先进装备的引进和消化吸收为日钢传统动能和产品的改造提升奠定了坚实的技术支撑和强劲的动力源泉。

(二)品牌高端提价值

日钢通过创新技术实现了公司产品从普通碳素结构钢向"高附加值、高科技含量"钢品的升级,创新研发生产了海洋工程用钢、高技术船舶用钢、汽车用钢、先进制造基础零部件用钢等高端钢铁品种。2016 年,日钢转型升级效果初显,集团全年产材 1335 万吨,实现销售收入 389 亿元,同比增长 33.7%;上缴税金 17 亿元,同比增长 4.5%;实现利润 13.8 亿元,同比增长 475%;凭借其技术先进性,集团 ESP 生产线连续两年被写入"中国钢铁行业十大事件";在中国钢铁企业竞争力评级排名中,集团与宝武钢铁等 5 家企业并列全国钢铁企业竞争力第一梯队。2017 年,新旧动能转换效果进一步显现,1～12 月份累计产铁 1431 万吨,同比增长 5.6%;产值 633.6 亿元,同比增长 71.8%。宝华新材料深加工酸洗镀锌产品累计 377 万吨,同比增长 20.8%;产值 127 亿元,同比增长 68%。实现净利润 74 亿元,同比增长 477.2%;上缴税金 42 亿元,同比增长 148.5%。2018 年上半年,日钢对拉动全市规模以上工业总产值贡献率名列第二位(山钢第一位),同比增长 4.5 个百分点,对全市增长贡献率达到 21.9%。

(三)跨界融合延链条

日钢大力实施"互联网+智能制造",建立了"以市场为导向、以客户为中心、以订单为主轴"的产销一体化管理模式,实现了对企业产、供、销、人、财、物各个环节的优化集成,形成了"产销协同、质量保证、成本控制、绿色制造、物流管控”为重点的核心竞争力。科学的现代化企业管理体系和机制的建立为日钢推进产业结构优化升级，延长产业链条，实现跨界发展和融合提供了平台和保障。日照钢铁调整产业结构、拉长产业链，努力探索其他投资方向，日照宝华新材料有限公司目前已投资18亿元，建设了2条连续酸洗机组和2条连续酸洗镀锌机组等设备，公司通过利用ESP生产线生产出的产品作为原材料，通过酸洗、平整等方式，可生产出国内稀缺的0.8～1.5毫米的热轧酸洗及镀锌薄板。

（四）节能减排显实效

日钢坚持走生态发展道路，把绿色生态理念贯穿于产业结构转型升级发展全过程，累计投资90多亿元用于节能环保、循环经济建设，建成了烧结烟气除尘脱硫、烧结余热发电、高炉煤气发电、TRT发电、转炉余热发电、水钢渣超细粉、污水综合处理、固废综合利用全套的循环经济节能减排体系项目，2017年被国家标准委和国家发改委列为“钢铁行业循环经济标准示范单位”，是全国唯一入围的钢铁企业，形成节能环保技术集成优化和资源能源高效利用的清洁生产绿色制造新模式。

三、改造提升传统产业动能的启示

推动新旧动能转换，要坚持“腾笼换鸟，凤凰涅槃”的思路。而要打赢这场硬仗，就需要多管齐下推动传统产业提层次、强实力。传统动能可能在产品和服务方面的竞争力有所不足，但仍拥有优秀的企业管理者、熟练的产业工人、有效率的生产模式，通过资金、技术、管理等方面的全面提升，完全可以转换为新的动能。

（一）以解放思想破局，清除转型升级的桎梏

首先，企业作为市场竞争主体要进一步解放思想。在传统动能改造提升过程中，有些企业转型时面临创新乏力、资金不足等难题，产生畏难情绪，于是很多企业在转与不转之间来回摇摆，陷入观望，坐失转型升级时机；有的认识上“看不清”，以为经济一触底就会V形反弹，煤炭、钢材市场暂时回暖了，就想复产、扩产，走“回头路”；有的利益上“舍不得”，觉得多年积累的库存、产能是看家本领，是实力所在，担心去掉了，影响GDP和财税；有的心态上“怕

得很”，害怕关停并转带来失业问题，引发社会风险。对于这些错误的思想观念和发展的桎梏，必须坚决破除，解放思想的核心和关键是更新观念。日钢在转型过程中，解放思想，大胆开拓，敢于转型，确立了“一年换思想，两年上轨道，三年试运行，五年见成效，十年达到世界钢铁行业管理先进水平”的发展战略，促进了企业的转型升级。中间虽然经历很多困难，但知难而进最后取得了成功。在企业转型过程中，企业的阵痛是不可避免的，因此一定要解放思想，大胆革新，勇于进取，敢于转型；其次，广大党员干部作为实现新旧动能转换的推动者要率先垂范，实现思想自我解放。刘家义书记在全省新旧动能转换重大工程动员大会的讲话中指出，有些同志还存在思想解放不够、观念变革不深、敢领风气之先的魄力不足等问题。有人讲，南方一些省的干部遇到新矛盾新问题“向前看”，用创新的思维寻找解决办法；山东干部遇到新矛盾新问题习惯于“向后看”，看有没有成规惯例可循、有没有现成经验可用。所以作为党员干部首先要思想解放，要敢于创新，要有“功成不必在我”的境界。加快新旧动能转换，必然要经过一个阵痛期，甚至一定时期内会“政绩不显”。那么作为引领和推动事业改革发展的党员干部，必须从“我的政绩”中解放出来，强化“久久为功”意识，不急功近利，不搞所谓的“政绩”工程，多做、善做、实做打基础、利长远、为子孙的事，方能从思想上破除制约和阻碍新旧动能转换的藩篱，优化新旧动能转换软环境。

（二）聚焦创新驱动，以“四新”促“四化”

习近平总书记在“达沃斯世界经济论坛”开幕式上强调指出，要加大重要领域和关键环节改革力度，让市场在资源配置中起决定性作用，牵住创新这个“牛鼻子”，推进创新驱动发展战略，推动战略性新兴产业发展，注重用新技术新业态改造提升传统产业，促进新动能发展壮大、传统动能焕发生机。① 很多传统产业产品竞争力不强且出现产能严重过剩，其关键原因是核心技术匮乏、产业结构雷同，问题的实质是创新不足。这个问题的解决，就是深入实施创新驱动发展战略。一是推动企业创新，强化企业创新主体地位。促使企

① 《习近平主席在世界经济论坛2017年会开幕式上的主旨演讲》，新华网，2017年1月18日。

业真正成为科技创新决策、研发投入、科研组织和成果转化的发展主体。充分尊重企业家创新精神，将创新精神、企业家精神、工匠精神有机结合起来。二是推动产品创新，以产品创新满足并带动市场需求。进行细致的市场调查及预测，以市场需求为导向制定企业的产品发展战略，引导企业增品种、提品质、创品牌，加大自主品牌建设，弘扬老品牌，做强大品牌，培育成长型品牌，同时扩大内外销产品“同线同标同质”实施范围，更好地满足消费升级需求，提升企业的产品竞争力。三是推动技术创新，提高效率降低成本。企业应将核心竞争力由价格竞争转向质量竞争、服务竞争、创新竞争，真正实现商品生产、流通、消费的良性循环。四是推动体制机制创新，激发企业创造活力。要通过体制机制创新为改造传统动能保驾护航，新动能的产生需要打破传统制度的枷锁，才能有效激发活力和创造性。五是推动“互联网＋”，打造企业跨界融合发展新路子。互联网的出现使得经济社会各领域全面融合，并且催生出了一个个新业态、新模式。互联网已经成为当今技术创新、服务创新、业态创新最为活跃的领域，成为当今中国发展新动能的重要来源，对整个经济社会的转型升级带来了深远影响。

（三）优化制度供给，提升政府服务水平

加快改造传统产业，既要发挥市场在资源配置中的决定性作用，又要发挥政府的积极作用。要提高政府服务的能力和水平，强化主动服务、效率优先的意识，深化简政放权、放管结合、优化服务改革。日钢在改造提升传统动能的路上走得如此坚定有力，一方面在于企业自身自立自强，敢为人先的勇气和魄力；另一方面在于市委、市政府的积极引导。日照市委、市政府多次到日钢集团调研，并鼓励其抓住国家和省委、省政府利好政策，用2～3年时间引进新技术、新装备，创新企业管理，实现凤凰涅槃、跨越发展。日照市委、市政府这种把创新发展的重任扛在肩上，以高度的政治自觉和事不避难、勇于担当的作风，给予企业发展极大鼓舞。日钢的成功经验表明，政府放权要放到位，监管上水平，服务要精准，并加快消除市场准入限制，促进公平竞争，才能让传统产业重焕生机和活力。提升政府服务水平就要拼格局，善于从更高站位、更宽视野上来谋划项目，以宽广胸怀、开阔胸襟来招引项目，以“功成不必在我”的胸怀、“功成必定有我”的担当扶持、服务项目，多做打基础利长远的事情；要拼平台，加快搭建先进制造业、高端服务业、科技创新、“新六产”等各类平台，为项目招引建设搭建优质载体，为新旧动能转换营造良好“生态圈”。

（四）聚集高端人才，“输血”与“造血”并重

新旧动能转换，人才智力支撑是一大关键，先进技术需要人来把握，人是技术、创新能否有效转化的关键因素。创新驱动的实质是人才驱动，企业的竞争就是人才的竞争。刘家义书记在山东省全面展开新旧动能转换重大工程动员大会上的讲话中指出，要突出厚植高端人才，既要招得来“女婿”，更要留得住“儿子”，“输血”与“造血”并重。日钢秉承“发现人，用好人，激励人”的用人理念，坚持“能者上，平者让，庸者下”的用人原则，建立的“人才引进、人才培养、员工晋升”人才管理机制在新旧动能转换中发挥了不可替代的关键作用。通过灵活多样的激励政策鼓励创新，发挥每个人最大的能量，已成为日钢加快新旧动能转换的内生动力。近三年来，日钢先后引进博士后 2 人、博士 5 人、硕士 114 人、本科生 1225 人，自主培养了大量的企业“本土”技术骨干，为推动企业科技创新提供了可靠的人才保障。仅 2017 年日钢就成功开发出 24 项棒线新品、17 项板材新品、46 个 H 型钢新规格，为抢占产业转型发展先机、培育企业新竞争优势奠定了坚实基础。引才、育才与激励人才创新动力并举使日钢成为科技创新的摇篮，成为抢占新技术的高地，成为引领日钢产业动能转换全面起势的主要因素之一。作为新旧动能转换的主体——企业来讲，只有通过强化政策激励引人才、搭建平台载体用人才、优化服务环境留人才，才能真正把高层次人才引进来、用起来、留下来，才能真正激发出创新动力，迸发出创新活力，抢占新技术高地，助推企业转型发展。同时要大力打造推动企业创新发展专家团队，一方面要依托国内外及省内知名高等院校、科研院所，培育“研究型专家队伍”；另一方面依托企业及其技术部、技术中心、工程研究中心、重点实验室等，培育一批重大共性技术开发方面的“开发型专家队伍”，形成多元化的人才模式，为推动新旧动能转换造就坚实的人才智力支撑。

案例六

改造提升传统动能　质量效益双提升

——泰山玻璃纤维邹城有限公司案例

泰山玻璃纤维邹城有限公司取得令全国乃至全世界同行业瞩目的成绩，关键在于公司自始至终秉承新旧动能转换核心要义，不断融入新理念、应用新技术、采用新工艺、升级新设备、拓展新产品、激发新活力，坚持把改造提升传统动能、培育壮大新动能作为企业发展壮大的动力源。

一、改造提升传统动能的背景

泰山玻璃纤维邹城有限公司是在历经艰难的发展中改造提升传统动能的。2004 年 4 月，为实现企业转型升级，邹城市政府通过招商引资使原邹城佳斯达电子玻璃纤维有限公司与泰山玻璃纤维股份有限公司达成战略合作协议，由泰山玻璃纤维股份有限公司入主控股并成立了泰山玻璃纤维邹城有限公司(以下简称“公司”)。目前，公司归属于中国建材集团，其中泰山玻璃纤维有限公司控股 91.18%，邹城市城市资产经营公司持股 8.82%。公司成立以来也面临市场激烈竞争的压力，公司意识到必须在不断创新中掌握核心技术，实现产业转型升级，走改造提升传统动能之路，也才能实现由弱变强，赢得市场竞争优势。

经过多年发展，公司总产能已由最初的 1 万吨发展至 19 万吨，总资产由最初的 5700 万元发展到目前的 38 亿元，已发展成为全球前五、中国第二大

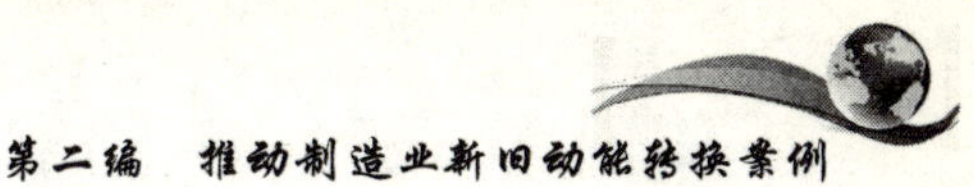

综合性玻纤强企和国内(除台湾地区外)电子细纱总产能最大的电子玻纤产业基地,获得了"国家重点高新技术企业""国家认定企业技术中心""山东省电子玻纤工程技术研究中心""山东省创新型企业""山东省两化融合优秀企业""山东省名牌产品"等资质荣誉,成为集研究开发、设计生产、成果转化于一体的综合性企业。

二、公司推动新旧动能转换的做法及成效

公司推动新旧动能转换采取了以下主要做法:

(一)强化科技创新重研发,提升新动能发展活力

发展思路重转化。发展初期,公司仅专注于市场上现有产品的生产研发与销售,缺乏配套的设计服务,与玻纤市场其他产品同质化现象严重。2010年以来,公司转变发展思路,摒弃低端市场,专注于高端市场,生产线智能制造、绿色制造水平不断提高。相比七年前,公司人均劳动效率提高70%,能耗降低40%,废品率降低50%,废丝已实现全部回收利用。

产品研发重提升。经过多年摸索,公司逐步实现产品研发从过去"重数量"到现在"重质量"、从跟踪模仿到消化吸收、集成创新、自主创新的重大转变,确定以市场需求为导向、以产品创新为主线、引领前沿技术的创新研发体系。公司与山东大学、济南大学、齐鲁工业大学、山东省智能机器人应用技术研究院、美国GSI、日本NTB等高校和机构开展多种形式的产学研合作,多维度多角度开展新产品、新技术、新工艺开发,不断促进产品换代升级。

创新项目重引领。通过加强科技创新,公司累计承担实施了包括国家火炬计划、国家重点新产品、省重大专项等在内的省级以上重点科研项目50余项,开发了国际先进的高熔化率大型池窑及纯氧燃烧技术(国际同行业率先采用细纱纯氧燃烧技术),使电子玻纤产品能耗达到0.55吨标煤(国家行业准入:0.75吨标煤),推动山东省乃至我国电子玻璃纤维产业走向低碳发展之路;公司组织完成了2010年国家火炬计划项目——超细电子纤维D 450课题并实现产业化,承担实施了2013年度山东省自主创新专项、2014年国家重点新产品、2016年山东省重点研发计划项目,其中大型玻璃纤维智能制造生产线试点示范获2017年山东省智能制造试点示范项目。

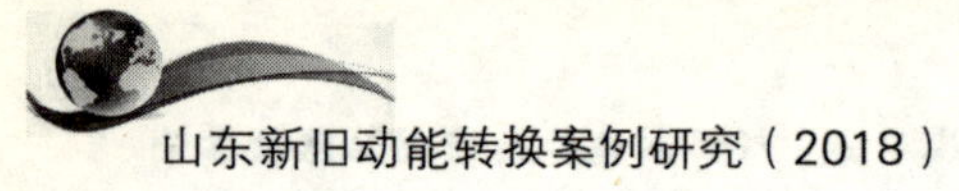

（二）强化人才支撑重协作，提升企业软实力

创新模式，“育才”体现实效性。加强公司人才梯队建设，努力实现以主管、工程师、技师为培训主力的“个人作用”到“集体效应”的提升。对于引进的人才，安排专业指导老师推行“一对一”培养模式，逐步建立人才年龄层次合理、符合公司发展需求的人才培养、储备、使用和管理体系。目前，公司大中专以上人员占比超过70%，本科以上学历人员占比超过10%，研究生以上高学历人员超过20人，工程师以上专业技术人员16人，中青年高层次人才比例稳步提升。

加强合作，“联才”体现前瞻性。公司从美国、日本和中国台湾地区多渠道引进高层次人才30余人参与公司电子布和电子纱项目研发和新产品、新技术研究，重点开展超细电子纱关键技术研究、漏板控制核心关键技术、大流量漏板在玻纤中的应用等项目合作，建立长期国际技术协作关系，提高公司在电子玻纤及其制品领域的技术研发实力，激发公司创新活力，培养带动一大批高技能专业技术人员，有效激发公司创新活力，解决关键技术瓶颈，在若干领域实现突破和跨越。

突出效率，“管才”体现灵活性。在持续优化组织机构和人力资源配置的基础上，推进建立各关键岗位管理人员、技术人员等良好的交流互动模式；通过开展OEE管理，提升设备运行效率，粗细纱运行效率达到96%以上，电子布效率维持在90%以上；通过加大设备运营管理和岗位人员管理，劳动效率稳步提高；通过不断优化岗位设置和人员配置，扩大人力资源外包规模，提高自动化水平，进一步提升员工岗位操作技能和劳动生产效率。

（三）强化工艺改进重效益，提升产品竞争力

生产水平技术化。由于国外技术封锁，生产线不能整套引进，公司便从不同的国家分项引进，如窑炉来自英国，拉丝机来自德国，喷气织机来自日本。但公司意识到这并非长期发展之路，公司便组织技术人员不断摸索学习、改进和提升生产工艺，使一条条生产线顺利投产运行，各项技术参数稳步提升，产品质量不断提高，各项生产工艺技术从落后于人逐步达到国际先进水平。

技术设备高端化。公司新建及技术改造项目秉承高标准设计原则，根据

最新标准的生产工艺和技术要求不断更新生产设备，全部采用源自日本、德国等国家具有国际先进水平的、符合国家能耗和其他相关要求的高能化、高性能、高效能设备，在搬运、包装、输送等耗费大量人力资源的环节采用机器代替人，不断降低设备故障率，稳步提升人机效率，细纱综合运行效率实现了行业之最。

高端管理智能化。公司结合自身发展情况和特点，将信息技术、自动化技术、现代物流管理技术与玻璃纤维制造流程相结合，与山东大学联合开发以质量管理系统为上位、物流运输系统为执行主体的玻璃纤维智能制造装备控制管理系统，每年可为公司产生直接和间接经济效益1.09亿元。公司加强管理融合，制定细纱、电子布、粗纱三大板块独立建设的发展思路，明确三大板块的组织架构、运营模式、核算体系等，积极推进大供应、大生产、大质量、大销售、大财务五大体系建设，使产品管理主线更加清晰、板块效益更加凸显。

智能产品绿色化。公司多年来一直致力于绿色生产，积极探索绿色制造与玻纤生产的融合创新，在国内玻纤行业率先采用纯氧燃烧＋电助熔、车间智能物流系统等，成功解决玻纤生产与绿色制造适应性难题，促进行业绿色发展，使经济效益与环境效益齐头并进，实现玻纤智能制造和绿色制造的融合。

(四)强化政府支持重力度，搭建平台助发展

公司能实现新旧动能转换，一方面得益于企业的正确决策，另一方面离不开政府的大力支持。

政策优惠减压力。邹城市政府通过设立企业发展奖和企业贡献奖，激发企业干事创业活力，形成比学赶帮超的良好氛围；通过实施税收减免及返还政策，切实降低企业税收负担；园区土地转让金实行先缴后返，降低企业用地成本；通过大企业直购电，大幅降低企业用电成本。2017年，公司共争取各类资金支持1.2亿余元，税收减免3456万元，进口设备减免关税1230万元，大企业直购电节约费用450万元，大大降低了公司在新旧动能转换上的成本。

服务高效助提升。邹城市政府不断强化机制创新，在企业管理上推行“区管镇”管理体制，在辖区内行使县级政府经济、行政、社会事务等管理权限，实行审批权限下移。持续深化放管服改革，全力打造审批事项最少、办事效率最高、发展服务最优“三最环境”，认真编制“零跑腿”“只跑一次”事项清单，项目前期手续办理时限缩减90天。邹城市政府下放审批权限直接到园区，让企业在园区内就能完成项目申报、审批等事宜，企业少“跑腿儿”，办事效率大大提升。

设施保障兜底线。邹城市政府对园区内新改建项目建设需要的水、电、天然气、热力等基础设施建设给予重点支持和优先考虑。通过领导包保责任制，对企业实行一个企业、一套班子、一包到底的包保工作机制，全程跟踪协调解决企业发展中遇到的问题，切实解决公司发展面临的难题，解决企业后顾之忧。

此外，政府还在融资担保、科技创新、人才引进、优化项目建设环境等方面给予企业全方位支持，为企业新旧动能转换提供强有力的支撑。

公司改造提升传统动能取得了以下成效：

1.发展理念得以提升

公司通过不断加大技术改造、加快产品结构调整步伐、加速淘汰落后产能、加快培育壮大新动能等系列举措，取得了一系列瞩目成绩。在发展壮大的过程中，发展理念上升为围绕贯彻集团“创新驱动、绿色发展、国际合作”，发展战略紧紧秉承“调整、提升、国际化”，发展目标逐步提高为“建设全球最具竞争力的玻纤强企”，正是放眼大局、着眼国际的高层次理念目标引领，成就了今天的行业典范。

2.技术研发得到突破

公司不断致力于玻璃纤维及其制品的创新研究和开发，积极建立高效的研发投入机制，加强玻璃纤维生产过程中的资源、能源、环保等关键技术和高附加值产品的研发，经营范围由单一的电子纱扩展到增强纱、电子纱和电子布三大领域，产品也拓展到4大类60余个品种500多个不同规格，年产玻纤纱近19万吨，电子布0.84亿米；实现了“单体产能最大、品种最齐全、技术装备最先进、综合运行成本最低、产品品质最优”的五个世界之最。

3.市场占有实现拓展

公司生产的产品广泛应用于国民经济各个领域以及航空航天、国防军工

等高精尖领域，客户遍布全球，包括了几乎所有电器优质企业如苹果、松下等国际一流企业，市场发展及应用前景广阔。2017 年，公司完成销售收入 17.51亿元，实现利税 6.16 亿元，利润 3.46 亿元，分别同比增长 35%、440% 和 424%。其中，电子纱总产能居国内首位，市场占有率近 40%，实现了稳步快速发展。

4. 团队精神得到巩固

近年来公司领导班子在塑造团队精神上成效显著，通过弘扬无怨无悔奉献的劳模精神和精益求精的工匠精神，极大激发了员工锐意进取的热情，使公司上下“拧成一股绳”，向着一个个新目标不断冲刺。塑造了求真务实、创新进取、责任担当的新时代团队精神，而且这一团队精神正激发着全体员工为使企业“成为世界上最具竞争力的玻纤企业”而努力奋斗。

三、几点启示

经济发展必然会有新旧动能迭代更替的过程，当传统动能由强变弱时，就需要新动能异军突起。公司正是用一个企业的亲身实践走出了一条培育壮大新动能、不断实现新跨越的发展之路。公司在新旧动能转换过程中的成功做法提供了良好的经验借鉴，并可得到以下几点启示：

（一）思想解放要深

新旧动能转换本身就是一个思想解放的过程，关键在于思想意识的转换。第一，给企业定“名分”。原公司与泰玻总部合作，将企业改名为“泰山玻璃纤维邹城分公司”，依靠泰玻总部在融资、技术、人力、管理、抗风险等各方面的优势资源弥补自己的不足，从而“救活”自己，继续壮大。第二，善于“傍大款”。原公司生产缺乏资金和技术、产品缺乏竞争力和市场，一度面临经营困难的局面，政府出资与里能集团谈判，由里能入股及时进行股份制改造，通过“还股”“退股”等举措实现“扔掉拐杖自己走路”，最终实现发展壮大。第三，既要找“市长”，也要找“市场”。泰玻在入主控股初期，先是与邹城市政府和原公司进行生产、产品各方面的对接，然后精准对接市场，将原公司积压的库存通过泰玻的市场网络进行推销，迅速回笼资金 1 亿多元，积累了经济实力。公司的成长充分证明企业发展过程中谁能做到思想解放，谁才能迅速恢复生机占领市场。只有思想意识转换到位，才能更加清醒地认识行业发展趋势，把握行业发展大势，更加精准地贯彻新旧动能转换系列部署，才能为企业发展增添新动力。

（二）创新引领要精

新旧动能转换最终还应依靠创新来释放红利，获得经济增长的质量和速度。一方面，要实现同行业产品技术创新。在发展的过程中不断进行产品更新、技术改进、质量提升、设备升级、理念转变，不断顺应技术和市场发展趋势，确保企业始终走在时代和世界的前列；另一方面，要做到“人无我有、人有我优”。公司积极构建本企业发展的差异化、特色化新动能培育路径，力争做到在技术更新上速度最快，在产品质量改进上差异化最突出，在研发设计拓展上水平最高，正是奉行了“把能做好的产业做到极致”这样一个企业长盛不衰的铁律，始终坚持用精品满足需求侧，取得了现在的成绩。

（三）人才支撑要实

实施新旧动能转换，核心是创新，根本在人才。公司的成功离不开人才的支撑作用。注重锤炼复合型人才。公司自始至终将人力资源作为企业第一生产力，不仅抓业务提升员工能力，更抓企业文化和党建，增强企业厚度，将以“实、敢、当”为核心价值观的企业文化理念融入生产经营、改革发展的实践中，塑造了求真务实、创新进取、责任担当的新时代精神。注重创新用人机制。公司不断加强全面技术合作，通过与国内外一流科研院所、高校、企业合作进行不间断的合作，高薪引进科研团队和创新人才，为公司安全环保生产、科技创新提供了充分的人才保障和智力支持。注重管理机制创新。公司持续优化组织机构和人力资源配置，近年来每年设立专项激励资金，超出预定产量或利润的固定比例全部用于员工分红，使员工得实惠、增干劲，切实从人才保障上为新旧动能成功转换提供支撑。

（四）发展环境要优

企业能否实现新旧动能转换，内因是决定因素，但外部发展环境的作用也不可忽视。一是需要适宜的地理环境。邹城这片土地为公司的发展壮大提供了温厚的土壤。邹城是工业老城，中国百强县之一，产业基础较好，资源禀赋优越、区位交通便利、配套环境优质，新旧动能转换具备坚实的基础，适合企业成长壮大。二是需要融洽的政企关系。为解决资源型城市“煤尽城衰”的问题，邹城市委、市政府一直高度重视本市经济转型升级工作，积极引导本地企业转型升级。2016 年，专门成立了“四新”经济发展办公室，聚力突破“四新”经济，不断应用新技术、壮大新产业、发展新业态、开创新模式，促进本地新旧动能转换和经济转型发展。2017 年，陆续颁布了《邹城市新旧动能转换重大工程近期工作方案》《邹城新旧动能转换实施规划》等一系列指导性文件。公司的成功壮大离不开济宁市及邹城市党委和政府的顶层设计，引领优化配置生产环境、生产要素，助推其不断培育壮大新动能。三是需要良好的行业合作氛围。公司与宏和电子、生益科技等行业龙头企业常年保持良好的技术交流与合作，实现技术互补；为苹果、华为、松下等终端电子产品企业提供优质原材料，良好的合作氛围为企业进行新动能培育提供了稳定的发展环境。

案例七

以智能制造推动新旧动能转换

——天润曲轴股份有限公司典型案例

新旧动能转换不畅是当前我国宏观经济运行面临的一个重大挑战。推动新旧动能顺利接续转换,就必须走创新驱动发展道路。近年来,威海市文登区的天润曲轴股份有限公司(以下简称"天润曲轴")坚持新发展理念,以智能制造推动天润曲轴新旧动能转换,取得了可资借鉴的经验做法。

一、案例背景

天润曲轴以智能制造助推新旧动能转换是基于以下背景展开的:

(一)以智能制造推动新旧动能转换是推动高质量发展的时代抉择

改革开放40年来,我国经济建设取得了巨大成就,制造业产值世界第一。天润曲轴作为以生产"天"牌内燃机曲轴为主导产品的中国规模最大的曲轴专业生产企业,在实现产量产值增长的同时,依然存在着质量建设相对滞后、核心技术供给相对不足的问题。2017年,中央经济工作会议明确提出,推动高质量发展是当前和今后一个时期确定发展思路、制定经济政策、实施宏观调控的根本要求。从天润曲轴发展的历程看,旧动能曾经在规模和数量追赶过程中发挥了重要作用,但在新时代背景下难以承担起提高经济发展质量的重任,因此必须以智能制造推动新旧动能转换,培育符合高质量发展要求的新动能,这既是保持经济持续健康发展的必然要求,也是建设社会主义现代化强国的必然要求。

(二)以智能制造推动新旧动能转换是深化供给侧结构性改革的内在需求

以智能制造推动新旧动能转换,是深化供给侧结构性改革的题中之义。解决当前我国经济重大结构性失衡,必须把"三去一降一补"作为推进供给侧结构性改革的重点任务,努力实现供求关系的动态均衡。从供给侧看,新动能既来自新产品、新业态等新兴产业的成长,也来自传统产业的优化升级。必须大力破除无效供给,着力培育新动能,扩大有效供给,以提高供给结构对需求结构的适应性。作为一家以汽车及零部件为主导的制造业厂家,以智能制造推动制造业新旧动能转换已成为推进制造业供给侧结构性改革的重要战略举措。

(三)以智能制造推动新旧动能转换是构建现代产业体系的动力支撑

构建现代产业体系就是要突破传统产业体系的构成方式,依靠科技创新推动生产要素的优化组合,形成结构优化、技术先进、清洁安全、附加值高、吸纳就业能力强的产业体系。党的十九大报告强调:"推动经济发展质量变革、效率变革、动力变革,提高全要素生产率,着力加快建设实体经济、科技创新、现代金融、人力资源协同发展的产业体系。"①并提出要"促进我国产业迈向全球价值链中高端,培育若干世界级先进制造业集群"。② 天润曲轴作为制造业领域的实体经济,要培育工业新动能,既要培育来自新兴产业创造的新动能,又要培育来自通过信息化和工业化深度融合对传统产业进行改造提升释放的新动能。由此可见,构建现代产业体系必须以智能制造为动力支撑。

二、案例概述

天润曲轴股份有限公司始建于1956年。2009年8月21日,在深圳证券交易所A股上市。现有员工2800多人,科技人员800多人。厂区占地面积

---

① 习近平:《决胜全面建成小康社会夺取新时代中国特色社会主义伟大胜利——在中国共产党第十九次全国代表大会上的报告》,人民出版社2017年版,第30页。

② 习近平:《决胜全面建成小康社会夺取新时代中国特色社会主义伟大胜利——在中国共产党第十九次全国代表大会上的报告》,人民出版社2017年版,第30页。

86.8万平方米,总资产47亿元。2017年,公司实现营业总收入30.22亿元,实现全口径税收收入17358万元,成为以生产“天”牌内燃机曲轴为主导产品的中国规模最大的曲轴专业生产企业。

天润曲轴经营业务涉及内燃机动力零部件、铁路装备和机床设备研制等领域;主营业务形成船机、重卡、轻卡和轿车曲轴,以及连杆、铸件、锻件七大主要业务板块。公司是中国内燃机协会副理事长和中国曲轴连杆及高强度螺栓分会理事长单位。拥有由美国、意大利、英国、德国等发达国家高精尖设备,组建了具有国际先进水平的曲轴加工、胀断连杆、锻造、铸造生产线,年可产100多种型号、220多万支的优质锻钢和球墨铸铁曲轴、400万支胀断连杆、8万吨铸件以及11万吨锻件,各项经济技术指标稳居全国同行业首位。

自创建以来,尤其是改革开放40年来,公司持续不断地实行智能化改造,有效推动了企业的新旧动能转换。具体做法如下:

(一)党建引领智能制造

天润曲轴坚持党建引领,用习近平新时代中国特色社会主义思想武装头脑、教育员工,健全党建工作考核责任制,扎实推进“两学一做”学习教育常态化、制度化。在完善传统党建宣传看板的基础上,强化互联网思维,打造互联网+党建平台,使企业党建从现实空间向虚拟空间延伸,从企业阵地向员工家庭延伸,画好网上网下党建同心圆,实现党员教育广覆盖,使企业党组织成为团结群众的主心骨、教育党员的主阵地、攻坚克难的大堡垒,带领企业致力智能制造、抢占曲轴技术制高点,开拓了企业智能制造发展之路。

(二)文化筑牢创新灵魂

天润曲轴坚持文化自信,牢牢抓住企业文化灵魂,树立了“以人为本,构建和谐企业;开拓创新,打造百年天润;肩负责任,振兴民族工业”的天润价值;凝练了“诚信、创新、奉献、团队、双赢”的天润理念;确立了“打造天润百年基业,构建国际化动力零部件基地”的天润愿景。全面推进企业文化的体系建设、文化育人、文化精品、基层落地、创新提升“五大工程”,促进企业文化融合与提升,为建设具有国际竞争力的制造业企业提供了精神动力和文化支撑,连续多年荣获“中国公众信誉良好企业”“国家500家最大机械企业”“国家一级计量先进单位”“省级文明单位”等荣誉称号。利用“一带一路”国家战

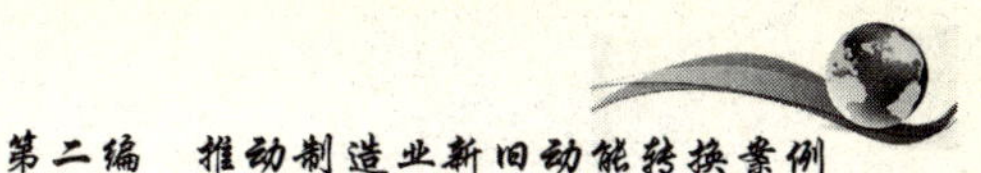

略平台，集中展示公司成果，讲好天润曲轴故事。近年来，在各级媒体刊发相关稿件100余篇，主旋律更响亮，正能量更强劲。

（三）机制提供创新保障

天润曲轴坚持制度自信，规范了《股东大会议事规则》等规章制度，不断健全现代企业管理制度，完善公司治理机制。同时，制定了多元化的综合激励体系，出台了科技创新奖、特殊人才百万年薪、高端人才解决家属工作等激励措施，细化了人才引进、市场分析、科学立项等工作，实施了《天润曲轴员工职业生涯发展规划方案》，提高了员工的工作积极性；提供了五险一金、劳保用品等全方位的福利保障体系，强化了员工的凝聚力，夯实了企业发展的制度保障。

（四）人才造就智能主体

天润曲轴坚持人才兴企，着力突出“三大工程”：一是人才引进工程。全面落实《文登区引进高层次人才若干规定》等文件精神，与高校联合实施蓝天人才规划，每年引进培养30名高端技术人才。二是素质提升工程。利用职业学院的培训优势，开展校企合作，设立培训基地和在线学习平台，开展包含公司级、车间级和班组级三级培训体系，激励各类人才在各自的专业岗位上成才。三是岗位晋升工程。公司实行年度考核、动态管理的岗位晋升机制。技术岗位晋升等级分为总工程师、首席工程师等7级，对所有专业技术职务聘任实行动态管理，打破专业职务终身制，进一步完善“重才、用才、留才”的用人机制。荣获“第五届山东省省长质量奖”个人奖的天润曲轴股份有限公司副董事长孙海涛，就是从基层一步步成长起来的，成为我国球墨铸铁在高端动力关键零部件制造领域材料研发及应用的领军人物。

（五）科技突出企业核心竞争力

天润曲轴始终突出关键技术和核心竞争力的培育，积极承担具有战略性、基础性、前瞻性的国家重大科技项目。公司与山东大学、哈尔滨工业大学等国内著名大学和科研院所建立起长期的产学研合作关系，创建了“国家认定企业技术中心”“国家博士后科研工作站”“山东省企业院士工作站”等研发平台，在行业内牵头成立了发动机关键零部件产业技术创新战略联盟，先后承担并完成国家863/CMS计划、国家火炬计划等省级以上科研项目30余项，主持修订国家标准 GB/T23339-2009《内燃机曲轴技术条件》和行业标准 JB/T51049-2000《内燃机曲轴质量分等》2 项，获省部级以上科学技术奖9 项、国家专利 100 多项。其中，“以锡代钼高强韧性球墨铸铁曲轴制造系统工程开发与应用”项目，获中国机械工业科学技术一等奖；“微锡高强韧性球墨铸铁关键技术及动力核心部件产业化”获国家科学技术进步奖二等奖。

（六）依靠品牌拓宽市场份额

天润曲轴高度重视品牌建设。公司生产的上柴 d6114 型球铁曲轴等“天”牌曲轴先后通过了 ISO9002、QS9000、TS16949 国际质量体系认证、ISO14001 环境管理体系认证、CRCC 铁路产品认证及世界九大船级社认证，是“中国公认名牌产品”，成为“国家高新技术企业”“火炬计划重点高新技术企业”“中国内燃机零部件行业排头兵企业”“中国汽车零部件百强企业”“国家产品免检企业”。产品成为国内潍柴、一汽锡柴、东风康明斯、福田戴姆勒、依维柯等国内外著名主机厂首选整机配套产品，主机装机率达 60%，并随主机远销 20 多个国家和地区；部分产品直接出口美国、意大利等国家。公司拥有完善的营销网络体系，国内设立 200 多家区域重点代理与专卖商，产品覆盖全国 31 个省市区，主导产品市场占有率达 80%以上。

三、取得的成效和启示

（一）取得的成效

1. 迈上智能制造的制高点

目前，天润曲轴已被列入工信部 2017 年智能制造试点示范项目、第一批绿色制造示范名单。申报的绿色制造系统集成项目已列入工信部资金支持计划，可争取中央扶持资金 3900 万。

天润曲轴的管理层仍重视认真研究《中国制造 2025》《装备制造业标准化和质量提升规划》以及山东省《关于加快新旧动能转换促进工业企业提质增效的实施意见》等相关战略规划和政策指导，依靠自身的努力享受更大的政策红利。

2. 依托高端研发平台，开发科研精品成果

依托国家级技术开发中心研发的球铁本体抗拉强度 927±25 MPa，延伸

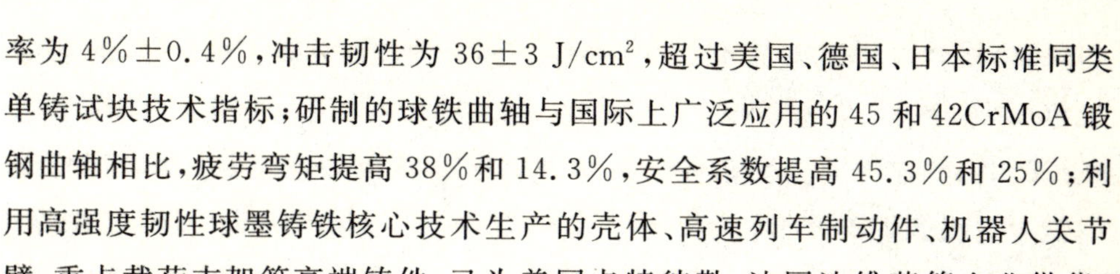

率为 4%±0.4%，冲击韧性为 36±3 J/cm²，超过美国、德国、日本标准同类单铸试块技术指标；研制的球铁曲轴与国际上广泛应用的 45 和 42CrMoA 锻钢曲轴相比，疲劳弯矩提高 38%和 14.3%，安全系数提高 45.3%和 25%；利用高强度韧性球墨铸铁核心技术生产的壳体、高速列车制动件、机器人关节臂、重卡载荷支架等高端铸件，已为美国卡特彼勒、法国法维莱等企业供货，进入国际高端市场。

3.深化制造行业改革，推进供给质量的再提升

通过深化曲轴行业供给侧结构性改革，将智能工厂建设作为企业转型发展的突破口，采用柔性、智能系统和现代企业管理平台，先后投入 5.88 亿对 16 条生产线进行数字化改造，建设基于大数据平台的信息管理中心，设备数控化率达到了 97%，生产效率提高了 33%，能耗降低了 36%，各项指标达到国际先进水平，有效地降低了人力、物流和管理成本。目前，天润曲轴已成为首批全国制造业单项冠军培育企业、国家技术创新示范企业。

4.着眼于新旧动能转换，打造智慧制造园区

立足贯彻落实新旧动能转换重大工程要求，天润曲轴启动建设了智能制造产业园，与美国、德国公司共同投资 50 亿元，建设厂房 15 万平方米，新上智能制动系统、船机连杆、智能科技、机械科技等 4 个项目。智能制动系统项目，与德国公司共同投资 25 亿元，引进智能制动系统自动生产线，主要为上汽、奔驰等世界知名品牌汽车提供配套，2020 年达产后，可年产智能制动系统 1000 万套，实现销售收入 20 亿元。在船机连杆项目方面，与美国卡特彼勒公司共同投资 5 亿元，引进 8 条生产线，可年产各种船机连杆 50 万台套，产品主要出口国外市场，实现销售收入 5 亿元。在智能科技项目方面，投资 10 亿元，引进智能制造装备生产线，开展桁架机械手、工业机器人、AGV 智能搬运系统、智能物流系统、自动检测设备的产品研发及应用，并形成自主知识产权，可以承揽订单、生产制造、质量监控、销售发运等全流程智能化业务，可实现年销售收入 15 亿元。在机械科技项目方面，投资 10 亿元，新上 50 多个模具生产的自动化柔性单元，开展汽车零部件铸锻模具、曲轴和连杆工装夹具及设备附件的设计、开发、制造，可年产各类模具自动化工装 3000 台套，实现销售收入 10 亿元。天润曲轴股份有限公司新建的 4 个智能制造项目，

三年内销售收入将达到50亿元，企业年总销售收入将突破100亿元。

（二）启示

天润曲轴在推动新旧动能转换中取得了显著成效，也积累了丰富的经验，从中可得到以下启示：

1.必须加强企业党建工作

在深化企业改革过程中，必须旗帜鲜明地加强党的领导，解决好加强党的领导与完善公司治理统一起来的问题，推动党组织领导核心和政治核心作用组织化、制度化、具体化，开创企业党建工作新局面。着力抓好政治引领，抓好企业领导人员队伍建设和管理，抓好基层党组织建设和职工群众的思想政治工作。必须强化问题导向，弘扬改革创新精神，把提高企业效益、增强企业竞争力、实现国有资产保值增值作为企业党组织工作的出发点和落脚点。

2.必须实施创新驱动发展战略

实施创新驱动发展战略是党的十九大的工作部署，山东新旧动能转换综合试验区是党的十九大后获批的首个区域性国家发展战略，也是中国第一个以新旧动能转换为主题的区域发展战略。实施好这一国家发展战略，必须坚持创新发展理念，做好结合文章，把新旧动能转换的着力点放在实体经济上，夯实建设现代化经济体系的动力支撑。正如党的十九大报告所强调的："建设现代化经济体系，必须把发展经济的着力点放在实体经济上……加快发展先进制造业，推动互联网、大数据、人工智能和实体经济深度融合，在中高端消费、创新引领、绿色低碳、共享经济、现代供应链、人力资本服务等领域培育新增长点、形成新动能。"①

3.必须注重科技人才队伍建设

人才是推动新旧动能转换的最宝贵的资源，一切创新成果都是人做出来的。硬实力、软实力，归根到底要靠人才实力。全部科技史都证明，谁拥有了一流创新人才、拥有了一流科学家，谁就能在科技创新中占据优势。创新之道，唯在得人。要完善人才引进机制，加强创新团队建设，实施人才培育工

---

① 习近平：《决胜全面建成小康社会夺取新时代中国特色社会主义伟大胜利——在中国共产党第十九次全国代表大会上的报告》，人民出版社2017年版，第30页。

程，提升人才综合素质，完善人才成长机制，营造良好的用人环境。

4.必须突出培育企业核心竞争力

提升企业智能制造能力，关键要打造企业核心竞争力，而打造核心竞争力离不开文化、品牌竞争力。文化竞争力主宰着企业的灵魂，承载着企业共同的价值观念、思维方式和行为方式，决定着企业决策的全面贯彻和工作效率的整体提升。品牌竞争力需要以质量为基础，以诚信为根本，以需求为导向，以市场为体现。必须通过提升文化凝聚力，调动起企业创新的主动性和积极性，围绕关键共性技术、前沿引领技术、现代工程技术、颠覆性技术的创新突破，打造出独具的品牌竞争力。

5.必须健全智能制造激励机制

企业智能制造需要相关激励机制的配套运行。要强化市场导向机制，形成市场对技术研发方向、路线选择、要素价格、创新要素配置的导向作用，建立产学研协同创新机制。建立科学有效的激励机制，充分调动和激发企业一线员工创新积极性，形成激励创新、充满活力的制度安排。改革调整专利资助政策，引导专利创造由数量扩张型向质量效益型的转变，切实提升专利含金量。强化转化应用机制，构筑技术创新公共服务平台，引导企业联合建立集群创新研发中心，加快科技成果资本化、产业化。

案例八

改造提升传统动能　实现轮胎行业“凤凰涅槃”

经济新常态下，支撑经济发展的传统动能出现弱化，需要新动能异军突起和传统动能转型提升。在传统产业比例较大的地区，在培育激发新动能的同时，着力对传统动能进行改造提升，对加快新旧动能接续转换，推动产业高质量发展意义重大。广饶县橡胶轮胎业则提供了在传统产业新旧动能转换的范例。

一、广饶县轮胎行业新旧动能转换的背景

20世纪90年代初，伴着市场经济的春风，通过政策扶持和引导，一个个原来生产黑色胶管的家庭作坊式生产点合成了生产线，简陋低效的手工作坊变成了功能齐全的橡胶企业，自此广饶县橡胶轮胎行业步入正轨发展道路。发展到今天，经历了三个阶段的发展。第一是起步阶段，代表企业是西水集团，主要产品是橡胶管、自行车轮轮胎和摩托车轮胎；第二是调整结构阶段，产品由橡胶管、自行车胎和摩托车轮胎向斜交轮胎转变；第三是发展升级阶段，以2002年子午胎投产为标志，6家轮胎企业新上6条全钢子午胎生产线，拉开了向轮胎产业进攻的大幕，步入快速发展阶段。经过20多年的发展，橡胶轮胎业已成为广饶县工业经济领域的一大支柱产业，逐渐形成了完整的产业链集群，涵盖聚合纺丝、钢丝帘线、橡胶助剂、热电、炭黑等项目，成为了全国重要的子午胎生产和出口基地以及最大的橡胶轮胎产业集群。

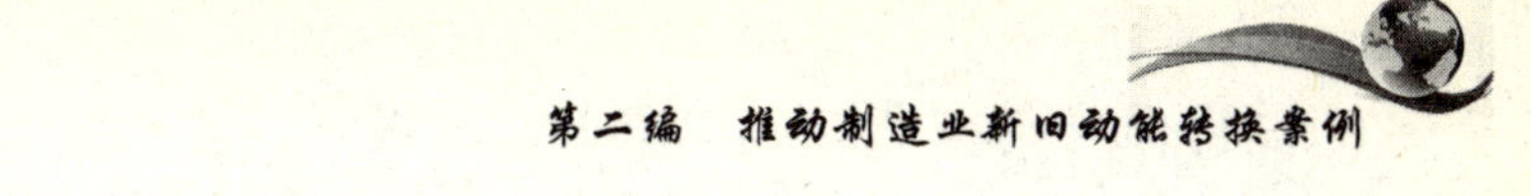

随着我国经济发展进入新常态，广饶县橡胶轮胎行业发展出现了动能衰减的问题。轮胎行业被纳入石化产业行列，投资空间收窄，投资边际效益下降，依靠投资拉动行业增长的作用明显减弱；出口贸易摩擦不断，出口遭遇瓶颈，外需出现萎缩；产品供给结构升级缓慢，结构性矛盾凸显，低端产能过剩，高端产能不足，无法满足国内外市场的高端需求。综合来看，广饶县橡胶轮胎行业发展动能衰减主要表现在以下方面：

一是全县轮胎行业整体上“大而不强”，高端产品发展滞后，低端同质化现象普遍，产品结构性矛盾突出。由于广饶县轮胎行业起步较晚，受技术、设备等条件的限制，多是通过模仿生产附加值低的产品，安全、节能、环保等科技含量高的产品较少，与国内外知名企业的产品差距较大。2014 年至 2015 年，出现了多家轮胎企业停产、破产的情况，有的轮胎企业建成后尚未投产就陷入了困境，从表面现象看是企业出现了资金短缺问题，实际上深层次矛盾是技术水平低、创新能力差等供给结构问题。

二是行业基础研究力量薄弱，自主创新能力不强。行业研发经费投入比例较小，大多数企业没有自己的研发中心，原创技术少，导致轮胎产品性能、品质雷同，差异化和竞争力较弱。米其林等世界一流轮胎企业研发投入占销售收入的比例为 3%以上，与其相比，广饶县轮胎企业仅占 1%左右，研发投入差距较大。

三是品牌建设滞后，知名度较低。长期以来凭借产品的低成本和低价格取得竞争优势，获取市场份额，品牌意识淡薄，建设滞后，知名度低。在行业诸多轮胎品牌中，让消费者耳熟能详的品牌屈指可数，缺少真正在国内外“叫得响”、享誉全球的名牌产品。部分企业始终以代加工、贴牌生产为主，产品销售价格和利润率都处在低位水平。据测算，国际知名品牌轮胎利润率达到了 15%，而广饶轮胎行业的利润率仅为 3%～5%。以同一规格的轮胎为例，米其林轮胎因其品牌效应，其销售价格高出 20%。

四是销售模式落后。企业销售以传统渠道商为主，整个销售过程基本交给各代理商负责跟踪，存在渠道混乱、一线市场跟进不及时、代理商经营实力参差不齐、政策摇摆不定、销售推广单一、对销售起关键支撑作用的二级商及直接车队用户开发控管力度不够等问题；市场资源主要掌握在大区代理商和一级代理商手中，上游代理商形成尾大不掉之势，价格博弈激烈。同时，由于不直接面对消费者，产品宣传和用户忠诚度的培养困难，抵御市场风险能力较弱。

五是"两化"融合程度低。广饶县轮胎企业生产设备比较先进，存在的主要问题是自动化生产程度低，智能制造及先进技术的应用程度不够。虽然企业负责人已经普遍意识到智能制造的必要性，但由于受资金、市场形势等客观条件制约，能够主动加大设备改造投入，提高智能制造水平的企业不多。

六是资金压力问题依然突出。虽然轮胎企业已意识到转型升级的必要性，但资金压力成为制约企业转型升级的重要瓶颈。一方面，由于轮胎行业被列为七大严重过剩产业之一，当前银行贷款较为谨慎，银行贷款担保条件更加苛刻，转贷速度缓慢、审批环节增多，银行抽贷、惜贷现象普遍；另一方面，受原材料、物流、环保等成本不断上升影响，企业流动资金更加紧张。

七是企业管理水平低下。广饶县轮胎企业绝大多数是民营企业，大多采用家长式管理模式，管理体制主要表现为"家族"和"亲缘化"特征，实行集权化领导，管理人员缺乏专业水平，企业管理模式粗放。尤其是生产经营管理、财务管理成为当前制约轮胎企业生存发展的一大瓶颈。

二、广饶县改造提升轮胎行业传统动能的做法及成效

近年来，广饶县积极应对国内外市场需求不足、结构性产能过剩、轮胎贸易壁垒等突出问题，以供给侧结构性改革为主线，着力抓创新、建品牌、调结构、促转型，品牌建设不断深入，技术创新体系逐步完备，两化融合步伐不断加快，兼并重组跨上新台阶，全县橡胶轮胎行业保持平稳发展的态势，综合实力稳步提升。

（一）推动产业集聚集约，产业体系不断完善

产业集聚集约发展对于增强产业间的专业化协作、生产配套、物料运输与周转、提高综合经济效益、节能减排都起着重要作用，是推动橡胶轮胎行业转型升级和新旧动能有序转换的重要外部环境和条件。经过多年努力，广饶县轮胎产业整体规模不断提升，产业体系逐步完善，综合竞争力不断提升。目前，广饶县规模以上橡胶轮胎企业达到54家，总资产达829亿元，轮胎产

品囊括了全钢子午胎、半钢子午胎、工程子午胎、工程巨胎、斜交胎等多种门类。2017 年,全县规模以上橡胶轮胎行业企业实现工业总产值 998 亿元、主营业务收入 997 亿元、利税 88 亿元,同比分别增长 22%、25%、17%;实现出口 174.2 亿元,同比增长 20.7%。在美国《轮胎商业》周刊公布的 2017 年度全球轮胎 75 强排行榜中,广饶县 6 家企业榜上有名,占全国入围总数的 15%、全省入围总数的 27%。在 2018 年中国橡胶工业协会公示的轮胎产业百强中,赛轮金宇和兴源集团分列第四位和第六位。

同时,完善与延伸产业链为新旧动能转换增添了活力。目前在橡胶轮胎相关产业中,已经形成了以橡胶轮胎为中心,集钢丝帘线、轮胎帘子布、橡胶助剂、轮胎模具、轮胎机械、轮胎胶囊、炭黑为一体的较为完备的产业体系。其中,轮胎模具产能达到 4500 套、轮胎胶囊 125 万条、炭黑 26 万吨、钢丝帘线 15 万吨、帘子布 7 万吨、橡胶助剂 30 万吨、胎圈钢丝 4 万吨。

(二)实施创新驱动,创新能力持续增强

围绕轮胎行业产业链配置创新链,立足现有技术和产业优势,针对制约产业转型升级的技术瓶颈和薄弱环节,构建产业技术创新战略联盟,采取委托研发、联合攻关等方式,以技术的群体性突破支撑引领产业集群发展,行业创新能力持续增强。目前,已拥有橡胶轮胎行业省级企业技术中心 7 家,市级技术中心 1 家,省级行业技术中心 1 家。同时,推动产学研结合向纵深发展。设有国家轮胎及橡胶制品质量监督检验中心广饶橡胶轮胎分中心,检验检测能力不断提高;依托青岛科技大学、金宇轮胎有限公司等单位联合组建了国家轮胎工艺与控制工程技术研究中心广饶研究院、东营市泰斯特橡胶轮胎产业技术研究院等公共研发机构,研发能力不断提高,研发成果不断出新。例如,皓宇集团在国内率先应用石墨烯轮胎生产技术,大力提升了轮胎的驱动性能,综合性能提升 30%,使用寿命比传统轮胎延长 2 个月。

此外,为提高行业产品技术水平,更好地适应国内外市场需要,积极推进赛亚轮胎试验场建设。目前,轮胎试验场建设有序推进,部分试验跑道已于 2017 年底投入使用。试验场建成后,不仅能够为本地区橡胶轮胎行业提供便利,带动轮胎企业转型升级,而且能面向全国轮胎行业提供操纵性、抗扭转性、噪声、侧滑性、滚动阻力、水滑性、路面附着性等轮胎综合性能试验检测,

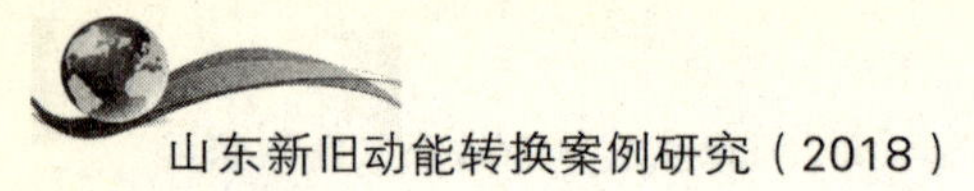

在提高行业知名度的同时还能创造经济效益。

（三）实施品牌战略，推动高端发展

坚定不移地实施品牌战略，支持企业创建自主品牌，提高广饶轮胎的知名度、美誉度和附加值，打造名牌产品。截至目前，广饶轮胎行业拥有“华鲁”“三A”等6个中国驰名商标，“金路”“双丰”等19个山东省著名商标，“华鲁牌”载重汽车轮胎、“金途牌”全钢载重子午线轮胎等19个山东省名牌产品。同时，不断提升“中国（广饶）橡胶轮胎暨汽车配件展览会”水平，打造品牌展会。展览会自创办以来，始终坚持专业化、国际化、品牌化和信息化方向，经过7年培育发展，领跑国内同类展会，成长为全球第二大轮胎专业展会。在此基础上，规划建设了广饶轮胎工业展览馆，已于2017年底建成投用。通过不断提升展会水平，进一步提高了广饶轮胎行业的品牌知名度。

引导企业向高端高质发展，提升市场竞争力。加大《轮胎行业准入条件》执行力度，倒逼企业转型升级。利用3年时间，广饶县共淘汰落后轮胎产能2000多万条，目前轮胎行业84%的技术装备达到国内先进水平，61%的装备达到国际先进水平。同时，加大《轮胎标签管理规定》《轮胎分级标准》等轮胎标签制度的推广应用力度，推动企业瞄准高端细分市场，调整产品结构，开发生产高品质、高性能、高附加值的雪地胎、赛车胎、智能轮胎、矿山专用胎等高端产品，高端产品生产线已初具市场竞争力。

（四）推进兼并重组，重塑行业格局

广饶县政府出台专门政策，加大对轮胎企业兼并重组的扶持力度，企业整合重组、资产并购等深入推进。继赛轮与金宇、双星与恒宇、恒丰橡塑与沃森橡胶顺利实现战略重组后，2017年兴源轮胎与盛泰集团顺利实现战略合作，产业集中度进一步提升。为进一步推进轮胎行业淘汰落后产能，实现资源优化配置，2017年，青岛双星股份有限公司与广饶县财金投资有限公司、山东银吉股权投资管理有限公司签署协议，合作建立了总规模100亿元的“广饶轮胎行业整合基金”，组建轮胎重组运营公司，在基金设立、基金管理、基金投资、投后管理、并购重组等多方面展开全方位合作，加速轮胎行业新旧动能转换。

(五)推广“互联网＋”应用,加快两化融合步伐

深入推广电商模式,打造电子商务平台。2015 年 5 月,中国轮胎电子商务第一平台——“胎大王”正式上线运营。同年 11 月 17 日,“胎智汇”轮胎车轮汽配电商交易平台正式上线运营,成为国内首家 C 2 B 橡胶轮胎及汽车配件电商交易平台。目前,胎大王、胎智汇等电子商务运营良好,两家电商平台 2017 年销售收入突破 2 亿元。此外,成立全省首家橡胶轮胎大宗商品现货交易市场——广丰橡胶轮胎交易中心。该中心是集“互联网＋大宗原材料及产成品＋高端金融衍生品交易”于一体的创新型电子商务交易平台,目前已顺利运营。

努力提高智能制造水平,恒宇科技等 4 家橡胶轮胎企业陆续投资 2000 多万元,顺利实施 ERP、MES 信息化项目,每年直接或间接节约管理成本近 1000 万元。金宇集团等企业建设的高架智能立体仓库,可以有效节省存储空间 40％以上,提高作业效率 50％以上。

(六)对接“一带一路”,拓宽发展空间

随着“一带一路”沿线国家经济的发展,对轮胎产品的需求将快速增长,为广饶轮胎行业“走出去”开展更大范围合作创造了机遇。同时,“一带一路”沿线国家天然橡胶资源丰富,是轮胎行业天然橡胶的重要来源地,具有很强的互补性。广饶轮胎企业紧抓“一带一路”国家战略提供的机遇,顺势而为,一批重点企业国外顺利建厂,由产品出口逐步转为技术、品牌输出,有效规避贸易壁垒及出口风险,拓展了国际发展空间。目前,金宇轮胎已投资 9500 万美元在越南建成半钢子午胎项目,充分利用当地优质的橡胶和人力资源优势,有效规避了国外贸易壁垒。当前正投资建设 120 万条全钢子午胎和 3 万吨非公路轮胎项目,以提升全球竞争力。

三、改造提升轮胎行业传统动能带来的启示

广饶县改造提升轮胎行业传统动能带来以下几点启示:

(一)紧扣供给侧结构性改革主线,向改革发展要动力

经济新常态下,广饶县轮胎行业之所以出现发展动能衰减,主要因素不在于经济周期性问题,也不在于需求侧问题,而是供给侧出现了结构性矛盾。

广饶县轮胎行业虽然总体规模大、产量高，但是低端产能过剩，高端产能不足，产品结构性矛盾突出，同时在国际上通常凭借国内较低的生产成本，靠价格优势占领市场，极易受贸易政策影响。“只有夕阳产品，没有夕阳产业”，改造提升轮胎产业动能，必须紧扣供给侧结构性改革这条主线，加大力度淘汰低端落后产能，引导企业向高端高质方向发展。同时，用好100亿元的广饶县产业发展基金，支持县内轮胎企业开展兼并重组，加速产品升级，着力打造3家全球轮胎15强企业，提高行业话语权和影响力。

（二）把创新放在首位，向创新发展要动力

广饶县轮胎行业起步较晚，自主创新能力较弱，多是通过模仿来生产一些附加值低的产品，低端同质化现象普遍。解决上述问题的关键，在于把创新作为引领行业发展的第一动力，加快形成以创新为主要引领和支撑的发展模式。要支持企业加大技术研发投入，在绿色节能轮胎、智能轮胎等领域实现突破，提升产品竞争力；突出产学研结合，抓好武汉理工大学研究院、青岛科技大学橡胶轮胎研究院等平台建设，推进与中科院的技术合作，努力把高层次专家、先进技术、前沿成果引进来，助力企业提高创新水平；创新人才环境，深入推进“乐安学者”等重点人才工程，大力引进高层次创新人才，以高端人才引领产业高质量发展；高度重视企业家队伍建设，开展高端对标学习和精准化培训，更好地带领企业转型发展。

（三）坚持“引进来”和“走出去”相结合，向开放发展要动力

支持轮胎企业积极寻求战略合作伙伴，通过并购重组、参股控股、技术合作等多种方式，加强与国内创新型、引领型企业合作，实现资源共享，强强联合，优势互补，借助外力实现对轮胎行业的改造升级。

加大对外“走出去”扶持力度，鼓励企业主动向国际大公司、国际知名品牌靠拢，实现靠大联强。紧抓“一带一路”国家战略带来的发展机遇，鼓励企业到东南亚等国家建厂，缩短供应链条，降低运输费用，规避轮胎“双反”影响，提升企业经营业绩与抗政策风险能力。

抓住“中国（广饶）国际橡胶轮胎暨汽车配件展览会”成功入选中国贸促会“一省一展”项目的有利契机，进一步提升展会的专业化、国际化、品牌化、信息化水平，为海内外企业深化合作搭建良好平台，提升广饶轮胎的国际知名度和影响力。

(四)加快两化深度融合,向信息化发展要动力

加快信息化与传统产业深度融合,是突破发展瓶颈,提升产业竞争力,实现高质高端发展的关键。“中国制造 2025”的实施,为广饶轮胎产业与信息化深度融合带来了新机遇。加速推进轮胎企业智能制造水平,推广应用MES、ERP等信息系统,实现生产计划、执行控制、质量管控、物流计划与执行、物料配送及库存管理等领域的信息系统集成应用,提升两化深度融合水平;进一步整合电商销售平台及其配套的保险、物流、金融等资源,全力打造“互联网+轮胎+金融”的全新商业模式。

案例九

东阿阿胶实现全产业链融合发展模式

山东东阿阿胶股份有限公司紧抓历史机遇，坚持以“四新”促“四化”，抓创新、强质量、树品牌，走出了一条充满活力的全产业链融合发展新模式，成为山东省新旧动能转换的典范样板。

一、背景介绍

山东东阿阿胶股份有限公司（以下简称“东阿阿胶”）于 1952 年建厂，1993 年由国有企业改组为股份制企业，1996 年在深交所挂牌上市，隶属于央企华润集团。现有员工 5000 余人，总资产 111 亿元，市值 450 亿元，品牌价值 371.34 亿元，为全国最大的阿胶及系列产品生产企业、国家非物质文化遗产传承保护企业、国家综合性新药研发技术大平台产业化示范企业，是国家胶类中药标准制定者，拥有国家胶类中药工程技术研究中心、院士工作站、博士后科研工作站、泰山学者岗位。2018 年 2 月，山东省全面展开新旧动能转换重大工程动员大会吹响了向高质量发展的进军号，作为医养健康产业的一员和十强产业中新兴产业的企业，东阿阿胶抢抓发展机遇，探索全产业链融合发展新模式，达到了“一产控资源、二产抓发展、三产重体验”的完美结合，实现了产业链延伸、价值链提升、供应链贯通“三链重构”。

二、东阿阿胶实现全产业链融合发展的做法

东阿阿胶全产业链融合发展模式即上游发展毛驴养殖、交易、加工三大

产业;中游聚焦阿胶主业,培育多种产品、多个品牌;下游聚焦体验旅游,打造百万游客体验旅游产业链。

(一)上游聚焦毛驴产业,做大百亿元黑毛驴产业链

围绕上游做大毛驴产业,东阿阿胶采取了以下做法:

1.探索新型养殖模式,稳定原料供应

众所周知,阿胶的主要原材料是驴皮。近年来,随着农业机械化的普及,传统农畜工用的毛驴数量急剧减少,毛驴存栏量减少,就意味着驴皮产量减少,意味着阿胶制作原料的紧缺。为保证阿胶上游原材料的稳定供应,东阿阿胶多年来累计投资2亿多元先后在新疆、内蒙古、甘肃、辽宁、云南、山东等地建立了20个标准化养殖基地和1个驴产业研究院,探索新的产业化模式,推动养驴产业发展壮大。东阿阿胶还先后投资2000万元进行良种保种、育种与繁殖技术研究、对养驴农户进行技术培训、改种驴补贴。从自然而分散的养殖转型为基地带动、农户散养的计划养殖,众多养殖户通过与东阿阿胶合作,实现了脱贫致富。东阿阿胶股份有限公司党委书记、总裁秦玉峰分析说,经过多年的探索,东阿阿胶已经积累了发展规模养驴的成功经验,未来将用三年的时间,以山东、辽宁、内蒙古等省份为核心,吸引战略投资者和社会资本加盟,建立规模化养殖基地,使基地的毛驴存量尽快达到100万头以上,使企业真正摆脱驴皮价格上涨过猛和短缺之困。

2.延伸产业链,推动毛驴产业不断发展壮大

驴皮是阿胶的核心原料,通过建设养驴基地解决了驴皮资源问题后东阿阿胶决策层发现,驴皮只是产业链上的一个环节,要想解决驴皮供应难题,就必须拉长产业链,打造“毛驴新六产”。产业链条的延伸,无疑就是打通了毛驴产业发展的“任督二脉”。一头毛驴延伸出的链条被东阿阿胶越拉越长:驴皮、驴肉、驴奶、驴驹、种驴成为上游产业基础,与毛驴相关的饲料、饲养、深加工、冷藏、包装、运输等环节,成为二产增值保证,而与毛驴相关的阿胶世界、东阿阿胶城、毛驴主题乐园等多个工业旅游景区,则将游客变为顾客,让驴肉汉堡和驴奶变成消费者眼中的“中国汉堡”和“长寿奶”。经过一条漫长、细密的产业链一头驴就变成了一个“闭环”,变成了一个庞大的产业,不仅养殖户从产业链的多个环节上获益,东阿阿胶也通过“全产业链”建设获得原料供应

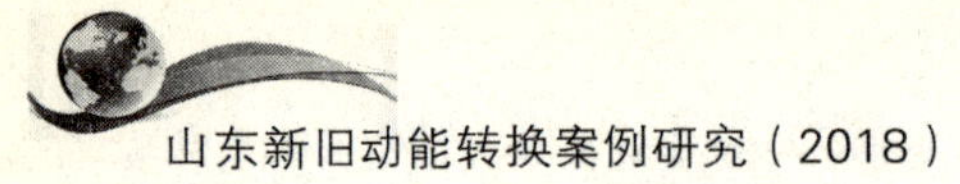

的保障，以及向其他产业扩张、延伸的机会。

3. 投身产业扶贫，践行社会责任

企业发展不忘社会责任。东阿阿胶常年投身于扶贫开发事业，通过构建融资、产业平台将养驴产业与精准扶贫紧密结合，并实施以毛驴养殖产业为依托的新农村建设模式，打造“企业＋政府＋农户”的三位一体新农村建设典范。与敖汉旗政府共同融资 2000 万元，成立养驴扶持基金，在敖汉旗内实施融资租赁养驴项目，带动 300 户贫困户脱贫增收。同时，也在宁夏利用当地养殖企业、合作社优势，探索“龙头企业＋基地＋合作社＋农户＋科技服务团队”的扶贫养殖模式，稳定实现脱贫目标。数据显示，目前东阿阿胶已带动扶贫投资超 10 亿元，带动全国养驴户增收约 180 亿元，惠及全国 1000 余个乡镇 6 万多贫困人口。

（二）中游聚焦阿胶主业，实现智慧产业化和产业智慧化

1. 全产业链质量控制，打造高端品质

全产业链掌控、全过程溯源是东阿阿胶保持高质量发展的两大法宝。作为国内最大的阿胶及系列产品生产企业，东阿阿胶一直坚持以全产业链质量控制模式引领阿胶行业不断健康发展、持续质量提升。全产业链质量控制，即通过实施纵向一体化战略，将质量管控的范围扩展至整个产业链，从整个产业链对质量进行管理，实现全产业链质量管控贯穿始终。上游原料的质量是产品品质保障的基础；生产过程的质量控制是品质保障的根本；终端使用质量的保障是产品获得预期用途的方法和手段。通过建立物料源头到销售终端全产业链质量控制体系，提高源头掌控能力，规范对生产过程中风险的控制，加强销售流通环节管理，深化产品全产业链、全过程追溯体系建设，最终实现了原料端、生产端、运输端、流通端、监管端等环节无缝衔接，确保产品质量可追溯。66 年来，东阿阿胶的产品质量市场抽检合格率为 100%，是行业内唯一连续荣获三届国家质量金奖、唯一山东省省长质量奖企业，唯一个人奖以及全国质量奖的企业。

2. 坚持创新驱动，加大产品研发

创新是最好的传承。东阿阿胶先后投资约 10 亿元建设研发平台，建立了国家胶类中药工程技术研究中心、企业技术中心、博士后工作站等多个行

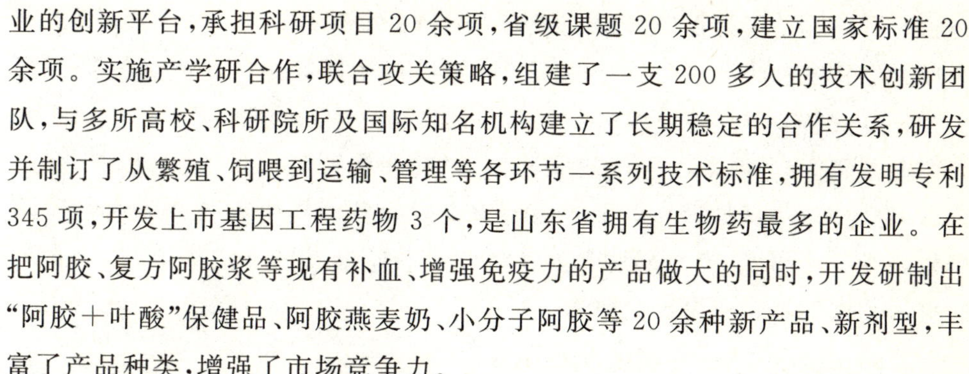

业的创新平台，承担科研项目20余项，省级课题20余项，建立国家标准20余项。实施产学研合作，联合攻关策略，组建了一支200多人的技术创新团队，与多所高校、科研院所及国际知名机构建立了长期稳定的合作关系，研发并制订了从繁殖、饲喂到运输、管理等各环节一系列技术标准，拥有发明专利345项，开发上市基因工程药物3个，是山东省拥有生物药最多的企业。在把阿胶、复方阿胶浆等现有补血、增强免疫力的产品做大的同时，开发研制出“阿胶＋叶酸”保健品、阿胶燕麦奶、小分子阿胶等20余种新产品、新剂型，丰富了产品种类，增强了市场竞争力。

3.发展智能制造，建设智慧工厂

在干净整洁的东阿阿胶生产车间，一台电脑控制着生产全程的几百个指标，生产线上“智能小抓手”飞快地分拣胶块，近红外自动灯检牢牢把住“最后一道关”，不算包装步骤，一条阿胶生产线就包含842个关键节点数据。东阿阿胶在同行业率先将指纹图谱用于生产过程控制，建立了基于近红外及自动化控制的全过程在线质控系统，从2013年至今，累计申报设备技术专利110件。智能化提升让工厂的生产效率提高了60%，能源利用率提高1倍，生产成本降低30%。“阿胶及其衍生品生产智慧工厂”获得山东省首批智能制造试点示范项目，“胶类中药全流程协调智能制造”“绿色关键技术开发与系统集成”两个项目通过工信部公示。阿胶生物科技园按照国家5A级工业旅游标准设计，是国内中药行业最大和唯一健康特色工业旅游产业园，获得华润集团“六星级标杆科技园区”荣誉称号。

（三）下游聚焦体验旅游，做强百万游客体验旅游产业链

东阿阿胶在做优做强下游产业中进行了以下新的探索：

1.敢为破题者，寻找发展新动能

作为滋补国宝，东阿阿胶逐渐成长为国内休闲养生健康旅游的破题者，也在激烈竞争的旅游市场中找到了发展新动能。一是加强旅游资源整合，打造中国阿胶文化养生养心旅游目的地。东阿阿胶加强了园区文化旅游板块、工业旅游板块、生态旅游板块和毛驴主题旅游资源整合，通过景区的串联和线路优化设计，建设了以“阿胶养生”为核心，以“梵呗养心、黄河风情、历史民俗、绿色生态”为支撑的“颐养福地”，把东阿县建设成为中国阿胶文化养生养心旅游目的地。二是以中医养生理论为基础，积极发展健康咨询服务、康养医疗服务和中医药养生等服务业。东阿阿胶以中医养生为基础，延伸“阿胶+”产业价值链，规划建设中医养生馆、阿胶疗养中心、阿胶主题养生中心、阿胶产业体验中心，以及发展以健康监测评估、在线智慧诊疗、智能开方、智慧药房、健康理疗、康复调理等服务内容为主要业务的健康服务业。这些加速聚集的发展新动能，都为东阿阿胶经济保持高质量发展奠定了良好基础，同时进一步增强了企业发展的信心。

2. 老树发新枝，旧动能焕发新风采

发展新兴产业是增加新动能，改造提升传统动能达到了一个新的高度后，也是形成新动能。东阿阿胶以新旧动能转换发展理念为统领，积极推进养生体验旅游产业拓展，将旧车间改造为乐活中心，面积 1.1 万平方米，设置书吧、咖啡厅、超市、健身房、瑜伽室、儿童游乐场，二层员工餐厅可满足 500 多人同时用餐；将老厂区进行重新装修设计，改造成养生体验式酒店，让消费者全方位体验东阿阿胶的历史传承和膳食养生。目前，这已经成为用好工业遗存、实现新旧动能转换的样板，得到了社会充分的肯定和广泛好评，荣获“首批国家工业旅游创新单位”“首批国家中医药健康旅游示范基地”“中国工业旅游联合体会员单位”等荣誉称号。

3. 新花更灿烂，特色旅游方兴未艾

目前包括访客中心、毛驴博物馆、体验长廊、毛驴乐园等特色旅游项目已基本建设完成。访客中心是特色健康工业旅游项目的核心平台，用地面积 2.1 万平方米。自北向南分为三个区，即游客集散及餐饮分区、4D 动感影院及产品体验服务区、国际会议中心。国际会议中心区域集演出、会议、培训于一体，已基本投入使用。目前正在建设的东阿阿胶体验工厂是阿胶世界的核心区域，主要体验项目包括幻影剧场、阿胶探秘长廊、阿胶 4D 体验馆、飞行影院、金屋藏胶馆、智能化胶库和七星岛等。该区域将生产场景融入互动体验，让游客在胶香弥漫中感受千年阿胶的生产工艺和流程；用现代高科技诠释文化，融合智能机器人、全息投影、4D 等多媒体技术演绎千年阿胶风采。

三、几点启示

从东阿阿胶打造全产业链融合发展的动能培育模式中可得到以下启示：

（一）坚持高质量发展是推动企业新旧动能转换的根本出发点

打造全产业链融合发展，首先，必须坚持高质量发展。东阿阿胶从一个手工作坊式的小厂发展成为现代化上市公司、行业引领者，关键在于走了一条以质取胜、以质求强的发展之路，特别是公司探索实践的"全产业链质量控制"模式，实现了最终产品质量的稳定性和产品生产、销售整个过程的质量可追溯性，既适合企业自身发展，同时有利于推动整个行业健康发展。其次，要坚守工匠精神。作为阿胶行业的引领者，东阿阿胶传承千年制胶技艺，珍贵之处不仅仅在于悠久的历史、道地的选材，更在于千年传承的精湛技艺及繁杂工序，在东阿阿胶党委书记、总裁秦玉峰看来，阿胶经过近 3000 年传承至今，世代相传，生生不息，这是一种坚守，一种传承，更是"工匠精神"的具体体现。再次，塑造品牌价值，打造金字招牌。推动品牌发展，东阿阿胶有着自己的经验即以"品质"推动"品牌"。消费者对品牌的信任，首先是对产品品质的信任，品质是品牌立身的根本，"品牌"即烙印，其支撑是品质，没有品质就根本谈不上品牌。最后，重视产业集群发展，促进整体提升。东阿阿胶充分发挥龙头企业的带动作用，以标准引领行业发展，目前东阿县阿胶产业发展迅速，形成了龙头带动、多点开花的产业集群。产业集群形成的核心竞争力，必将反过来推动整个行业的发展，促进行业繁荣。

（二）开启全面创新驱动，打开了企业新旧动能转换的总引擎

东阿阿胶坚持"创新是最好的传承"，多年来一直走在科技创新的前沿，不断为企业发展注入新活力。一是突出增加科技供给，加大研发投入。2017 年，东阿阿胶累计投入研发费用 2.26 亿元，同比增长 34.21%。只有融入科技，持续创新，才能更好地传承，并赢得市场的尊重。二是以产品创新带动市场需求。东阿阿胶始终坚持以市场需求为导向制定企业的产品战略，增品种、提品质、创品牌，满足了不同消费者的需求。如小分子阿胶主要针对 35 岁到 50 岁的女性，定位于"养血养颜养气色"，以片剂形式代替传统阿胶块，由于采用片剂形式，携带、使用更为方便，受到消费者喜爱。三是实行技术创新，提高效率降低成本。东阿阿胶率先将微波干燥、远红线烘干、离心分离、自动化控制等技术应用到阿胶生产中去，现已拥有 28 项阿胶专有技术和国家专利。这些先进技术的应用，不仅提高了生产效率，同时极大保证了阿胶

产品质量的均一性和稳定性。四是推动“互联网＋”催生新业态、新模式。互联网已经成为东阿阿胶发展新动能的重要来源。“互联网＋”未来将使东阿阿胶的健康服务资源突破时空的限制，以更迅速、更低廉的成本服务消费者，使以客户为中心的健康服务成为可能。

（三）优秀人才为企业推进新旧动能转换提供了强大的智力支撑

“栽下梧桐树，引来金凤凰。”大量事实表明，领先科技出现在哪里、高端人才流向哪里，发展的制高点和经济的竞争力就转向哪里。近年来，东阿阿胶就像一块大磁铁，吸引各类人才汇聚到并不繁华的小城，在不同的岗位上发光发热。截至目前，东阿阿胶拥有国家“万人计划”专家1人，山东省突出贡献中青年专家3人、泰山产业领军人才4人。2012年，东阿阿胶与哈尔滨工业大学签署战略合作协议，在东阿阿胶建立“哈工大本科生、研究生培养基地”，以提高东阿阿胶生产工艺水平，促进中药加工领域研究和人才培养，同时东阿阿胶在哈工大设立150万元“东阿阿胶杰出奖学金”，鼓励中医药机创新人才。东阿阿胶的成功经验告诉我们，先进技术需要人来把握，人是技术、创新能否有效转化的关键因素。

（四）深化政府“放管服”改革是推动企业新旧动能转换的重要保障

东阿阿胶在新旧动能转换的路上走得如此坚定有力，一方面在于企业自身自立自强，敢为人先的勇气和魄力；另一方面在于各级党委政府的大力支持和积极引导。2017年7月，山东省委书记刘家义同志来东阿阿胶调研，对东阿阿胶打造全产业链条、发展工业旅游给予了积极评价。2018年9月，山东省委、省政府出台《中共山东省委、山东省人民政府关于突破菏泽、鲁西崛起的若干意见》，明确指出要做强阿胶产业链，建设东阿省级农业高新技术产业开发区，这无疑为东阿阿胶产业的下一步发展注入了一支强心剂；聊城市委、市政府印发了《中共聊城市委聊城市人民政府关于推进新旧动能转换重大工程的实施意见》和《聊城市新旧动能转换重大工程实施规划（2018～2022年）》，充分释放政策红利，支持企业转型升级。东阿县委、县政府专门成立阿胶全产业链发展及阿胶名城建设工程指挥部，在政策扶持、项目推进上为企业施行全方位服务。相信在各级党委政府的关怀和大力支持下，东阿阿胶定能牢牢把握历史机遇，奋力书写东阿阿胶新旧动能转换新篇章。

案例十

西王集团推动新旧动能转换的实践与启示

加快发展粮食产业经济，是实现粮食产业新旧动能转换的必然选择。2017 年 9 月 1 日，国务院办公厅印发《关于加快推进农业供给侧结构性改革大力发展粮食产业经济的意见》，提出了培育壮大粮食产业主体、创新粮食产业发展方式、加快粮食产业转型升级等重点任务，并提出了全产业链经营、精深加工主导、主食产业化、循环经济等多种模式，为粮食产业经济发展的方向、方式和路径提供了指导和参考。西王玉米果糖作为一种新型糖源，它的成功研发和产业化生产，是对接粮食产业供给侧结构性改革的有益尝试，为全国粮食产业化发展提供了一条切实可行的新路子，对加快粮食产业新旧动能转化，推动全国粮食产业科技创新具有示范引领作用。

一、西王集团的背景介绍

邹平市的西王集团有限公司是滨州市重点龙头企业和粮食加工产业的排头兵，在全国玉米深加工领域一直处于领先地位，形成了从玉米到玉米淀粉，再到葡萄糖、无水糖、玉米果糖的系统完整的全产业链，被中国食品工业协会冠名“中国糖都(淀粉糖)”“中国玉米油城”。果糖是淀粉糖系列产品中的高端产品，作为一种健康的糖源，果糖具有甜度高，血糖生成指数低，防龋齿，抑体重，保健性能好等多项优异的性能指标，而且技术工艺科技含量高，产品的附加值高。2006 年，结晶果糖的利润是葡萄糖的 5 倍，但由于工艺复杂，多数国内企业望而却步。当时世界上能够实现果糖产业化生产的只有美国、以色列、丹麦等少数国家的少数企业，而当时国内不具备其生产能力。西王集团为了延伸产业链、提升价值链，把果糖作为了集团目标产品的首选。历时11年投资十几亿元终于研发成功新型糖源——玉米果糖，打破了少数国家对果糖生产技术的垄断，填补了国内空白，成为国内唯一掌握果糖生产核心技术且实现规模化生产的龙头企业。特别是近年来，西王果糖的研发实现了革命性的技术突破，使果糖的成本降到了白砂糖成本区间，为其大众化普及铺平了道路。在国家食糖供需矛盾凸显，玉米等粮食库存高企的大背景下，西王果糖作为一种新型健康的糖源，在培育新动能、发展大健康产业、有效缓解我国食糖缺口、推动玉米去库存、满足群众健康新需求等方面具有重要的意义。

二、西王集团推动新旧动能转换的具体做法和成效

西王集团推动新旧动能转换探索出卓有成效的做法，具有可借鉴意义。

（一）具体做法

西王集团从2006年开始成立了专业的研发团队，进行玉米果糖生产技术的研究。生产这一粒果糖到底有多难？西王科研团队面对的是两座高山：一座是如何获得高质量的产品，另一座是如何降低成本。

玉米果糖是要从玉米中提取，而西方国家大部分是从蔗糖中提取，虽然结晶相同，但原料不一样，工艺自然也不一样。一边是新产品、新理念，另一边是国内市场空白、渠道空白、技术空白。西王科研团队通过无数次在物料的控制上探索，在参数的调整上论证，最终使用通用设备研发出凝聚着西王核心技术的生产工艺，实现了多个关键技术的创新与突破，真正掌握了玉米果糖生产的核心技术。2007年5月，第一批玉米果糖顺利产出，为玉米果糖产业化生产铺平了道路。2007年12月，在生产工艺、技术逐步成熟完善的基础上，投资3.5亿元建设了年产5万吨的玉米果糖生产线。该生产线于2009年1月投产，产品各项指标均达到了国际标准，为高质量玉米果糖的产业化生产打下了基础。

降低果糖的生产成本，是推动玉米果糖产业化生产的另一个关键要素。

为了解决这一技术难题，西王集团的技术团队通过反复的论证和实践，研发出果糖生产新技术、新工艺，实现了多个关键技术的创新与突破。针对果糖溶解度高、黏度大的难题，通过自制实验设备，提出正确的研究方法，探索并改进了果糖的结晶工艺，使结晶果糖的生产收率提高到85%以上，大幅度降低了生产成本；通过引进色谱技术，优化生产工艺，从玉米中直接提取果糖，改变了国外由蔗糖生产果糖的模式，大幅度降低了原料成本。通过引进智能智造技术，实现了果糖产业工业化和信息化的融合，进一步降低制造费用。以上创新性技术的实施，使西王玉米果糖一次收率由建厂伊始的28%～30%提高到44%～45%，结晶周期由200小时以上缩短到80～100小时，商品总收率达到85%以上，生产成本降到了5000元/吨以下，低于国内蔗糖的生产成本，为玉米果糖的大众化普及和产业化发展创造了坚实的技术基础。

目前，为了加速推进果糖产业发展，将这一健康、营养、安全、绿色的高端产品尽快推广，惠及大众健康，西王集团在当前年加工5万吨果糖生产线的基础上，正积极报批建设世界第一条50万吨的果糖生产线，进一步扩大玉米深加工能力和果糖生产规模，倾力打造世界最大的果糖生产基地。西王果糖将重新定义健康食糖消费未来，引导消费者健康用糖，掀起换糖新潮流，打造真正的健康糖民族品牌，引领糖业革命，叫响中国糖都。

（二）取得的成效

1. 西王果糖实现了规模化生产，形成了行业独有的五大优势

现在西王玉米果糖已经实现了规模化生产，具有良好的经济效益、社会效益，已经具备产业化发展的条件和大规模推广的五大优势，具有很强的市场竞争力和良好的发展前景。一是原料优势。西王果糖的玉米原料来自中国黄河流域——黄金玉米带，粒粒饱满，品质优良。西王集团作为中国糖都，每年300万吨玉米的加工规模，为西王果糖的生产提供了稳定优质的原料保障。二是规模优势。西王集团建有全球最大的注射级葡萄糖生产基地，亚洲最大的淀粉糖生产基地，年产淀粉糖180万吨，其中一水葡萄糖100万吨，无水葡萄糖10万吨，玉米果糖5万吨，葡萄糖酸钠20万吨，糊精12万吨，国内市场占有率分别为50%、85%、95%、60%、30%，并打入国际市场，稳定增长的市场规模和遍布全国的销售网络为西王果糖的市场发展奠定了坚实基础。

三是技术优势。西王集团积极与国家粮科院进行战略合作，建立全国唯一的玉米产业技术创新中心，将共同研究玉米产业前沿引领技术和关键共性技术及其产业化，在果糖生产关键共性技术研究与规模化制备、产品技术营销、人才交流等方面全面合作，建设世界一流的研发平台、人才汇集平台、科技成果交易平台，建成世界一流的技术创新中心，促进玉米科技创新成果转化提速，提升玉米精深加工的技术水平和竞争力。果糖技术先后获得国家专利授权6件，其中发明专利3件。2010年5月，结晶果糖被科技部批准为国家重点新产品。2018年3月，西王果糖顺利通过上海英格尔认证检测，产品的理化、卫生等262项指标全部优于国标，其中232项指标零缺陷，完全符合下游行业产品标准要求。四是成本优势。西王集团加大对玉米果糖的科学创新力度，先后投入十几亿元，技术攻关取得积极成效。通过技术攻关，西王集团攻克了诸多技术难题，大幅度降低了生产成本，使玉米果糖生产成本低于蔗糖，产品大规模推广具有较强的可行性。五是品牌优势。西王集团注重品牌建设、提升企业核心竞争力，以中国糖都、中国玉米油城为依托，借助西王玉米油、加拿大Kerr公司等强大的品牌效应，为西王果糖快速打开市场提供了强有力的品牌保障。

2.西王果糖的市场推广取得了重大进展，将引领健康用糖的新潮流

目前，全球果糖总产量大约在30万吨左右，据果糖行业综合调研数据显示，果糖全球需求量每年呈15%的速度增长，国内果糖需求量每年呈30%的速度增长，玉米果糖发展前景广阔，具有巨大的市场潜力。现在西王果糖的国内市场占有率为95%，不但满足了国内需求，还有三分之一强的产量出口到俄罗斯、日本，以及东南亚、美洲的一些国家和地区。并且通过近年来的推广，已经建立起了销售网络和渠道，为果糖市场推广积累了经验。现在西王集团已经与可口可乐、蒙牛、伊利、康宝莱、统一、农夫山泉等知名大企业建立合作关系，玉米果糖已应用于其旗下的高端品牌产品，强强联合引领中国健康用糖新潮流。企业不断延伸产业链条，在发展食品级玉米果糖的同时，大力发展药用级玉米果糖，并取得了国家药字号证书。企业与正大丰海、科伦制药等国内大型药企进行合作，发展果糖大输液，引领高端医用注射用糖的发展。

2017年8月8日，经过全新升级的新一代健康糖——西王果糖小包装

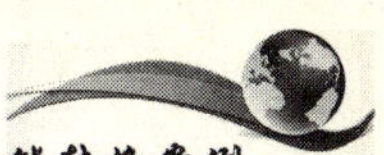

全新上市，进入终端市场。自产品推广至终端市场以来，引起了行业内高度关注，产品已在山东济南、淄博、滨州，河北唐山，湖南长沙实现招商，签约合作经销商20余家，意向客户70余家，终端铺货网点近2000家。2018年3月22日，全球规模最大的国际食品添加剂和配料展览会第22届会议(FIC2018)在上海国家会展中心盛装开幕，西王果糖作为健康新糖源中的佼佼者，携带全新的食品饮料代糖方案强势亮相FIC2018，带来全新的清洁标签解决方案，成为本次食品业界华丽的盛典中的焦点。

3. 西王果糖的产业化发展对推动粮食产业供给侧结构性改革具有深远的意义

发展玉米果糖产业是落实健康中国战略的重要实践，是“科技兴粮”的重要体现，是“加快消化粮食库存”的重要途径，是替代蔗糖进口平衡供需矛盾的重要手段，也是推动乡村振兴战略的重要力量，既关乎国家战略，也关乎国计民生，对于玉米产业供给侧结构性改革具有重要意义。一是玉米果糖的产业化发展，有效化解了玉米高库存。目前，玉米库存与产量几乎相等，达到2亿吨，玉米加工量只有22%左右，巨量的玉米库存已成为一种“负担”。西王集团为全国最大的玉米深加工基地，每年消化玉米300万吨，主要用于淀粉糖加工。随着玉米果糖制造工艺的成熟和市场逐步拓展，为消化玉米库存打开了新的通道。按每10吨玉米生产5吨果糖，全国600万吨的蔗糖市场缺口来测算，将来果糖产业每年可消化玉米1200万吨，无疑玉米果糖的规模化生产可以为玉米高储存转化提供新途径。二是玉米果糖的产业化发展，有效弥补了蔗糖的消费缺口。据中国糖业协会调查数据，我国目前白糖年产量为890万吨，国内需求大约1500万吨，还有600万吨市场缺口，只能靠进口等途径弥补。而西王玉米果糖其成本低于蔗糖，所以用果糖替代蔗糖具备明显的成本优势，可以有效弥补蔗糖消费缺口，替代进口蔗糖，协调国内蔗糖的供求关系，破解国内食糖供需矛盾。三是玉米果糖作为新型健康糖源，满足了当前广大群众日益提升的健康需求。近年来，消费者对于健康的追求越来越高，国内食糖消费需求增长放缓，含糖食品消费量下降，替代品急增50万吨，新的消费群体开始从高糖食品向低糖甚至无糖食品转变。西王玉米果糖作为一种健康的糖源，具有其他糖类无法比拟的优点，具有甜度高(是蔗糖的

1.2到1.8倍）、对血糖影响小、不易致龋齿、控制体重、保健、护肝等特性，在医药、保健品领域可制作果糖注射液，还被用于糖尿病及肝病的辅助治疗等，这对于优化群众膳食结构、提升健康水平将产生显著的推动效应。

三、几点启示

（一）加快新旧动能转换必须牢牢把握好各种战略性机遇

西王集团经过30余年的发展，从淀粉厂蜕变为以玉米精深加工和特钢为主业的全国大型企业，与它善于抢抓机遇是分不开的。当前，国内外经济形势发生着深刻变化，新旧动能转换成为世界经济复苏繁荣的关键。主要发达国家和新兴经济体纷纷调整发展战略，超前部署面向未来的创新行动，积极抢占发展制高点。面对国内外经济形势，党的十九大提出要建立现代化经济体系，使我国的经济由高速增长阶段向高质量发展阶段转变，而实施新旧动能转换是中国经济社会发展动力转换的内在要求，是构建现代化经济体系的战略选择。山东省作为老牌的工业强省，传统产业所占比重较大，所以传统产业的转型升级任务也更为繁重和迫切。而新旧动能转换将有助于一揽子解决长期以来制约山东发展的瓶颈问题，全面增强经济创新力和竞争力。2018年1月3日，国务院批准《山东新旧动能转换综合试验区建设总体方案》，这是党的十九大后国务院批准的首个区域性国家发展战略，也是我国第一个以新旧动能转换为主题的区域发展战略，必须紧紧抓住山东新旧动能转换综合试验区获批建设的这一重大机遇，加快推进新旧动能转换步伐，积极培育新动能，推动传统产业的转型升级，实现经济的高质量发展。

（二）加快新旧动能转换必须始终把创新作为发展的第一动力

新旧动能转换就是通过持续创新，把动能转化过来，更多地依靠创新来带动经济增长。西王集团之所以能够进入中国企业500强之列，根本的原因就是多年来始终把创新作为企业发展的核心动力。实践充分证明，加快新旧动能转换必须牢牢地与科技创新结合在一起，始终把创新作为发展的第一动力。一是积极搭建创新平台。通过搭建高层次技术研究院、建设高水平技术研发平台、完善科技创新创业服务平台等形式，进一步优化科技创新发展环境。西王集团充分发挥集团国家级技术中心、博士后工作站、国家实验室及

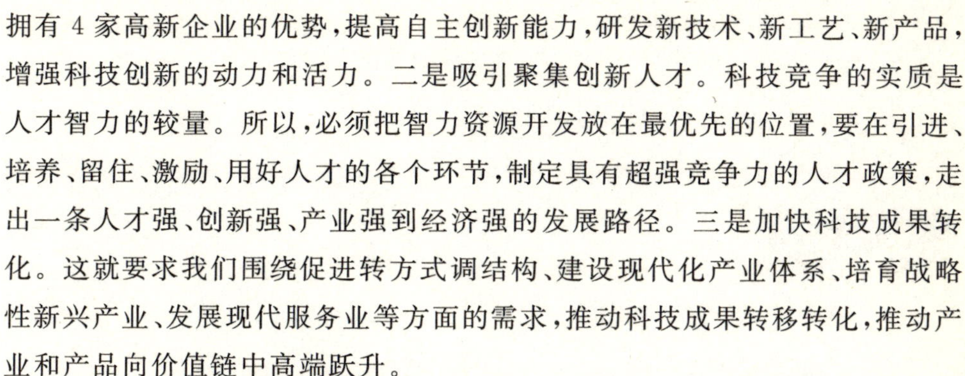

拥有4家高新企业的优势，提高自主创新能力，研发新技术、新工艺、新产品，增强科技创新的动力和活力。二是吸引聚集创新人才。科技竞争的实质是人才智力的较量。所以，必须把智力资源开发放在最优先的位置，要在引进、培养、留住、激励、用好人才的各个环节，制定具有超强竞争力的人才政策，走出一条人才强、创新强、产业强到经济强的发展路径。三是加快科技成果转化。这就要求我们围绕促进转方式调结构、建设现代化产业体系、培育战略性新兴产业、发展现代服务业等方面的需求，推动科技成果转移转化，推动产业和产品向价值链中高端跃升。

（三）加快新旧动能转换必须以掌握核心技术作为强力支撑

西王集团的果糖技术之所以能够站在全国制高点上，之所以能够引领居民用糖消费升级，掀起"糖业革命"，最根本的就是因为它打破了国际上少数国家对果糖生产技术的垄断，填补了国内空白，成为国内唯一掌握果糖核心技术并规模化生产的企业。2018年上半年惊动世界的"中兴事件"惊醒了很多国人，同时也充分说明，核心技术不能受制于人，科技发展主动权必须牢牢掌握在自己手中。一个国家如果长期不掌握核心技术，很容易被卡住脖子。只有努力实现关键核心技术自主可控，真正握有自己的"大国重器"，才能有力支撑科技强国建设，真正发挥创新引领发展的第一动力作用。

（四）加快新旧动能转换必须以国家产业发展政策为引领

新旧动能转换是涉及经济社会各领域、多方面的重大系统性工程，具有极大的艰巨性、复杂性和探索性。市场环境下，新旧动能转换也在自然地发生，但仅依靠市场力量自我调节其进程会很漫长。新动能的成长需要相应的良好政策环境，需要政府有所为，要及时调整产业政策。企业要加快新旧动能转换，必须围绕国家产业政策进行。国家出台《关于加快推进农业供给侧结构性改革大力发展粮食产业经济的意见》后，西王集团进一步提升研发能力，减低果糖的生产成本，生产出更多满足消费者需求的产品，推进粮食产业延伸了产业链，提升了价值链，为粮食产业经济的健康发展提供了良好的示范和借鉴。西王集团构建的以玉米果糖为代表的大健康产业，符合山东省新旧动能转换重点发展的"十强"产业中的新兴产业"大健康产业"的范畴，是全国粮食产业经济"滨州模式"的重要组成部分，因此具有良好的发展前景。

案例十一

兰山区木业产业改造提升传统动能的模式

临沂市兰山区木业改造提升传统动能有序推进，取得了实质性突破和良好成效，形成了具有兰山特色的做法，积累了许多可复制可推广的改造提升传统动能的经验，具有一定的借鉴价值。

一、临沂市兰山区木业改造提升传统动能的背景

临沂市兰山区木业改造提升传统动能是在环评压力增大、产业亟待转型升级以及适应产业变革、质量变革、动力变革的背景下展开的。

（一）兰山区木业发展面临的环评压力在增大

木材产业是兰山区的主导、特色产业，已经形成板材加工、板材胶黏剂、木业机械、木业家具等全链条式木业产业体系。现有各类木业生产、板材加工企业约6000家，其中规模以上企业277家，主要分布在义堂、方城、经开区、枣园、汪沟等镇街。

虽然兰山区木业产业群体较大，但是企业单体实力较弱，“两高一低两无”中小微企业占绝大多数，且小企业占绝大多数，抵御和规避风险的能力很弱，面临的环评压力非常大。因此淘汰落后产能，改造提升传统动能，发展新动能迫在眉睫。

（二）我国经济发展形势发生了巨大变化

党的十九大报告指出：“我国经济已由高速增长阶段转向高质量发展阶

段，正处在转变发展方式、优化经济结构、转换增长动力的攻关期”①，因此，迫切需要加快建设制造强国，加快发展先进制造业，推动互联网、大数据、人工智能和实体经济深度融合，在中高端消费、创新引领、绿色低碳、共享经济、现代供应链、人力资本服务等领域培育新增长点、形成新动能。兰山区木业和我国经济发展的形势相吻合，也处在转变发展方式、优化经济结构、转换增长动力的攻关期。因此，兰山区木业实现新旧动能接续转换，淘汰那些边际效用递减，副作用和后遗症加大的传统动能，培育制度变革、结构优化、要素升级“三大发动机”势在必行。

(三)适应全球产业变革、质量变革、动力变革的需要

全球新一轮的技术革命和产业变革呈现多领域、跨学科突破新态势，“互联工厂”“黑灯工厂”“个性化定制”等新业态不断涌现，传统木业产业受到巨大冲击。

木业产业中传统动能仍居主导地位，新技术和新销售模式与木业的融合度较低，新动能支撑兰山经济增长的作用没有充分发挥出来。

因此，改造提升传统动能，发展新动能，才能增强兰山经济的创新力和竞争力，才能实现木业的产业变革、质量变革和动力变革。

二、兰山区木业改造提升传统动能的做法

临沂市兰山区木业改造提升传统动能的主要做法如下：

(一)推进集约集聚发展

利用市场化手段推动木业企业整合重组，优化生产要素配置；选择新港、凯源、千山、福达等优势企业为核心，鼓励引导开展收购、参股、兼并重组等方式做强做大；引导企业围绕上下游产业链和价值链，开展配套协调协作，以推动核心企业与外围配套企业在空间上相对集中，生产经营上分工协作，资源优势上互补共享；推动木业企业向产业园区集中，形成“两核三区”的木业产业发展布局；完善促进区域产业集聚发展的财政、土地等政策，打破行政区划

---

① 习近平：《决胜全面建成小康社会夺取新时代中国特色社会主义伟大胜利——在中国共产党第十九次全国代表大会上的报告》，人民出版社2017年版，第30页。

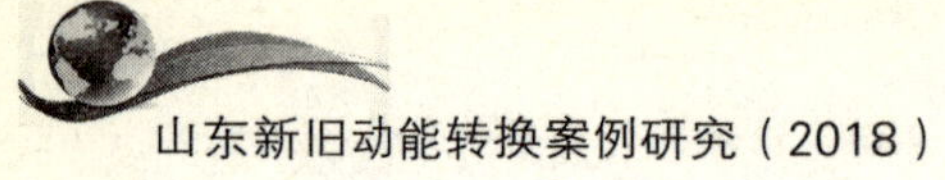

界限，优化产业发展布局，实现产业集聚发展。

（二）培植壮大骨干企业

坚持抓大放小，通过兼并联合、关停取缔“小散乱污”企业，巩固全区木业产业发展主体；引导企业提高管理水平，加大技改投入，延长产业链，拓展产业发展方向；着力培育凯源、千山、福达等一批终端产品型、技术创新型、行业引领型、龙头带动型企业。2017 年，全区木业产业产值过 20 亿元的企业 1 家，过 5 亿元的企业 15 家。

（三）推进技术改造和科技创新

实施“百企百项百亿”技改工程，大力支持与木业产业相匹配的项目建设，严把质量关，严控环保线；引导企业深入开展“高点定位，对标赶超”活动；鼓励企业拉长产业链、提高附加值、提升竞争力；引导企业引进新技术、新设备，发展科技含量高、带动能力强、绿色环保的新型产品，如山东凯源木业有限公司，是具有独立法人资格的木材加工企业，是在新旧动能转换过程中成长起来的企业之一。自 2017 年以来，公司全面贯彻新发展理念，积极探索新旧动能转换模式，以引进新技术、人才等生产要素为支撑，推动木业生产的质量变革、效率变革、动力变革。现有国内先进的单板生产流水线 4 条，科技木生产流水线 8 条，年加工单板 15000 立方米，科技木 12000 立方米，科技木刨切薄板 6000 立方米，科技木刨切片 6000 立方米，年产值达 4.6 亿元；依托在全国有影响力的技术研发平台，支持企业创建各类技术中心、工程中心、设计中心和实验室，深化产学研合作；重视引导企业加强与国内外知名林业高校、科研机构的合作。

（四）提升企业发展战略

引进国内高端管理咨询公司，准确定位发展模式，提升企业战略发展能力，推动企业转型升级和跨越发展；加大企业家培训力度，通过举办木业产业大讲堂、总裁培训班、专业模块培训班，请进来、走出去相结合，聘请国内实战派、行业领袖型专家或企业家进行辅导式培训。

（五）倡导营销新模式

成立木业信息服务中心，借助信息化使木业企业更好适应市场变化，降低采购成本，优化资源供给，实现木业产业科学发展；引导企业入驻木业产业

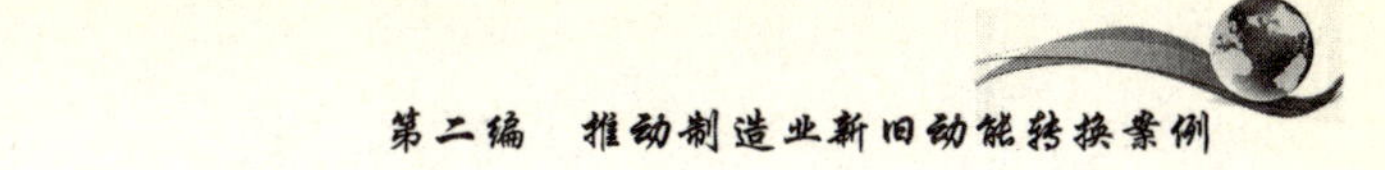

电子交易平台，推动木业企业不断探索“互联网＋”的营销新模式。

（六）大力实施“三品”战略

实施品种、品质、品牌“三品”战略，并不断强化以工匠精神引领质量的提升，通过推动企业参与国家或国际标准的制定与修订，振兴一批老字号、培育一批新品牌，打造出兰山品牌发展新模式。如山东福达集团通过新旧动能转换提升了品牌知名度和影响力，已通过 ISO9001 国际质量管理体系认证、环境保护认证；“欢乐熊”品牌荣获“山东省著名商标”“中国胶合板十大品牌”等荣誉称号。

（七）开展木业评级评价，严把项目准入门槛

对所有木业企业评出“优”“中”“差”三个等次，评级为“优”的企业给予重点扶持和奖励，推动发展壮大；评级为“中”的企业实行规范提升，完善整改措施，推动转型升级；评级为“差”的企业，限期整合重组或关停淘汰。制定完善的木业企业安全生产、环境保护、质量效益管理等台账，依法规范管理。严格落实木业产业准入标准和污染排放控制要求，实施更加严格的环境准入制度，制定了环境负面清单。从 2017 年 12 月 1 日起，“两核三区”以外不再审批木业产业的新（扩）建项目。

三、兰山区木业改造提升传统动能的成效

兰山区木业在改造提升传统动能过程中，牢固树立“创新、协调、绿色、开放、共享”的新发展理念，坚持走创新型、效益型、集约型、生态型的发展道路，取得了明显的成效。

（一）兰山木业的区域品牌优势和影响力持续扩大

通过改造提升传统动能，兰山区已经发展成为全国最大的人造板生产、出口和交易基地。中国（临沂）国际人造板博览会成为木业界最具影响力的博览会之一。兰山区被国家质检总局授予“创建国家优质人造板生产基地先进县区”“国家级出口工业产品质量安全示范区”等荣誉称号。

通过改造提升传统动能，兰山区木业已经崛起了众多名牌产品。新港木业获得“中国驰名商标”称号，千山、福达等企业的胶合板产品获得“山东省名牌产品”称号。一批具有一定规模、发展潜力大的品牌企业逐渐形成，“中国

板材之都”的区域品牌效应在扩大，兰山区木业产品在国内外市场的话语权和竞争力逐渐增强。

（二）科技创新大幅提升，自主创新能力和技术装备水平明显增强

由于重视产品、技术、工艺的创新，新技术、新工艺、新设备得到广泛应用，自主创新能力大幅提升；注重创新平台建设，加大研发投入，积极开展产学研合作，科技成果转化成效显著，许多企业实现了“互联网＋先进制造”，通过“机器换人”加快了现有设备和生产工艺的改造，提升了木业制造的自动化、信息化、智能化和高端化水平。

（三）规模化、绿色化、集约化、园区化发展推动了产品质量结构的优化

通过新旧动能转换达到了木业转型升级、提质增效的目的。资源配置效率和全要素生产率得到显著提升，木业产业发展的动能呈现多样化的特点，从需求侧来看，“三驾马车”消费能力提升对GDP的贡献率越来越大；从供给侧来看，木业产业发展的动能开始由主要依靠土地、劳动、资本等要素的粗放投入转向主要依靠深度学习、技术进步、管理创新、人工智能、大数据的支撑。

四、兰山区木业改造提升传统动能的启示

兰山区木业改造提升传统动能取得了有益的经验做法，并可得到以下启示：

（一）改造提升传统动能必须把发挥政府引导和调动市场主体积极性结合起来

既要充分发挥政府在规划、标准、政策等方面的引导、扶持、监管作用，严格执行环保、能耗、质量等强制性标准，依法依规淘汰违法落后产能，为新动能发展提供空间，又要充分发挥市场在资源配置中的决定性作用，推动企业优胜劣汰和产业的转型升级。

（二）改造提升传统动能必须把放大优势和补齐短板结合起来

既要立足产业特色和比较优势，着力打造一批国家级、省级创新平台，培育一批行业的龙头企业，不断发挥特色、放大优势，加快产业向高端高质高效迈进。从解决环境保护、安全生产、节能降耗等突出问题入手，明确产业发展方向，完善转型升级思路措施，补齐补强产业转型升级、绿色发展面临的资

源、土地、环境和政策等短板。

(三)改造提升传统动能必须把因地制宜与分类施策结合起来

既要根据资源环境承载能力和禀赋、现有产业基础和发展潜力,因地制宜,高水平规划新旧动能转换园区,集聚集约创新要素资源,打造开放合作平台,又要分类施策、多措并举,标本兼治,综合运用市场机制、经济手段和法治手段,研究制定差别化政策措施,引导企业转型升级。

(四)改造提升传统动能必须把需求侧改革与供给侧改革结合起来

要促进产业向全球、全国价值链的高端迈进,在提高需求侧消费能力的同时,更加注重供给侧改革,推动互联网、大数据、人工智能和实体经济的深度融合,在中高端消费、创新引领、绿色低碳、共享经济、现代供应链等领域形成新动能。

(五)改造提升传统动能必须坚持以人民为中心的发展思想

新旧动能转换的根本目的是促进经济的发展,而经济发展的根本目的是满足人们对美好生活向往的需要。因此,坚持以人民为中心的发展思想,让人民共享新旧动能转换的成果,可以加快新旧动能转换的速度,从而推动新旧动能向更高水平迈进。

案例十二

武城县运用“共享工厂”模式推动新旧动能转换的实践

武城县深入贯彻新发展理念，抢抓产业转型升级机遇期，以新能源空调产业为重点开启了“共享工厂”新模式，推动了新旧动能转换，走出了一条产业转型升级的新路子。

一、“共享工厂”模式开启的背景

共享工厂模式的开启有着深刻的产业背景和时代背景，是武城县坚持问题导向、实践创新引领的结果。

（一）产业背景

武城县是闻名全国的新能源空调、新材料（玻璃钢）、汽车及汽车零部件生产基地，特别是新能源空调产业发展迅速，产品销售额占全国市场的10%，成为长江以北最大的新能源空调基地，素有“中央空调德州造，产业基地在武城”的美誉。现已形成涵盖主机、风机、风管、净化、盘管、电机、冷却塔等七大系列3500余种产品的产业体系，积累了深厚的产业集群优势。2016年，该产业拥有规模以上企业158家、个体加工户1000余户，产业工人6万多名。同时，也面临着一系列亟待解决的问题。

1. 缺少核心链条

产品大多处于产业链的中下游和价值链的中低端。对上游的原材料、主

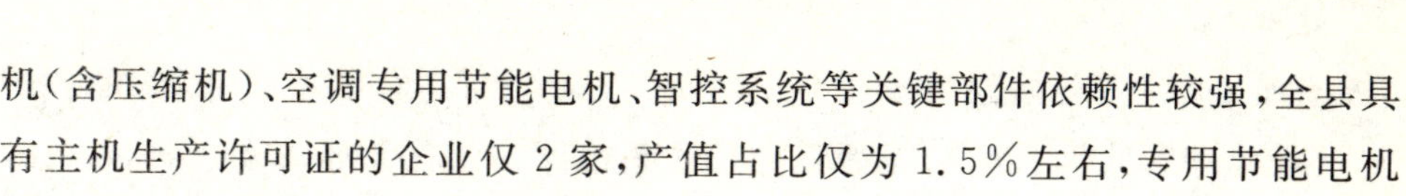

机(含压缩机)、空调专用节能电机、智控系统等关键部件依赖性较强,全县具有主机生产许可证的企业仅2家,产值占比仅为1.5%左右,专用节能电机和智控系统等基本处于空白状态。

2.产品同质化严重,产业内部恶性竞争问题突出

产业链条分工不科学,产品呈现同质低质化;存在一些无资质、无手续的小微企业和个体加工户,既影响了生态环境和群众生产生活,又造成产品质量参差不齐和市场无序竞争。新能源空调产业旧产能过剩,缺少新技术新产品,无法对接和满足高端市场需求的特征较为明显,产业持续发展面临巨大挑战。

3.龙头企业少,资质、品牌相对较少,综合竞争力不强

较大企业不断外迁,出现"乱藤缠死好树"现象,造成在行业中带动能力强的龙头企业少,产业集群优势难以发挥。很大一部分企业没有产品质量认证、生产许可、机电安装等资质,要么不能独立进入市场,要么在市场竞争中没有竞争力,庞大的产业集群中仅有省级著名商标6个,市级知名商标13个。

(二)环保压力较大

2017年,环保部发布《京津冀及周边地区2017~2018年秋冬季大气污染综合治理攻坚行动方案》(下称《攻坚方案》)。同年,环保部、国家发改委、财政部等六部委联合印发《"十三五"挥发性有机物污染防治工作方案》(下称《方案》)。根据两个方案目标,2017年10月~2018年3月,京津冀大气污染传输通道城市(简称"'2+26'城市")要全面完成《大气十条》考核指标,PM2.5平均浓度同比下降15%以上,重污染天数同比下降15%以上。在两个方案中都把"不符合产业政策、产业布局规划,存在安全、消防隐患和污染物排放不达标,以及工商、环保、土地、规划、税务、质监、安监、消防、电力等手续不全的企业,特别是存在于居民集中区的企业、工业摊点和工业小作坊"的"散乱污"企业作为综合整治的重点和首要任务(以下简称"'散乱污'企业")。要求各地全面开展涉VOCs排放的"散乱污"企业排查工作,建立管理台账,实施分类处置。德州市位列"2+26"京津冀大气污染传输通道城市,根据通知要求,要在2017年9月底前完成"散乱污"企业综合整治工作。根据两个

方案标准，仅武城县鲁权屯镇就排查出1017家“散乱污”企业。面对史上最严“环保风暴”，武城县的新能源空调产业集群处在生存发展的十字路口。

（三）宏观战略引领

2018年2月，山东省发布《新旧动能转换重大工程实施规划》，实施新旧动能转换成为武城县以新能源空调为代表的众多传统产业面临的一道必答题和重大战略机遇；依靠创新引领实现自我革命，成为武城县新能源空调等产业改造提升的必由之路。

二、民本思想、创新理念催生“共享工厂”新模式

面对关停“散乱污”企业的压力，特别是面对推动新旧动能转换的重大机遇，武城县坚持民本思想，没有对“散乱污”企业简单地一关了之，而是积极引导帮助“散乱污”企业主转思想、转认识、转路子，整合资本、技能、市场等各类资源转换为创新创业的新动能，并利用环保倒逼企业转型，倒逼新旧动能转换，实现了产业涅槃重生、脱胎换骨。

（一）打赢治理攻坚战，为产业转型升级腾出空间

武城县深刻认识到，产业中存在的假冒伪劣问题最终会影响整个产业健康持续发展，而假冒伪劣问题的根源在于“散乱污”企业。这些企业量大面广、分散隐蔽，占用了大量资源，挤占了规范企业的发展空间。武城县统筹用好“加减乘除法”，尤其把“减法”作为最基础、最重要的举措，坚决打赢“散乱污”企业整治攻坚战。

在整治过程中，坚持细化举措赢主动。围绕“散乱污”企业主的“心结”，从解决思想问题抓起，把宣传引导植入调研、决策、落实每个环节，利用电视、广播、微信等形式进行宣传，并成立38支小分队进村入户宣传讲解，召开各类会议近千次，既理直气壮、旗帜鲜明讲大政方针，又和风细雨、润物无声讲具体情理，形成群众理解支持、积极响应、主动参与的良好局面。对必须依法取缔的，突出“人防、技防”结合，派驻环境监管网格员2010名，安装环保监控设施2500多台，坚决杜绝“散乱污”企业死灰复燃。

（二）优化发展环境，为产业转型升级提供保障

环保工作既有大量困难需要直面，也蕴含着千载难逢的重大机遇。武城

县辩证把握危与机的关系，确立了借力环保督查、推进产业整合转型的发展思路。在实践中全力优化服务，强化市场监管，为产业整合提供了重要保障。一是完善资质认证。资质认证是企业的“入场券”。按照实事求是、事要解决的原则，组织发改、质监、工商等部门上门服务，帮助企业解决立项、环评、资质等问题。新增机电安装资质企业 13 家，全县共达到 19 家；通过消防强制 CCCF 认证的企业达到 39 家，占全国总量的十分之一，成为全国知名的消防阀类生产基地。二是加强行业监管。利用“营改增”机遇，强化以票控税、以票管税，规范原料进货渠道，严把产品质量关，营造公平税收秩序。成立新能源空调、新材料（玻璃钢）行业协会，强化行业自律，防止恶性竞争。建立覆盖全国的 16 个在外商会，定期召开内商外商见面会、产业推介会，为企业对接市场牵线搭桥，助推产业转型，打响武城品牌。三是建设“产业智库”。坚持“专业的人干专业的事”，扎实开展招才引智活动，积极对接、引入行业专家、技术专家、企业专家、资本专家、市场专家、管理专家等 6 支专家队伍，借助“外脑”为产业把脉会诊、开方下药。聘请中国制冷学会原副理事长肖大海等 6 位专家担任政府顾问，引进中科院“百人计划”专家等高层次人才 15 人，打造起武城“产业智库”。四是认真落实“零跑腿”“只跑一次腿”工作机制。对推进质量提升的企业，坚持优化服务，建立集中代办、上门办理制度，开辟绿色审批通道，为“散乱污”企业转型升级提供保姆式服务。2017 年以来，共为企业办理环境影响评估报告 529 个。

（三）开启“共享工厂”模式，为产业转型升级增创新动能

“散乱污”企业必须整治，关键是怎样整治。武城县用理念的创新催生实践的创新，引导骨干企业利用管理、品牌、资质、认证等优势资源建立大的共享平台，吸引小微企业带着设备、资金、技术等资源加入生产车间，通过资源整合、利益联结形成优势互补、利益共享的产业发展新模式——“共享工厂”模式。在这一过程中骨干企业能充分吸收利用原小微企业的设备、资金、技术等资源实现低成本扩张，原小微企业能充分共享骨干企业的管理、品牌、资质、认证实现低成本转型，二者通过资源整合、利益联结形成“美美与共”的格局，共同推动了产业升级。

（四）深化共享内涵，为产业转型升级确定新指引

创新是产业永恒的主题，武城的“共享工厂”模式也在创新实践中不断深化其内涵。

1. 开启质量之战

实体经济是强国之本，产品质量是产业发展之基。要实现产业行稳致远，就必须高瞻远瞩打好主动仗。“共享工厂”模式也不是万能钥匙，也要与时俱进，不断用发展的办法解决发展中出现的新问题。2018 年，武城县更好发挥政府作用，将工作重点由“环保之战”转向“质量之战”，深化“共享工厂”模式。全县以创建全国产品质量提升示范区，争创中国驰名商标、山东名牌产品、省（市）长质量奖为目标，实施质量强县战略，开展质量提升专项行动；发挥行业协会的作用，自觉推进行业自律，鼓励和引导企业开展产品研发、标准制定、质量攻关和品牌创建，促进产业快速转型升级。

2. 推动模式升级

产业发展面临的挑战更主要的是来自市场的竞争和压力，国内外技术革命带来的新挑战远超出想象，传统制造业必须向新制造转变才有未来。第一阶段的任务是，把人力资源、土地、厂房、资本、企业家、技术、信息、管理、品牌等利用率不足的优势要素共享起来，组成新的产业优势，实现“固定成本摊薄，变动成本降低”。第二阶段应推动“共享工厂”的共享模式升级，用互联网改造制造业工厂，提升武城制造到武城“智造”。以武城县中威通风“共享工厂”为例，该企业通过深化“共享”模式实现了三个“升级”。一是产业升级——从“产业链”到“生态链”。围绕消费者最关心的问题，将产业升维。二是管理升级——打造“大众创新、万众创业”的命运共同体。“中威超级工厂”正在打造共同创业、共同致富、共同发展的平台，正在实现一场众人参与的创富计划。三是推动产品升级——让建筑会呼吸。立足建筑呼吸系统管理领航者站位，将建立起一个通风系统领域的生态服务平台，包含全国暖通百帮呼叫中心、全国室内空气质量免费检测中心、暖通双创服务中心、暖通生态信息中心、暖通技术中心、暖通采购中心、暖通安装中心、暖通售后服务中心等，为创业者和消费者带来优质的服务体验。到 2020 年，该企业计划在我国的东南区、西南区、西北区构建新的“共享工厂”。武城的新空调产业将来可以

归并成呼叫中心、双创服务、信息服务、技术服务、采购服务、安装服务、售后服务以及融资和劳务服务这九大中心。运用互联网的思维和实践方式，将工厂改造为平台，将生意进化成生态，让链条上的个体能够深度介入建筑呼吸管理领域。

三、“共享工厂”模式的实践价值

武城县“共享工厂”模式打通了产业链、优化了供应链，在实践中规范了产业秩序，汇聚了产业资源，促进了产业升级。

（一）“共享工厂”模式牵动资源要素重组，全面激发产业发展活力

该模式主要实现了“四大共享”：一是资质共享。小微企业限于资质，挣扎求存加入平台、共享平台资质和品牌，实现了低成本、轻资产的转型升级；大企业限于资本和产能的“心有余而力不足”，吸收小微企业后完成了借势发展的凌空一跃，实现了低成本、轻资产的规模扩张。如武城县美弘公司与35家小微企业组件“美弘共享工厂”，生产能力提升了3倍，实现了小企业升级、大企业扩张的同频共振。二是用地共享。小微企业以租赁方式入驻大企业车间平台，避免了用地环评、审批等各项环节，既解决了小微企业“用地难”问题，又解决了大企业“占地贵”问题，还节省了大量用地指标。三是生产共享。在联姻环节上，按照产品配套不重复的原则，大小企业抱团搭档，保障了产能互补、优势互促；在生产环节设备以租赁方式来共享，订单以效率来分解，利润以贡献占比来分配，最大限度地实现了优化配置，解决了业务订单“消化不良”问题。四是市场共享。整合各企业市场人脉、销售渠道，进一步打通了产业链、拓展了销售链、优化了供应链，实现更大范围、更高层次发展。目前，武城县新空调产业市场全面打开，产品遍布全国，远销印度尼西亚、马来西亚、越南等国家。

（二）“共享工厂”模式推动人力要素优化，不断释放创业创富动能

人力资源是企业发展最重要的资源。“共享工厂”平台倡导“合伙人”理念，实现了人力资源的更大范围、更优方式配给。通过从全国范围招募运营生产合伙人、销售合伙人和服务合伙人共同闯市场，既留住了本地人才，又吸引了在外武商，既富了“老板”，又富了“老乡”。特别是原“散乱污”企业主带领部分产业工人进入“共享工厂”平台后，发挥技术、生产、管理优势，转变为金蓝领型生产合伙人，通过承包具体工段等途径，月收入可达2万～3万元，一般产业工人的月收入也大幅提升。

（三）“共享工厂”模式助推产品质量提升，有力推进了供给结构优化

过去市场产品质量参差不齐，新建的“共享工厂”平台打造共同的品牌和产品质量，统一原材料供货渠道，守护原材料入口关；在产业协会指导下，由平台企业、车间企业组建质量巡查小队，定期开展安全生产巡查，守护产品生产关；设置检测线、人工检测、产品抽检三道工序，严格备案登记，严格检验工序，保障产品品质，守好产品出厂关。通过更大范围地放大“共享工厂”平台的优质管理，价格战、恶意竞争等现象逐步销声匿迹，产品质量越来越高，品牌越打越响，企业发展路子越走越宽。

（四）“共享工厂”模式激发产业整体活力，实现了高质量发展

武城县“共享工厂”模式，通过平台内部资本的链接、劳动力的链接、产业上下游间的链接，“减”掉了落后旧产能，“乘”出了发展新动能，使大小企业形成了一个利益共同体，使集群的优势充分发挥，显示出强大的生命力和空前的发展活力，实现了生态环境优化、产业结构优化、市场秩序优化的“多赢”。

2017年，武城县PM2.5、PM10、SO_2、NO_2平均浓度同比分别改善15%、17.8%、12.6%和7.3%。仅以新能源空调产业为支柱的鲁权屯镇，全年新注册工业企业513户，实现税收2.04亿元，同比增长26.9%，其中国税收入同比增长69.82%。2018年第一季度，武城县新能源空调产业实现工业用电量同比增长73.9%，税收同比增长74.8%，税收占全县制造业税收的33.1%。

四、“共享工厂”模式的启示

武城县“共享工厂”模式告诉我们，“散乱污”企业是生产组织的“散乱污”，不是生产要素的“散乱污”；“散乱污”企业关停后，大批的生产设备、技术人员、业务订单等要素处于游离状态，如果能够及时优化组合，这些宝贵的资源不仅不会迅速流失和消亡，还会转化为蓬勃发展的新动能。武城的实践启示我们，推动发展要坚持民本思想、问题导向、创新思维；要换位思考、主动服务、精准施策，把工作做实做细。

武城县“共享工厂”模式，为如何有效推动新旧动能转换提供了可推广可复制的“武城方案”。2018年9月20日，在外交部蓝厅举行的以“新时代的中国：新动能，新山东，与世界共赢”为主题的外交部第十五场省区市全球推介活动上，武城“共享工厂”模式被面向全球推介。

案例十三

莱州市推动制造业新旧动能转换的探索

在推动新旧动能转换中，莱州市把制造业转型升级作为动能转换的首要任务，坚持改造提升传统产业和培育壮大特色产业、新兴产业并重，把创新作为引领发展的第一动力，以新技术、新业态、新模式改造提升制造业，促进全产业链整体跃升，推动制造业发展向集群、智能、绿色方向转变，迈向中高端水平。

一、莱州市制造业发展现状

莱州市制造业基础雄厚，近年来形成了一定的规模，并取得了较好的经济效益。但在新旧动能转换新形势下也面临一些亟待解决的问题。

（一）莱州市制造业发展现状

莱州市制造业涉及门类较多，涉及黄金、石材等资源型传统制造业，也涉及金属制品业、通用设备制造业、专用设备制造业、汽车制造业、铁路、船舶、航空航天和其他运输设备制造业、电气机械及器材制造业。2017 年，莱州市规模以上工业企业 346 家，其中制造业企业 325 家，占总数的 93.9％。

近年来，莱州市不断加快经济结构调整，建立了一批设备精良、技术先进的制造业企业。企业生产能力、技术创新和新产品的开发能力明显增强，产品档次和质量不断提高，产品结构得到了进一步优化。目前，汽车刹车盘产量占全国的 40％，出口量占北美市场的 70％；农业机械液压提升器产量占全国的80%,小型工程机械产量占全国的70%。

(二)莱州市推动制造业新旧动能转换面临的问题

受自然地理、经济区位、资源禀赋和产业结构等诸多因素制约,莱州市制造业总体水平还比较低,新旧动能转换面临巨大压力。

1.产业结构不合理

传统制造业主体地位和产业结构偏重的格局尚未实现根本改变,传统资源型产业占比较高,黄金、石材产业的产值占规模以上工业总产值的62.3%;高新技术产业(除黄金冶炼)、战略新兴产业的产值分别仅占规模以上工业总产值的10%、3.8%,高端装备制造业、新材料、新能源等其他新兴产业对经济发展的引领支撑作用比较弱,新业态、新模式处于起步阶段。

2.创新能力不强

研发能力不足,行业人才匮乏,特别是高端人才招不进、留不住,企业技术和管理团队不稳定。受银行惜贷、抽贷、企业规模小以及自有资金不足等因素的影响,部分企业立足未来发展的产品结构升级技改及技术引进项目暂时搁置;一些企业很多关键技术和部件依赖市外或者国外,产品处于产业链的中低端,产业核心专利少,知识产权布局结构问题突出。

3.环境压力较大

制造业发展和资源环境承载力之间的矛盾依然突出,特别是随着国家能源消耗总量与强度"双控"制度的实施,黄金、石材、盐化工等资源型产业和刹车盘、小型装载机等机械制造业节能降耗、转型升级任重而道远。

4.开放型经济发展不充分

一方面,受营商环境不优、产业结构不合理、交通不便利等因素的影响,项目引不进来;另一方面,受中美贸易摩擦影响,外贸进出口额下降,外贸进出口总额、实际利用外资额在烟台市的占比仅为2.9%和5%,全面开放的广度和深度有待进一步拓展。

二、莱州市推动制造业新旧动能转换的做法与成效

莱州市以新旧动能转换为统领,以提高质量效益为中心,通过实施"四大工程",实现了制造业的创新发展。

（一）莱州市推动制造业新旧动能转换的成功探索

1.确立制造业新旧动能转换的重点

(1)改造提升传统产业。把传统产业转型升级作为制造业动能转换的首要任务，以新技术、新业态、新模式提升黄金、机电、石材、化工等传统产业，促进全产业链整体跃升。一是黄金产业加快构建高效探采、精深加工、黄金机械制造、黄金旅游于一体的产业链条。二是机械制造产业加快向高端装备、智能制造、成套设备方向转型升级，强化龙头企业示范引领作用，加大关键核心技术的研发。

(2)做大做强特色产业。推进优势特色产业智能化、集群化、品牌化发展，积极培育形成新动能主体力量。一是高端装备产业以精密数控、自动化装备、高端专用设备等领域为发展重点，打造一批行业标杆企业。二是电子电器产业，以节能型制冷设备、精密电子仪器、电子通信等为重点领域，扩大市场占有率，提高行业的配套能力。三是新材料产业以新型功能材料、先进结构材料、高性能复合材料等领域为突破重点，加大粉末冶金、化工新材料等产品开发应用。四是新能源汽车配套产业以引进新能源汽车整车生产为目标，做专做精动力电池、自动化设备、电动搬运等产品研发生产，加快发展关联项目。

(3)培育发展未来产业。聚焦新一代信息技术、大数据、人工智能和节能环保等重点领域，推动新兴未来产业加快崛起、扩容倍增、重点突破，重点谋划布局航空航天、智能机器人、3D打印等前沿性产业，加快制造业智能化提升步伐，培育制造业形成动能转换新生力量和新的增长点。

2.实施创新提优工程

(1)加快完善创新平台。鼓励企业与高等院校、科研院所开展产学研合作，创建烟台市级以上工程(技术)研究中心、企业技术中心、工程实验室、院士及博士后工作站等创新平台，加快众创平台和科技孵化器建设，支持骨干企业联合组建产业技术创新战略联盟，加快科技成果转移转化。引导制造业企业加快建立知识产权管理体系，培育一批高价值核心专利。

(2)引进培养创新人才。实施“蓝黄英才”人才工程，大力引进“千人计划”专家、省泰山系列工程人才、烟台“双百计划”人才，加快引进高端人才团

队，壮大高层次人才队伍规模。加快职业教育转型发展，推广“订单式”人才培养模式，打造富有竞争力的产业人才支撑。

(3)改造提升创新工艺。鼓励企业加大投入，提高企业智能化、自动化、信息化水平；大力实施重大节能工程，推动传统基础制造工艺向绿色化、节约化发展；引导企业创建国家和省级循环经济试点示范，推进省级园区实施循环化改造，大力发展绿色、低碳、可持续的新业态。

3.实施企业提档工程

(1)做强做优骨干企业。鼓励企业争取规模以上企业资质，扶持政策重点向规模以上企业倾斜。以主营业务收入过亿元企业为龙头带动，全面提升生产销售、服务管理水平，着力打造一批行业领军企业。选择高成长性、创新引领型骨干企业为示范标杆，发挥以“四新”促“四化”的典型引领作用，为加快产业转调培育新的动能。

(2)培育壮大特色企业。建立“专精特新”和单项冠军企业培育库，对入库企业进行重点扶持。以专有技术、制造精良、独特工艺、自主创新为发展方向，积极争创烟台市级以上“专精特新”工业中小企业；以单项产品市场占有率位居全球前5位或国内前2位为目标，打造一批单项冠军企业。

(3)规范提升中小企业。严格落实环保、安全生产企业执行标准，坚决清理取缔“散乱污”企业，倒逼中小企业规范发展。鼓励中小企业兼并整合、抱团发展，避免同质化恶性竞争。

4.实施品牌提升工程

(1)打造企业品牌。引导企业增品种、提品质、创品牌，创建特色企业文化，采用先进生产经营管理模式，争创享誉国内外的名牌产品，提升企业的影响力、竞争力和生命力。

(2)创树企业家品牌。强化企业家队伍建设，大力弘扬企业家精神和工匠精神，落实企业家培训计划，增加优秀企业家在人大代表、政协委员、劳动模范中所占比例，造就一批立大志、干大事、创大业的企业家队伍。

(3)壮大地域品牌。扩大中国石都、中国黄金生产基地、中国盐化工生产基地、国家汽车零部件出口基地等品牌影响力，争创更多地域品牌。支持企业参与或主持行业和产品标准制定，力争更多企业成为行业领军型企业。

5.实施开放提效工程

(1)积极“走出去、引进来”。利用“一带一路”倡议和泛济青烟新旧动能转换综合试验区建设机遇，立足本地制造业优势，面向世界500强、国内500强及行业领军企业积极推介，引进更多优质制造业项目。支持本地优势企业在境外设立公司，鼓励企业参加境外展会、取得境外专利、商标注册、产品认证等国际市场开拓活动。

(2)提升园区承载水平。经济开发区以发展高端装备、智能制造为主攻方向，强化标杆企业引领，打造莱州制造业转型升级的示范区；工业园区重点突破临港加工制造业，扩大港口对本地制造业拉动，打造港产城融合发展的先行区；滨海新区发挥区位优势，打造新产业新业态的潜力区。银海化工新材料产业园，突出安全、环保标准，提高项目准入门槛，打造高端高质发展的化工产业聚集区。

（二）莱州市推动制造业新旧动能转换的成效

莱州市认真落实山东省、烟台市加快新旧动能转换重大工程总体部署，传统制造业加快了改造提升，新兴产业得到了发展壮大，特别是高端装备制造业、新材料、新能源等其他新兴产业逐步形成规模，在铁路专用设备及配件制造、内燃机配件制造、海洋工程关键配套设备和系统、粉末冶金、新能源汽车等领域涌现出一批高精尖企业。

1.转型升级实现新突破

坚持高端化、品牌化发展方向，着力推进机械、建材、化工等传统产业转型升级，规范提升规模以上工业企业216家，用增速回落换取质量提升，为产业转调赢得空间。大丰轴瓦成为山东省首批制造业“单项冠军”；结力工贸、莱玉化工、蔚仪器械、亚通重装、新忠耀机械成为山东省首批中小企业“隐形冠军”，华电莱州电厂、鲁达汽配、金宏数控、神亚科技等一批企业成为转型标杆。

2.创新发展迸发新活力

目前莱州市拥有烟台市级以上工程技术研究中心31家、企业技术中心25家和工程实验室11家，省院士工作站5家，省级企业重点实验室2家。拥有院士5名、国家“千人计划”专家6名、“万人计划”专家3名、泰山产业领军

人才3名。获得烟台市级以上科技进步奖31项，其中，山东悦龙橡塑科技有限公司获得国家科技进步特等奖。

3.环境优化激发新优势

深化“放管服”改革，取消、调整、承接行政权力事项276项，公布市镇两级“零跑腿”和“只跑一次”服务事项2800项，梳理行政权力与公共服务“一次办好”事项1487项。出台金融创新系列政策，在烟台市率先成立5亿元的中外合资融资租赁公司。坚持绿色发展，启动环保突出问题专项整治，关停取缔传统塑料加工业户1769家，停产整顿石材加工企业2337家。

三、莱州市推动制造业新旧动能转换的启示

莱州市推动制造业新旧动能转换形成了成功的做法，积累了有益的经验，并可得到以下启示：

(一)必须强化人才保障

推动新旧动能转换必须加大人才引进力度，也倒逼人才管理体制机制的改革，在深化改革中推进高端产业人才引领工程、基础性人才集聚工程、高技能人才支撑工程、企业经营管理人才提升工程、专业技术人才支持工程、国际化人才汇智工程等六大人才聚集工程。通过设立人才引进专用编制，专项用于引进急需紧缺博士和正高级专业技术人才。建设人力资源服务产业园，鼓励通过政府购买服务方式引进高层次管理人才和专业技术人才。同时，必须加大人才培养力度。要支持职业院校与企业合作建立实训基地，培养高级技工。实施企业家培训计划，完善企业家正向激励机制，营造企业家健康成长环境，增强企业家创新活力、创业动力。要建立创新人才激励机制，对高端紧缺人才，实施科技成果转让、科研成果奖励政策，在部分新兴经济领域探索实施特殊管理股权制度。

(二)必须强化环境保障

要在深入推进“放管服”改革中加大简政放权力度，推进“证照分离”改革试点工作，全面实施“多证合一”，加快推进企业登记全程电子化和电子营业执照。要创新市场监管机制，适应新技术、新产业、新业态、新模式发展需求，降低准入门槛，创新监管模式，完善快速服务响应机制。要建立完善统一高

效的风险监测、预警、防范和处置机制，科学运用事先设置安全阀及红线的触发式管理。要建立与完善重点企业服务制度，全面落实各级政府支持政策、税费优惠政策和企业减负政策。

（三）必须强化金融扶持作用

强化金融扶持作用，一是扩大直接融资。支持企业发行企业债、公司债、私募债，引导种子基金、创投基金、私募基金、产业基金等股权投资基金共同参与新旧动能转换重大工程。二是优化间接融资。发挥银行信贷融资的主渠道作用，积极扩大信贷投放，优化信贷结构。开展各种形式的政金企对接，创新应收账款、知识产权、股权、商标专用权、出口退税等抵质押方式，引导资金重点向企业倾斜。支持各类金融机构以融资租赁、售后回租、信托、委托、股权投资等方式支持企业项目建设。三是防范金融风险。健全金融监管体系，守住不发生系统性金融风险底线；多措并举整治金融乱象，坚决打击恶意逃废金融债务、非法集资等违法行为。

（四）必须强化科技支撑

要加快构建以企业为主体、市场为导向、“政产学研金服用”相结合的技术创新体系。支持企业建设一批工程（技术）研究中心、工程实验室、工业设计中心、企业技术中心等创新平台。实施高新技术企业培育工程，培育一批市场潜力大、跳跃式发展的“独角兽”企业和“瞪羚”企业。要建设协同创新体系。通过委托研发、组建联合实验室、成立合资公司以及技术许可、技术转让、技术入股等多种形式，开展关键技术和成果转化等方面的协同创新。加快构建由科学数据共享、科技文献服务、仪器设施共用、专业技术服务、行业检测服务、技术转移服务、创业孵化服务等系统组成的公共研发服务平台。同时，要加大科技研发投入。培育建设一批国家级企业技术中心、省级企业技术中心、国家工程技术研究中心和企业重点实验室，发挥企业技术中心作用，集中力量搞好关键技术、核心技术以及产业链项目研发攻关，掌握更多的自主知识产权。

（五）必须强化财政支持

一是支持创新驱动。对企业在研发机构、技术创新平台、成果转化、科技企业孵化器建设、创客空间、获得国家科技奖、取得中国专利奖、企业研发投入、入选省“十个一百工程”的联盟、生产性设备投入等方面，政府给予资金补助。二是支持产业转型。对新认定的国家、省级新型工业化产业示范基地，优秀技术创新项目，获得国家级或省级绿色（循环）经济示范的园区和企业，重大节能工程等方面，政府给予资金补助。三是支持品牌建设。对主持或参与标准修订，工业和信息化部认定的“三品”企业，获得“质量奖”的组织或企业，获得中国红星奖“至尊金奖”和金奖的企业，获得“省长杯”工业设计大赛金奖和银奖的企业等方面，政府给予资金补助。四是支持做优做强。对企业符合新旧动能转换政策，年度地方财政收入贡献300万元以上，首次入选“山东省100强”“中国500强”“世界500强”的制造业企业，新认定的省电子信息行业优秀企业和国家电子信息百强企业，列入国家级制造业单项冠军示范企业和培育企业及获得单项冠军的产品，全国中小企业“隐形冠军”，“独角兽”企业等，政府给予资金补助。五是支持融合发展。对采用智慧新模式的企业，对资源保障、科研合作、产业链布局、销售网络建设等重点项目，对在境外建立园区和产业聚集区，中小企业参加境外展会，取得境外专利、商标注册、产品认证等国际市场开拓活动等方面，政府给予资金补助。

（六）必须强化政府服务保障

一是要帮助企业开展对外协作。抓住国家实施“一带一路”倡议、推动国际产能和装备制造合作等重大机遇，加强与新兴经济体、发展中国家和地区的国际产能合作，带动优势产能和技术装备走出去。二是集中力量助推重点项目发展。每年确定一批重点项目，集中资金、政策和资源等全力加以扶持。三是推进企业信息化改造。开展“两化”融合试点示范，打造一批智慧型“两化融合”试点示范企业。依托优势企业，有序推动数字化车间和智能工厂建设。四是支持载体平台发展。通过招引支持研发机构、各类中介机构、第三方服务机构、公共服务平台等载体发展，激发制造业企业的发展活力。

案例十四

"农光互补"——新旧动能转换的新泰模式

2016年，新泰入围国家能源局第二批光伏"领跑者"计划，成为全国首个以农光互补模式建设的采煤沉陷区光伏发电项目。项目启动实施以来，新泰以建设光伏领跑技术基地样板、一、二、三产业融合发展样板、经济转型升级样板、群众致富增收样板"四个样板"为目标，与投资企业、技术协作单位协同奋战、快速推进，项目一期如期完成，创造了光伏业内的"新泰速度"，形成了采煤沉陷区治理的"新泰模式"。

一、"农光互补"新泰模式的背景

新泰市总面积1946平方公里，人口141.2万，辖20个乡镇街道、863个行政村居，是全国百强县、山东省重点建设的15个中等城市。新泰作为典型的煤炭资源型城市，是山东省重要的煤炭基地之一，煤矿矿区总面积达到196.62平方公里。中华人民共和国成立以来，新泰共生产原煤4.41亿吨，累计上缴利税200多亿元，在保障国家能源安全、支持全国经济建设方面做出过重要贡献。由于煤炭资源长期大量开采，造成了土地大面积塌陷，形成了面积为129平方公里的沉陷区，水土保持条件丧失，耕种条件破坏，土地废弃，成为市、镇、矿治理的难题。随着资源逐步枯竭，2011年新泰被列入全国第三批资源枯竭城市，资源型城市转型成为市委、市政府的发展战略。

2015年，新泰市被列为全国首批"中德新能源合作示范城市"，编制了

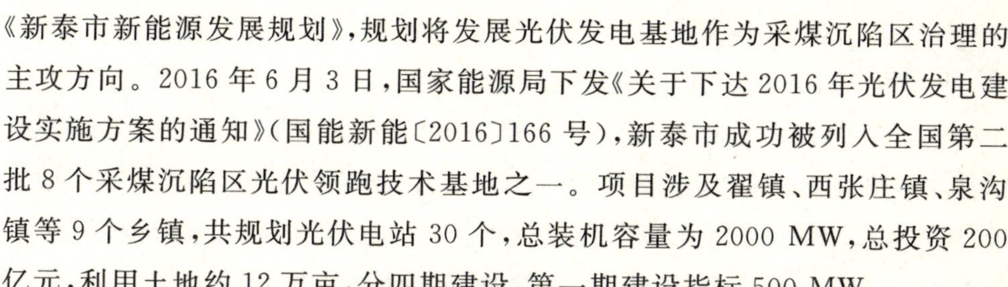

《新泰市新能源发展规划》，规划将发展光伏发电基地作为采煤沉陷区治理的主攻方向。2016年6月3日，国家能源局下发《关于下达2016年光伏发电建设实施方案的通知》(国能新能〔2016〕166号)，新泰市成功被列入全国第二批8个采煤沉陷区光伏领跑技术基地之一。项目涉及翟镇、西张庄镇、泉沟镇等9个乡镇，共规划光伏电站30个，总装机容量为2000 MW，总投资200亿元，利用土地约12万亩，分四期建设，第一期建设指标500 MW。

项目获批后，新泰市高点定位，利用采煤沉陷区土地资源，确立农光互补一体化主题，打造“农光互补”新泰模式。“农光互补”新泰模式是指新泰市通过光伏发电和设施农业融合发展，通过“沉陷区治理＋农业大棚＋光伏发电”三管齐下基地建设，相互推动相互促进，实现经济高质量发展，带动社会民生事业进步，推进乡村振兴的发展方式。在发展模式上坚持“光”“农”共生互补，在建设思路上“先农后光”。企业在采煤沉陷区建设设施先进、配套完善的高标准农业大棚，发展设施蔬菜、食用菌、休闲采摘、旅游观光等产业，进行标准化生产、专业化经营、市场化运作，打造生态农业、观光旅游、科研教培于一体的现代农业产业园区。在农业大棚之上，安装太阳电池板，在棚距间建电站，实现光伏发电。按照“产业进园区、村民进社区、建设现代化新城区”的思路，把光伏基地建设与压煤村庄搬迁、小城镇建设相结合，实现新型城镇化相融合。一期项目建成投入运行，共修复沉陷地2.8万亩，建设高效农业大棚9620座，全年发电量5.5亿千瓦时。四期全部建成后，将修复沉陷地10万亩，建设高效农业大棚3万座，年均实现发电量25亿千瓦时。

二、“农光互补”新泰模式的实践

新泰市将农光互补项目上升为全市战略，凝聚起上下联动、齐抓共管、全速推进的强大合力。

(一)市委担当，增强组织力

组建由市委书记挂帅的领导小组，下设市委常委、副市长任指挥，副县级干部任副指挥，相关部门为成员单位的基地建设指挥部，负责编制规划、统筹协调、整体推进，从根本上提高了决策效率和落实速度。

（二）招优选强，提高战斗力

从对接的168家企业中，优选北控清洁能源集团有限公司、华能山东发电有限公司、晶科电力有限公司、中国电力国际有限公司、特变电工新疆新能源股份有限公司、东旭新能源投资有限公司作为新泰农光互补项目投资主体，其中东旭新能源投资有限公司负责平台项目建设。各个企业在新泰成立全资农光互补项目公司，作为项目开发建设主体开展工作，使新泰光伏基地建设汇集了国内最先进的光伏开发建设企业、应用了最先进的光伏发电技术，为项目成功并网发电打牢了基础。

（三）部门协同，提升聚合力

"农光互补"项目在指挥部的统一协调下，对涉及的21个市直部门单位和3个乡镇，逐一明确工作任务、标准要求、建设路线图，倒排工期，完成时限。通过协调会、座谈会、联合办公会议等，与企业一块赶进度、解难题、转整改。指挥部实施"里程碑"计划，一天一调度、一周一汇总、半月一通报，编发《光伏快报》《工作简报》，激励六大投资主体，保证项目建设的高速推进。组织发改、环保、国土、规划、工商等11个部门单位对6个光伏项目单位及项目所在乡镇报建负责人开展联合报批辅导。按照先主后次、分步实施的原则，为每一个光伏项目都量身定制了报批时间表、路线图，明确了相关审批部门和项目单位的责任清单，变坐等审批为上门服务，对所有项目现场实施联合勘察。对企业注册、项目立项、环评审批、土地报批、施工质量等进行了现场技术指导，提出先行立项，后续手续办理，项目材料实行容缺办理等个性化服务，加快了光伏项目报建审批进度，保证了项目如期并网发电。

（四）保障提速，增加外动力

一是土地保障提速。项目一期涉及的翟镇、泉沟镇、西张庄镇3个乡镇认真落实属地责任，在企业入驻前，第一时间弄清了各项目区土地边界测量、地上附着物清点核实等基本情况。在企业入驻后，积极协助企业进行了土地流转、地上附着物核实清理等工作，为项目快速推进做好了坚实保障。二是手续提速。开通"农光互补"项目建设绿色通道，市便民服务局、发改局、国土局、规划局、水利局等职能部门全程跟踪做好服务，市供电公司将多项工作"串改并"，在距离国家能源局"关门"日期仅剩10个月的情况下，13天就拿

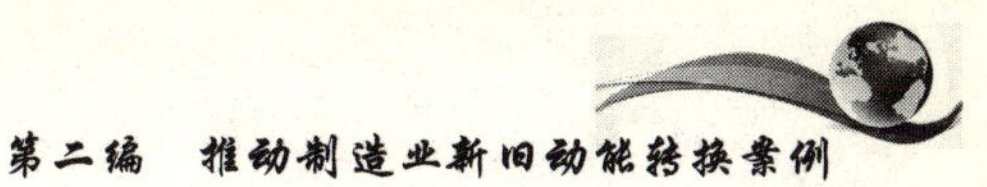

下了220千伏升压站接入系统方案的批复。三是公共基础建设提速。将220千伏甫盛升压站、引水工程、公共信息平台纳入公共基础设施，由企业共同出资，统一委托市统筹城乡发展有限公司进行招标和建设管理。其中全国装机容量最大、全省首个预装式220千伏甫盛升压站仅用6个月时间建设完成，比常规国网投资建设缩短工期14个月。一期光伏电站于2017年9月30日并网发电，15个月率先实现了光伏并网发电与农业设施同步建成投用，创造了光伏业内的“新泰速度”。

三、“农光互补”新泰模式的成效

新泰采煤沉陷区农光互补示范基地一期工程的并网发电，在产生直接经济效益的同时，更为区域新旧动能转换、经济结构优化升级、特色农业发展、城镇化建设、生态环境治理等带来新的契机，形成了良性连锁效应。

（一）推进了新旧动能转换

新泰过去是一个以煤电为主的火电能源结构，全市共有火力发电厂7家、余热余压电厂2家，年发电21.52亿千瓦时。光伏基地一期并网发电量是9家电厂当前发电量的25.56%；四期全部建成投产后，年均能实现发电量25亿千瓦时，达到全市每年工业用电量的73.3%，基本上能够实现用电的自给自足，将进一步提高全市清洁、可再生能源的比重，使能源的生产方式由地下变为地上、能源的获取由高成本的煤炭开采变为低成本的太阳能发电、能源的利用由黑色高耗能变为绿色高效能，优化新泰乃至全省的能源结构，在全市构建起清洁低碳、安全高效的新型能源体系。

（二）创新了三产融合

一是实现了一产跨越发展。引进寿光恒蔬无疆、寿光农博、寿光东城农业、三元朱农业、寿光宏茂农业等农业公司，建设了当前标准最高的第八代农业大棚以及育苗基地等配套设施，并深度参与后续管护和经营；与寿光蔬菜种植团队达成战略合作，种植有机蔬菜、食用菌、中草药等高附加值作物；四期全部建成后，蔬菜种植总面积将达到7万亩，实现销售收入60亿元，新泰一跃成为全省第三大设施蔬菜基地。二是实现二产重构发展。结合“农光互补”项目建设，加大了配套项目招引力度，新上华能光纤预制棒、光纤制造项目、东旭石墨烯基金产业园等大批优质产业项目。目前，投资 8.6 亿元的华能光纤预制棒、光纤制造项目已完成项目立项、环评、安评专家评审，以及土地招拍挂和可研报告，投产后年可实现利税 1.1 亿元。三是实现三产膨胀发展。建设泰晶智慧物流、青云国际冷链物流城、中国供销农资大市场等综合性物流市场，带动物流配送、旅游休闲、技术服务等现代服务业蓬勃发展，成为人流、物流、现金流、信息流汇聚融合的枢纽中心。

（三）加速了新型城镇化

按照“产业进园区、村民进社区、建设现代化新城区”的思路，把“农光互补”项目与压煤村庄搬迁、小城镇建设通盘考虑、一体推进，引导村民向镇区、农村新型社区集中，建设设施完善、环境优美、宜居宜业的新城镇。结合城乡建设用地增减挂钩项目，目前已整体搬迁光伏项目区内 16 个村庄，8940 户群众搬进了宽敞明亮的楼房。同时按照新镇区的标准规划水、电、路、医院、学校、商业等配套设施，实现了村民变市民、农村变城镇。

（四）开创了多赢新局面

一是开拓了财税源。“农光互补”项目一期并网后，发电实现税收 1.4 亿元。据测算，四期项目全部建成后，在 25 年运营期内可为地方缴纳增值税、城市建设维护费、教育附加费及企业所得税 140 亿元左右。二是盘活了村集体。各驻地村集体通过整理荒滩边角地，在确保村民确权土地收益一分不少的基础上，各村集体每年可获得几十万到百多万不等的流转租金。各村抢抓项目建设机遇，牵头成立合作社，组建运输车队，建设农贸市场，注册劳动服务公司，由点及面嵌入了农光互补产业链条中。三是带富了老百姓。农光互补、农字优先的指导思想，使农民成为项目建设最直接、最得利的受益群体。农民每年可直接获得亩均 1000 元左右的土地租赁收益，而且根据合同约定，流转价格 5 年一签，从根本上确保了农民土地收益稳赚不赔。光伏设施建设、蔬菜大棚运营等为当地提供了大量的就业岗位，其中一期项目就带动1.5 万村民实现就地就业，人均年增收 1.5 万元。四是扶持了贫困户。将“农光互补”作为精准脱贫的有效载体，优先保障有劳动能力的贫困群众到基地打工就业、承包大棚，增加贫困户工资性、经营性收入，目前已有 438 户贫困户通过参与一期项目建设顺利脱贫，四期工程全部建成后，可带动 5580 名贫困

群众脱贫致富。

(五)完善了生态治理

牢固树立生态优先的发展理念，加强对沉陷区搬迁废墟、减产地、低洼地的综合整治，一期项目共修复沉陷区土地 2.8 万亩。启动实施莲花山矿坑引调水工程，日最大引水能力达 1.5 万方，使昔日贫瘠地变成了旱能浇、涝能排的高效农田。对村庄搬迁废墟实施全面复垦，改善土地耕种条件，通过复垦全市新增加土地 2881.3 亩。大力实施柴汶河流域采煤塌陷地治理工程，整体提升农光互补示范基地及周边区域的生态环境，实现人与自然和谐发展。

四、“农光互补”新泰模式的基本经验

新泰曾经因煤而兴，又因煤而困，在采煤沉陷的现实面前，新泰以光伏发电建设为媒，探索新模式，打造新业态，开辟了塌陷地综合治理新途径，走出一条契合自身特点并极具示范意义的高质量发展之路，形成了“农光互补”新泰模式。

(一)市委、市政府重视是关键

新泰市委、市政府高远谋划采煤沉陷区的治理工作，自 2015 年 6 月 25 日，大同市采煤沉陷区成为我国实施光伏产业“领跑者”计划首个获批的基地，这引起了新泰市委的高度重视，成立了市委书记、市长亲自挂帅的领导小组，统筹负责光伏基地建设的对接争取、组织领导、指导推动工作。项目获批后，新泰发挥党的领导的政治优势，市委、市政府当好项目建设的“一线总指挥”，突出“牵头”和“抓总”，把方向、谋全局、定政策、优化营商环境，带领全市 21 个市直部门单位和 3 个乡镇，合理划分工作层次、工作重点、工作职责，构建起各方负责、分类实施的推进机制，形成了同时发力、同向发力的“动车效应”，为光伏领跑的“新泰速度”提供了坚强组织保证。

(二)耦合发展是条件

政策是资源、导向，再好的国家政策必须与当地实际相结合，更大程度释放政策红利。如何让政策红利转化为发展红利？新泰立足大面积采煤沉陷这一最大实际，抓住实施光伏领跑技术基地建设的机遇，积极争取政策，高点定位，“沉陷区治理＋农业大棚＋光伏发电”三管齐下，充分发挥立体空间优

势，进一步提高了土地利用效能，实现了高效农业和新能源产业完美融合。耦合发展甩开了采煤沉陷区“包袱”，重构了产业链条，形成相互促进、互为支撑的良性循环，最大限度释放了政策红利，激发了动力活力，在推动经济发展质量变革、效率变革、动力变革上，奋力展现了新作为。

（三）基层组织是基础

“农光互补”项目的建设，不可回避地涉及土地流转、附属物补偿、社区搬迁、坟头迁移等群众关注的切身利益，稍有不慎就可能引发社会矛盾。作为项目建设主战场的翟镇，一期项目共涉及25个村、7700户、1.6万亩土地，地上附属物清理、搬迁任务量比较大。翟镇坚持党建引领，狠抓支部建设，让支部在基地建设中唱主角。25个村党支部个个过硬，带头发扬民主、广泛征求党员和村民意见、贴心做群众思想工作，把支部打造成了团结群众的核心、攻坚克难的堡垒、基地建设的推进器，实现了组织力与项目建设共促双赢，保证了项目的顺利推进。

（四）部门协同是保障

“农光互补”项目投入大，建设周期长，被列为新泰市重点建设项目。市政府发挥规范市场的作用，利用市场竞争配置资源的有效机制，处理政府主导与企业主体的关系，将客观公正原则贯穿项目招商优选、建设监督、后期检验评估全过程。市政府主要提供服务、打造环境，前期做好项目的规划编制和招商文件。公开评优，优中选强企业集团作为投资商；各个企业在新泰成立全资光伏项目公司，作为项目开发建设主体开展工作。“农光互补”项目涉及的市直部门单位和乡镇，要想企业之所想，急企业之所急，发扬优质高效、无微不至的“店小二”精神，实行贴心服务。创新机制，突出个性化服务，在政策允许的条件下，以简单、快捷服务，加快项目建设的进度。

（五）产业融合是目的

产业是支撑经济发展的基础、载体。新泰市围绕“农光互补”项目建设，紧盯光伏领跑技术基地建设，加快发展起以光伏发电为龙头、农业全产业链为支撑的产业结构，优质项目不断衍生，实现了一、二、三产业融合，为产业转型升级提供了充足动能。高标准、规模化农业设施大棚的建设，提高了农产品的附加值和竞争力，农业提质实现了历史性跨越。华能光纤预制棒等新上

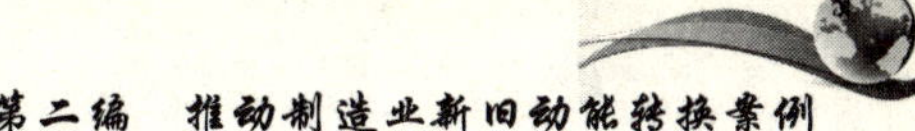

大批优质产业项目迅速集聚，成为全新主导产业的同时，拓宽了区域内传统产业的发展空间。生产性服务业和生活性服务业新业态借机膨胀，实现了经济多元化发展。新泰市在引进部分国内知名农业运营团队的同时，积极扶持当地农民的“一十百千”工程，即 1 个光伏农业企业关联 10 个以上专业合作社，培养 100 个以上能人大户、科技带头人，带动 1000 户以上农民参与光伏农业设施承包经营。“农光互补”项目的实施，拓展了农业功能，延长了产业链，提升了价值链，推动了经济高质量发展。

案例十五

走向辉煌的企业创新模式

山东豪迈机械科技股份有限公司地处高密市，成立于 1995 年，前身是一家濒临倒闭的乡镇企业。公司成立之初，技术力量薄弱，只有大学生 1 人，高中以上学历 5 人，其余为初中以下学历。那时公司没有一样固定生产的主导产品，到处找活干，先后干过榨油机、炒锅、鞋模、柴油机曲轴端盖、摩托车链轮盘、设备维修、橡胶机械、暖通机械等。由于从事的产品技术含量低、竞争力差，因此难以有固定客户，经常是饥一顿饱一顿。实践使他们认识到要想在激烈的市场竞争中立于不败之地，就必须跳出传统发展的思维模式，开发技术含量高的产品。1997 年，经过公司技术人才的科研攻关，第一台专用电火花机床研制成功，实现了当年研发当年投产当年盈利，从此公司逐步走出了经营困境。尝到甜头的豪迈人，坚定了抓好自主创新、提高企业竞争力和谋求更高效益的信心和决心。凭借强大的技术研发和创新能力，公司于 2002 年正式确定进军轮胎模具行业，并把轮胎模具作为豪迈的主导产业。历经 23 年持续跨越发展，豪迈公司从一个建厂时只有 34 名员工、108 万元资产的名不见经传的“草根”企业发展成为拥有 1 家上市公司、4 家高新技术企业、23 家子(分)公司、总资产 68 亿元、员工 14000 多名的国际化集团公司。现在豪迈公司已形成高档轮胎模具、高端零部件、油气装备制造三大产业，是世界上规模最大的轮胎模具研发与制造基地(国际市场占有率为 25%)、世界上有影响力的高端装备部件和油气装备制造商、全球最大的气门芯生产基

地(国际市场占有率为35%)、高效节能换热器生产基地,涉足橡胶机械、海工装备、轨道交通等领域,能够提供从毛坯到成品的整体解决方案和一站式服务。公司7次上榜“福布斯中国潜力企业榜”,与米其林、普利司通、GE、西门子等二十多家世界500强企业有着深度合作关系。23年来,豪迈公司以年均复合增长率接近50%的速度稳健增长,2017年,公司实现产值60亿元,利税总额17亿元,出口创汇3.2亿美元。

从最初的“草根”小企业到如今的国际化集团公司,豪迈人创造了一个又一个奇迹。公司董事长张恭运说:“时常有人会问,究竟是什么成就了今天的豪迈?我想因素固然很多,但我们的创新理念是最重要的。”无论是在求生存、保温饱,还是在图发展、谋跨越过程中,豪迈公司始终把创新放在核心位置,形成了具有豪迈特色的创新理念和宝贵经验。

一、创新人才理念、人人皆可成才

谈到人才,多数企业可能首先想到的是引进多少数量的博士、硕士,拥有多少高职称的员工。而豪迈秉承的是“有用就是人才,人人皆可成才,人人尽显其才”的人才理念。公司认为,能在自己的岗位上把实际问题解决了的就是人才;只要对企业有贡献,就是人才;不同岗位上的标兵、第一名,就是公司最值得骄傲的杰出人才。

在人才选用上,豪迈公司坚持“重知识、不唯年龄,重开拓、不唯资历,重实际、不唯身份,重贡献、不唯过失”的“四不唯”原则。在豪迈集团,职工工资的晋级、职务的晋升,从来不与学历、职称挂钩,而是看贡献大小和实际能力。这种以“为”定“位”、以“为”定待遇、公平公正的人才成长机制,让每一位员工都能看到成才希望,激发了他们勇于革新、干事创业的积极性。另外,公司秉承“合伙合作”的理念,不断选拔优秀骨干员工入股,形成了与企业风险共担、荣辱与共的“利益共同体、事业共同体、精神共同体”,各类人才都在这里找到了归属感。如王钦峰从只有初中学历的农民工,凭着勤奋好学、认真执着和敢于打破常规的创新精神,成长为全国劳动模范、全国人大代表、山东省泰山产业领军人才,获得“全国五一劳动奖章”“中国青年五四奖章”“中华技能大奖”,被授予“国家级技能大师”称号,并在公司建立了“国家级大师工作室”

“劳模创新工作室”。工作至今，王钦峰已经换过十几个工作岗位，从开始的操作工到机械设计、电气设计、售后服务、研发，到后来的车间主管、品保科科长、电火花小组组长，再到如今的人力资源部部长，在每个岗位都有出色表现。那些毕业于名牌大学、能力超群的时代骄子，更是如鱼得水，大展才华。这就是豪迈的独特之处。它是利益共同体，更是事业共同体、精神共同体。正像王钦峰所说的，婚姻中找对了人可以有幸福的家庭，事业中找对了平台才能成功、才能实现自我价值。豪迈公司搭建的人才平台，产生了磁石般的吸引力，让五湖四海的人才纷至沓来。目前，公司拥有各类高层次人才 56 名、高技能人才 2012 名，同时拥有科技部创新人才推进计划人选、中华技能大奖获得者等。公司建有国家级工程实验室、院士工作站、博士后工作站等省级以上人才工作平台 10 处，为企业的转型发展提供了不竭动力。

人才是创新创业的主体，是创新驱动的核心要素，是企业的竞争之本、转型之要、活力之源，是新旧动能转换的第一资源。只要紧紧抓住“人才”这个关键因素，培养和造就一支适应企业发展、结构优良、素质过硬、充满活力的人才队伍，最大限度激发各类人才创新创造的活力，就一定能够形成创造活力竞相迸发、聪明才智充分涌流的生动局面，持续推动企业向更高质量发展。2018 年 4 月 13 日，公司的“重大海洋工程装备关键技术突破和品种扩增项目”被成功列入省重点项目；6 月 22 日，公司的“汽车高端轮胎模具智能化产业模式实施项目（年产 6000 套高端子午线轮胎模具）”又被确定为山东省新旧动能转换重大项目库第一批优选项目。

二、鼓励创新，宽容失败

董事长张恭运认为：“既要鼓励创新，更要宽容失败，因为与鼓励创新相比，宽容失败更难。”在鼓励创新、宽容失败方面，他们 20 多年来始终坚守。在豪迈集团即便创新失败，也比毫无作为光荣。公司规定任何人在任何时候都不得对创新者冷嘲热讽，无想法、无创新才是懒惰与无能的表现；免费提供试验平台，不管是否成功，员工钻研业务所需一切费用都据实报销。公司认为，创新失败的风险是可以估算和控制的，创新的过程也可阶段性推进，以便降低失败的风险，但创新成功后所创造的价值是难以估算的。因为这不仅能

为企业带来直接效益，还能产生难以估量的间接效益和精神财富。

2011 年，公司的许倍强工程师带着他的创新发明——爆胎稳向系统做客中央电视台《创新无限》栏目。为了产业化开发，公司专门组建了以他为首的项目团队，配备了机械、电子、液压等专业研发人员，历经三年投入 300 多万元的研发费用，但是由于汽车厂家因没有相关标准不能加装，国家标委会因没有实际装车的应用数据无法制定相应标准而陷入“逻辑真空”。虽然该项目至今都未给公司带来收益，但是公司认为爆胎稳向器的发明，给全体员工带来了巨大的精神鼓舞，产生了良好的社会效应。于是，公司重奖许倍强工程师一辆价值 68 万元的“Jeep 切诺基”。

鲁迅说过：“想有乔木，想看好花，一定要有好土；没有土，便没有花木了，所以土实在比花木还重要。”创新之花的绽放，同样离不开适合生长的“好土”。对创新者多一些关注和扶持，善待他们的每一个“异想天开”，打造一种良性机制，就能激励更多人释放创新智慧。对创新失败的不宽容，甚至是冷嘲热讽，是对创新者的最大打击，它会让人失去创新的勇气。没有了勇气，创新就没有了原始动力。豪迈公司“鼓励创新，宽容失败”的良好氛围，使一大批“草根”创新者参与到创新中来，创新成果遍地开花，先后获得有效授权国家专利 399 项，促进了公司一次次转型升级。在节能环保领域，豪迈国内首创了螺旋缠绕管式换热器，填补国内空白，成为该换热器两项行业标准的制订者；在海工装备领域，豪迈生产的大型油气处理成撬、深海钻井隔水套管、深海结构件等多个产品填补国内空白，已经融入全球高端装备产业链；在化工装备领域，已成功研发出高效、集约型模块化微通道反应器，豪迈化工微反应器的异军突起，打破了国外垄断，国际巨头微反应器降价 20％以上，豪迈化工有望成为中国微反应器行业的领军企业。

三、创造全员参与创新的环境

在一些人看来，创新是一件“高大上”的事情，似乎不在前沿行业，不在重要岗位，不拿几张硬文凭，就没资格谈创新。而在豪迈集团内部却早已形成这样一种创新观，那就是创新不仅仅是专业研发人员的事情，而是全体员工的事情。在豪迈公司，新进员工听的第一堂课是创新培训课程。董事长张恭运亲自授课，他以身边的事例告诉员工“创新”并非高不可攀，而是人人可为。公司规定，全体职工无论在成本、效率、质量、劳动强度、安全，甚至公平、美观方面，只要有改善就算创新。如把成本降低了，把质量稳定了，把环境改善了，把效率提高了等，一旦有成果就会得到褒奖。“改善即是创新”降低了创新门槛，把创新平常化，让创新成为人人能胜任的工作，成为人人乐于发起和参与的趣事。

豪迈人无论是在工作环境、工作流程、机器设备，还是企业管理方面，只要感觉哪个地方不舒服、不美观、不方便、不公平，就可以将这些“毛病”转化成创新提案，指出问题、分析原因、提出建议和改进措施。钳修车间的张光亮对自己工作时坐的凳子不满意，于是他利用下脚料制作了 100 个钳工专用的工作小转凳，自己坐的凳子舒服了，整个车间的设施也变得统一、美观、规范。人工开关的恒温车间大门给频繁进出的叉车司机带来很大麻烦，费时费力，影响着生产效率，也影响着人的情绪，一位车间师傅发现这个问题并提出改善建议，5 天内铆焊车间的刘瑞金师傅就把门的开关结构进行了改善，实现了开关自如，轻便省力。拉架子车的老师傅，发现老是掉铁屑，容易扎伤轮胎，就在架子车上加装了“磁铁扫帚”。18 岁参加工作的邓辉，在一家集体企业干了 19 年钳工，2003 年因企业不景气辞职加入豪迈。这位在原单位一直默默无闻的员工来到豪迈以后，公司低门槛的创新观和创新氛围激发了他的创新热情，他那一直处于休眠状态的创新火花被瞬间激活了，且一发而不可收，一年内他就提出合理化建议及实施革新项目达 50 多项。只有初中学历的他很快就成为公司的技术能手，短短几年，他在模具、刀具和工装方面有几十项重要革新成果。他也因此被评为全国机械行业的劳动模范，如今他成为豪迈的创新改善专员，专职工作就是创新。榜样的影响力和带动力是无形的，也是无穷的。在同一个班组、工段、车间朝夕相处的同事，如果发现与自己学历、水平差不多的人，经常因一些没有什么难度的“动作”或“点子”而被奖励、评优，自己必然也会忍不住跃跃欲试。高管徐德辉在一次会议发言中说：“我刚来时，与‘创新专业户’邓辉在一个车间，看到邓辉整天走着坐着都在琢磨创新的事，闲置的机器拼拼凑凑成了专机，改个刀具做个工装，不但得到公司的奖励还赢得了同事的尊重。受邓辉的启发，我也开始萌生创新的想

法。”如今在豪迈，创新已经成为一种思维习惯、一种工作习惯，更成为一种文化氛围。仅2017年全公司共有11000多人参与了创新改善活动，提案数量达到了18万条，发放创新改善奖励330多万元，创造价值7000多万元。

董事长张恭运认为，要生存、要发展，就要创新，创新是每个企业的本能。但他最得意的不是企业的创新意识和创新能力，而是创新环境，这才是企业创新实力长久保持的秘诀所在。产品研发是创新，专利申报是创新，方法优化是创新，工作中的点滴改善也是不凡的创新，正是这种点滴的“微创新”，最终汇集为强大的自主研发创新能力，转化为企业转型发展的新动能，实现了豪迈公司由“草根工厂”到“明星企业”的蝶变。

四、构建创新体系和创新激励机制

为鼓励创新，公司专门设立创新奖励基金，对创新改善方案被采纳者都给予物质和精神奖励，建立起从创新提案收集、评价、推广、实施到激励的流程，促进了公司一次次转型升级。

豪迈集团设立了创新改善管理部门和创新改善专员，负责公司级别的提案改善及合理化建议的考核管理、创新成果奖励管理等；在各部门还设有专职或兼职的创新改善专员，负责本部门创新建议收集、落实、反馈等；公司每个车间都设有“提案改善看板”，职工随时可以把创新改善的想法提出，由车间创新改善专员进行评价和帮助实施，并将建议和评审结果录入公司创新改善档案。优秀的提案将上报到公司进行复审，复审通过后根据提案的贡献大小，给员工发奖金，并每月一次通报表彰。未被推选到公司的提案，由车间根据提案的贡献纳入车间绩效考核。同时，员工的创新成果也计入员工成长档案，作为其工资调整、岗位晋升甚至股东参选的重要依据。

2017年，豪迈公司获得“中国机械工业科学技术一等奖”“2017中国好设计银奖”“山东省科学技术进步奖一等奖”等荣誉称号；2018年2月，公司董事长张恭运入选第3批国家“万人计划”科技创业领军人物。豪迈的发展得益于创新，凭着创新豪迈成为民族品牌的自豪和骄傲，让曾经轻视“中国机械”的外国同行感到了危机。创新让豪迈的发展变得“不可思议”，使豪迈拥有了“让客户自己找上门来”的实力。2018年3月，全国“两会”期间，习近平

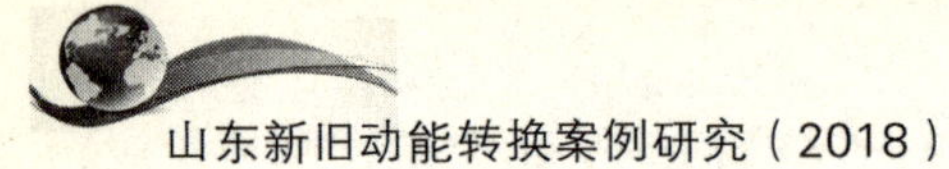

总书记参加广东代表团审议时指出："中国如果不走创新驱动道路，新旧动能不能顺利转换，是不可能真正强大起来的，只能是大而不强。强起来靠创新，创新靠人才。人才政策、创新机制都是下一步改革的重点。"而豪迈公司无论在人才政策还是在激励创新方面都提供了难得的经验做法。

豪迈集团将以更加包容和开放的姿态，坚持世界眼光、国际标准、全球布局，在轮胎模具等传统产业项目上，不断创新、持续改善，加速向国际高端化迈进；在海工装备、化工装备、高效换热器等新兴产业领域，公司将把握节能、环保、安全方向，加大投入、膨胀规模，努力赢得未来竞争新优势，为新旧动能转换发挥示范带动作用。

第三编

培育服务业新业态新模式案例

案例十六

打造货运物流的“滴滴打车”式互联网平台

——泰安峰松物流新业态发展模式

2016 年，国家交通运输部出台《关于推进改革试点加快无车承运物流创新发展的意见》。泰安峰松物流电子公司紧紧抓住这一历史机遇，创建无车承运平台，建立了覆盖全国 157 个地市的网络，公司实现了大踏步跨越式发展，走出了一条传统物流企业转型升级的新模式。

一、案例背景

无车承运项目是为了贯彻落实国家交通运输部《关于推进改革试点加快无车承运物流创新发展的意见》(交办运〔2016〕115 号)的文件精神，运用“互联网＋物流”促进物流产业转型升级，打造理念创新、运作高效、服务规范、竞争力强的无车承运人企业。2016 年 12 月，全国 29 个省(区、市)共筛选确定出 283 个无车承运试点企业。

泰安市峰松物流电子科技有限公司位于山东省泰安国家高新技术产业开发区，是一家“互联网＋物流”新模式下专注于货运物流领域的平台型企业，公司从事物流行业多年，深谙大物流行业本质及未来趋势，把全国 3000 多万货车司机作为服务核心，以全国各地的回程空驶车辆为切入点，致力于搭建全国性的供应链物流信息化运营系统，实现物流、信息流、资金流、服务流“四流合一”的物流生态系统，打造全国最大的公路物流货源信息生态体系服务平台。货运信息平台不仅仅提供车货匹配信息，而是变成一个双角色身份，集货源组织、车辆调度、全程监控、装卸仓管、支付结算等运输供应链条服务，并可深度提供物流金融、汽车消费等增值服务。其核心意义是利用互联网无车承运平台整合中小型及个体运输企业资源，提高运输组织效率，实现规模发展，提高交通运输物流公共信息平台建设质量和水平，加强信息资源的行业共享，提供一站式服务。这被有关专家学者形象地称为货运物流的“滴滴打车”。

公司借助15年物流信息平台运营经验、大量用户和海量大数据积累，快速孵化原有的物流配货站会员转型为无车承运专业经纪人，同时利用平台优势，整合社会化运力，形成巨大运力池，实现新旧“运能”转换。2017年11月17日，由交通运输部主办、山东省交通运输厅承办的无车承运人创新发展研讨会在泰安召开，全国283家无车承运人试点企业、部分省级交通运输主管部门、相关科研单位以及行业协会等受邀参加。交通运输部领导在无车承运人试点工作推进会议上对峰松物流电子公司运营模式的创新给予了肯定，并提议在全国推广。

二、泰安峰松物流发展新业态的主要做法

泰安峰松物流作为国家首批无车承运试点企业，借助15年的物流信息平台运营经验和海量大数据积累，利用先进的移动互联技术，实现分散运输资源的有效整合。

（一）创建“天下通”无车承运人平台

山东省物流行业格局仍以多、小、散、弱为主，市场普遍存在层层倒货、低价竞争、超限超载、诚信危机、规范不足的情况。结合本地物流行业存在的问题，作为10家无车承运人试点企业之一的泰安峰松物流电子公司，在山东省交通厅的政策引导和扶持下，打造无车承运人平台“天下通”。

为提升货源组织能力、运力整合能力和赔付能力相继开发出了“货主版”“调度版”“司机版”三个版本的软件，并与太平洋保险、长安责任保险实现网上投保、理赔系统的对接。“天下通”无车承运平台是移动互联网技术与货运物流行业深度融合的创新型经营模式，通过创新物流管理和组织模式，集约

集合和科学调度车辆、站场、货源等零散物流资源，有效地降低了物流成本，提升了运输组织效率，优化了物流市场格局，规范了市场主体经营行为，推动泰安乃至山东省货运物流行业实现转型升级。

（二）加强资源整合

公司充分发挥“天下通”无车承运人信息平台的作用，加强资源整合，提升货运运输效率、减负增效。截至 2018 年 10 月，峰松电子无车承运平台共签约托运企业 226 家，平台活跃承运车辆 15020 辆。从车辆结构看，整合车辆类型约 10 种左右，包括普通货车、牵引车、普通挂车、厢式货车、仓栅式货车（含挂车）、平板货车（含挂车）等。其中，普通货车数量最大，占总量规模比例达到 51.7％。随着试点工作的逐步深入，该企业与社会运力逐步建立起稳定的合作关系。据初步统计，整合的社会车辆中与公司交易 5 次以内的车辆占比达到 60.3％，5 次以上的占比 39.7％，其中稳定合作 20 次以上的占比达到了 19.1％。现有 785 家配货站和信息部为平台提供货源，使用无车承运信息系统使得“夫妻店”信息部经营规范化；逐渐实现配货站、黄牛、信息部等“野战军”到“正规军”的转变，将他们转化成了无车承运平台的业务员和绩效员工。现有 20 家交易额过亿元的物流公司，签约入驻无车承运信息交易中心大楼，初步实现了与实体物流公司的信息共享优势互补。

公司通过无车承运平台实现了运力资源的合力调度，有效减少了车辆等货时间，车辆里程利用率不断提高。依托互联网和移动通信等现代信息技术，原有货运信息不对称现象有效缓解，车货匹配效率大大提高。平台通过不断优化系统，提升用户体验，加强了与生产制造企业、运力整合平台的联动发展，降低客户物流成本 20％左右，与传统运输企业相比，单车利润提高 2 倍。公司平台立足泰安，建立了覆盖 157 个地级市的无车承运信息服务网络，在带动山东无车承运发展的同时，在全国范围内展开业务布局。目前，已与多个省份建立业务合作关系，设立分结算中心，试点结束后迅速铺开，抢占市场，开启“峰松模式”的全国覆盖。

（三）利用大数据提升服务品质

“大数据”分析和利用，是物流行业转型升级的另一个重要法宝。按照政府主导、企业参与、市场化运营的原则，与山东财经大学联合编制、发布“山东峰松货运价格指数”,开展公路货运价格走势和趋势变动情况的分析研究。一方面,“山东峰松货运价格指数”将为政府指导公路配载运输发展提供参考数据,避免公路运力的过度集中,引导公路运力的供需均衡发展;另一方面,“山东峰松货运价格指数”发布实施,将逐渐使泰安成为中国公路配载运输的市场信息发布中心、价格中心,成为行业的大数据提供者和主导者。

充分利用大数据资源,加强对实际承运人经营资质、运输许可、从业资格等真实性核实,并对实际承运人基本情况、经营情况、服务质量、财务能力、社会信用等进行多维度综合评估,建立企业诚信档案,进一步规范参与各方经营行为。另外,公司先后对接齐鲁银行、民生银行、山东银联、山东高速信联等多家金融机构,完成交易结算模块的系统对接,公司现阶段已拥有银行级核心交易系统,支持每秒百万级交易并发量。现阶段,公司正在积极开拓后车市场,为车主、企业提供车货匹配、保险、金融、信用、维修等综合性、一站式服务。

三、取得的效果

泰安峰松物流电子公司紧抓时代机遇,大力发展新业态,走出了一条传统物流企业转型升级的新路子,成为泰安市新旧动能转换的标杆企业之一。

(一)破解传统物流行业“两难”问题

泰安峰松物流这种货运物流的“滴滴打车”模式,通过大数据、云计算、移动互联网等现代信息技术手段,构建中国公路物流的基础设施——社会公共运力池,为货主与车主提供最直接的交易平台,实现了中国物流行业的两个重大改变。一是车货匹配模式的改变。在峰松物流的互联网平台上,随时随地查找最近的货源、发布空车信息、享受维修汽配服务,帮助货主迅速找到最合适的车辆并全程跟踪货物,破解了“企业找车难,司机找货难”的两难问题,改变了目前国内货运车辆大量空驶乱跑的原生态配载经营模式。

(二)形成了巨大运力池

以泰安地区为例,通过无车承运试点,将一万多辆个体运输车辆虚拟成了“大车队”,从而也形成巨大运力池,这样对承接上游企业的运输更及时、更有效,运费更合理,通过无车承运还把传统的配货站、信息部、运输经纪人都整合到了一起，形成透明交易，方便了纳税渠道，增加了财政收入。通过整合资源，比传统货运模式提高了近50%，平均等货时间由2～3天缩短至8～10个小时，较传统货运模式降低交易成本6%～8%，平台通过不断优化系统，提升用户体验，加强了与生产制造企业、运力整合平台的联动发展，降低客户物流成本20%左右，与传统运输企业相比单车利润提高了2倍。

（三）平台建设带动传统物流产业升级

泰安峰松物流搭建的物流信息平台是跨行业、跨区域的物流信息服务平台，能提高物流供需信息对接和使用效率，是大数据、云计算在物流领域的典型应用。平台建设发挥互联网信息集聚优势，聚合各类物流信息资源，为骨干物流企业和第三方机构搭建面向社会的物流信息服务平台，统筹优化社会物流资源配置，构建互通全国所有市县、兼顾乡村的物流信息互联网络，建立各类可开放数据的对接机制，在更广范围促进了物流信息充分共享与互联互通。平台推广应用加快推进货运车联网与物流园区、仓储设施、配送网点等信息互联，促进人员、货源、车源等信息高效匹配，有效降低了货车空驶率，提高了配送效率，降低了物流成本。加快互联网与交通运输领域的深度融合，通过基础设施、运输工具、运行信息等互联网化，推进基于互联网平台的便捷化交通运输服务发展，显著提高了交通运输资源利用效率和管理精细化水平，全面提升了交通运输行业服务品质和科学治理能力。物流信息平台"科技含量高、经济效益好、资源消耗低、环境污染少"的路线，符合国家大力发展电子商务政策，具有显著的经济效益和社会效益。

四、对传统产业转型升级的启示

泰安峰松物流走出了一条传统物流企业转型升级的新路子，对传统产业转型升级极具启迪意义。

（一）思想解放是传统产业转型升级的先导

传统产业在过去许多年中形成了一整套要素配置、创造供给和寻找需求的老办法。随着我国经济进入新常态，面对新的经济形势和经济发展阶段，有些老办法还可以用，但更多的恐怕已经需要更新了。因此，突破旧习惯、旧观念的束缚，培育发展新动力、寻找新需求、创造新供给、拓展发展新空间，已成为传统企业不得不直面的问题。企业的转型升级首先是思想的转型升级，没有思想的解放，企业就会陷入两难困局。泰安峰松物流电子公司从个体户发展而来，公司老总从跑运输开始起家，跑运输的竞争激烈了，他搞起了配货站；配货站竞争激烈了，他发展了物流园；物流园竞争激烈了，他发展了信息网。现在，借助国家政策和互联网的东风，他创建了无车承运平台。他的每一步成功都是思想解放的结果，没有思想解放，他不可能像现在这样走在物流行业发展的最前沿，不可能实现企业的转型升级。

（二）传统产业转型升级必须用互联网思维解决传统问题

泰安峰松物流的成功，在于找准市场痛点，用互联网思维解决传统问题。传统物流产业存在“企业找车难，司机找货难”的两难问题，货运空置率高，运输成本高，信息成本高，严重制约行业的发展。泰安峰松物流通过其为平台用户提供车货匹配服务，改变了传统物流行业低效、零散的状态。用互联网思维和技术解决了市场的痛点，降低了货运空置率、运输成本和信息成本，创造了巨大的社会效益和经济效益，也为自己带来发展新起点。

（三）找准市场定位是转型升级的关键

物流蕴含诸多领域和环节，小而全、大而全不可能适应当前的发展形势，泰安峰松物流电子公司紧紧瞄准货运散客这一市场进行发力，创建无车承运平台以后，很快取得较快发展。这与公司多年积累有关，但更重要的是企业准确、清晰的市场定位使企业获得了快速的市场竞争优势。在市场生态环境中，企业精准定位市场是企业转型升级、发展壮大的关键。现在进入转型升级的关键时期，新的市场分工进一步细化，产业链分工、价值链排序、供应链层次都在重新洗牌重组，传统产业的企业必须把行业的发展趋势、技术的发展趋势和自己的竞争优势充分结合起来，明确本企业的市场定位，才能为企业的发展指明方向，才能真正走出一条转型升级的新路。

案例十七

“文化+”释放新动能的曲阜实践

近年来，曲阜市紧紧围绕“文旅强市”战略部署，以弘扬优秀传统文化为己任，以创建国家全域旅游发展示范区为突破，大力实施“文化+”，使文化成为曲阜发展强劲的新动能。

一、背景介绍

党的十九大报告提出，要“健全现代文化产业体系和市场体系，创新生产经营机制，完善文化经济政策，培育新型文化业态”[①]。儒学作为中华文化的主要代表之一，在坚定文化自信、不断铸就中华文化新辉煌的新征程中，负有新时代赋予的新使命。在中共山东省十一次党代会上，刘家义书记强调，加快建设曲阜优秀传统文化传承发展示范区，打造中华文化传承教育基地、儒家文化研究交流中心，努力建设道德文化首善之区。同时，刘家义书记在2018年2月22日《在山东省全面展开新旧动能转换重大工程动员大会上的讲话》中强调：包括文化创意、精品旅游在内的五个产业，提升潜力巨大，要拿出更大气魄、动用更多资源，加快原有传统产业改造升级。这些为儒家思想的发源地曲阜市践行“文化+”、释放新动能的实践提供了政策导向和方向引领。

① 习近平：《决胜全面建成小康社会夺取新时代中国特色社会主义伟大胜利——在中国共产党第十九次全国代表大会上的报告》，人民出版社2017年版，第44页。

曲阜是一座文物古迹众多的文化旅游名城，境内共有各级文物点819处，各级重点文物保护单位196处，可移动文物35.5万件（套）；曲阜“三孔”被联合国教科文组织列为世界文化遗产；《孔府档案》成功入选《世界记忆亚太地区名录》；“曲阜优秀传统文化传承发展示范区”被列入国家“十三五”规划纲要。曲阜年接待中外游客500余万人次，先后荣获首批“中国历史文化名城”、首批“中国优秀旅游城市”等称号。

在新时代，一座城市的文化竞争力，不仅仅取决于文化资源禀赋，还取决于文化管理水平、文化创新发展的能力，更重要的是为转换新动能、催生新业态提供需要的创新环境和支持举措。曲阜市提出并践行“文化＋”的理念和思路，通过培植项目、丰富业态、打造核心竞争力等方式，以文化为元素、以创新为驱动、以市场为导向，文化产业多元化发展态势正在形成，文化产业正逐渐成长为带动曲阜经济发展的新动能，汇聚着推动中华优秀传统文化创造性转化、创新性发展的有益实践。

二、案例梗概

曲阜市推动“文化＋”释放新动能的实践，主要体现在以下几个方面：

（一）推行“文化＋旅游”，努力创建国家全域旅游发展示范区

推进旅游业转型升级、培育出新经济增长点，就必须探寻新业态。

1.变一家独大为多点支撑、全域布局，旅游发展冲出万仞宫墙

在世界文化遗产“三孔”的巨大光环下，其他景区往往被人忽略，曲阜游客接待量“三孔”景区常年占据80%左右。2013年12月，鲁国故城被正式公布为第二批国家考古遗址公园，“文物考古游”“鲁国探秘游”应运而生，大大丰富了曲阜文化旅游业态。2018全球华人春晚、秋晚，让同根一脉的中华情温暖了全世界，也让尼山走入了全球视野。“尼山圣境”在曲阜旅游发展版图中发挥着越来越重要的作用。刚刚建成的孔子博物馆与“三孔”遥相呼应，孔子博物馆由两院院士吴良镛先生规划设计，总建筑面积55000平方米。来自国内外的游客在这里穿越千年，探访鲁国寻找孔子的踪迹，近距离体验儒家文化的深刻内涵。随着鲁国故城、尼山圣境、孔子博物馆和世界孔子学院体验基地、明故城保护复兴、孔子六艺城升级改造等文化旅游项目的推进，大大

拓展了曲阜文化旅游的载体，缓解了三孔景区接待的巨大压力。

2.变观光游览，为研学旅游、儒学朝圣，旅游品质大大提升

近年来曲阜不断拓展以弘扬优秀传统文化为主旨的研学游和传统文化培训，先后推出“跟着孔子去游学”“研学曲阜快乐成长”等数十个研学游品牌，“三孔”景区被授予“全国研学旅游示范基地”称号。曲阜市成功创建中国研学旅游基地1处，济宁市研学旅游基地7处，研学旅游发展方兴未艾。2018年国庆节黄金周期间，每天接待“文化游”的游客10万人次。据不完全统计，曲阜研学旅游接待数量增幅是传统观光游的2倍，研学游在曲阜停留时间是观光游的3～5倍，所带来的社会经济效益更是数倍于传统观光游。

3.变乡村旅游为生态休闲、民俗体验，全域旅游助力乡村振兴

按照“慢是根、儒是魂”的原则，曲阜市将儒家文化基因和国际慢城绿色生态理念融入乡村旅游振兴战略，全面盘活现有资源，注入发展动能，振兴乡村经济，重塑乡村活力，走出了一条“国际慢城＋乡村旅游”的曲阜模式。截至目前，曲阜成功创建山东省旅游强乡镇8家、旅游特色村17家，山东省自驾游示范点2家，全国农业旅游示范点1家，山东省级农业旅游示范点10家，山东省休闲农业与乡村旅游示范点2家、山东省乡村旅游示范单位7家，山东省特色景观旅游名镇1家。新建山东省好客人家星级农家乐24家、山东省精品采摘园30个，石门山镇、尼山镇、吴村镇相继荣获“好客山东最美乡村”称号，数以万计的群众吃上了“旅游饭”。

（二）推行“文化＋科技”，小商品做成大市场

科技的融入，势必会给文化传播方式、表现形式、发展样式带来革命性变化。而实现“文化＋产业＋科技融合”，首先就得用现代科技成果改造提升传统文化产业，创造新的文化业态。曲阜市推进传统媒体与新兴媒体融合发展，发展骨干文化企业和创意文化产业，积极培育数字出版、网络剧、动漫游戏等新型文化业态。努力构建结构合理、门类齐全、科技含量高、富有创意、竞争力强的现代文化产业体系。改造提升传统文化产业，促进“文化制造”向“文化创造”转变。比如，在世界500强等大型企业中，公司每逢年底都会给员工包一个大大的“红包”，除了喜闻乐见的年终奖外，还会准备一个充满寓意的小物件。在华为、戴尔等公司的员工奖励订单中，来自曲阜的印章可谓

独树一帜，因其背后的诚信理念和精良的设计、雕刻，成了时下最热的纪念品。点开孔府印阁的线上网店，各种篆刻印章一应俱全，另外，还有一系列诸如玉玺台灯、篆刻手把件的创意产品。虽然从“文化用品”到“文创产品”只有字面的细微差别，但却使老手艺焕发出了适应时代需求的新生机。曲阜孔府印阁的发展，靠的就是文化传承的使命感和对创新的不懈追求。公司目前正筹备建设印章博物馆，谋划开办像泥塑体验店一样的刻印体验店，拓展文化传承的广度和深度，真正把小印章的产业做大做强。

（三）推行“文化＋产业”，文化大项目成为财政的有力支撑

文化产业的兴盛，财政收入的提升，离不开大项目的支撑。曲阜市积极配合“曲阜优秀传统文化传承发展示范区”规划编制工作和孔子学院总部体验基地建设，全力推进国家级文化产业示范园区核心区建设，加快建成孔子博物馆、尼山圣境等重大文化产业项目和三孔彩绘、鲁国故城国家考古遗址公园等文物保护项目，建成了蓼河十里儒家文化旅游观光带、全国第一个文化国际慢城等项目，推出了背论语免费游“三孔”，孔子后裔、全国教师等群体免费游“三孔”系列活动，着力发展儒家文化特色产业，教育培训、文创产品、园林古建、孔府菜餐饮等企业达到956家，实现了文化与旅游、教育、培训、餐饮等产业融合发展。

（四）推行“文化＋慢城”，构筑文化建设新载体

曲阜市于2015年6月正式被国际慢城联盟授予“国际慢城”称号，成为中国第三个国际慢城、中国第一个文化国际慢城。曲阜文化国际慢城按照“慢是根、儒是魂”的思路，以九仙山、石门山为重点，以百姓儒学为核心，以房东经济为基本形态，以实现农民增收致富为目标，构建慢生态、慢文化、慢出行、慢生活四大系统，建设具有浓厚儒家文化特色的田园牧歌式慢城。目前，曲阜文化国际慢城成功打造了自驾车露营地、高尔夫球场、仙河花海、玫瑰园、牡丹园、薰衣草园、孔学堂等休闲旅游项目10余个，塑造了“慢客仁家”“七间民宿”等民宿品牌，形成了集文化旅游、生态体验、慢活休闲、创意体验为一体的曲阜乡村旅游新亮点。2017年国庆黄金周，曲阜国际慢城接待游客20多万人次，2018年春节黄金周曲阜乡村旅游接待量占全市接待量的比例更是攀升到30%以上，仙河花海春节民俗游爆棚，海棠小镇元宵灯会备受追捧，乡村旅游的星星之火渐成燎原之势。

(五)推进“文化+教育”，建设文化教育培训之都

曲阜市培强优势产业，依托驻曲高校、政德教育基地、儒源儒家文化体验基地、吃亏是福孔子学苑等载体，积极开展儒家文化学习体验、干部政德教育、国际文化交流培训、儒商文化培训，做大做强教育培训产业，打造教育培训之都。曲阜市一直积极探索发挥文化资源优势，寻求政德教育的新突破；建成使用了干部政德教育学院(新党校)，形成了“专题教学+现场教学+体验教学+礼乐教学”四位一体的教学模式。目前，全国各地 6 万余名党员干部在此研习儒家经典，体验儒家文化，涵养为政之德。曲阜干部政德教育已成为弘扬儒家优秀传统文化、展示圣城形象的新窗口和新品牌。下一步，曲阜将重点创建“政德、师德、青少年、企业家”四大优秀传统文化教育培训平台，突出打造儒学研究交流新高地、儒学文化研学游目的地。

(六)推进“文化+民生”，让传统美德入脑入心

曲阜市在保障和改善民生上，坚持把精神层面与物质层面齐抓并重，让文化服务民生，用文化增强群众获得感。

1.大力实施优秀传统文化普及工程，儒学让百姓更幸福

连续举办四届“百姓儒学节”，在部门和农村社区广泛建立“和为贵”调解室，试点“乐和家园”建设，探索建立百姓儒学、尼山书院、孔子学堂等模式，全覆盖建立“善行义举四德榜”。全国推广善行义举榜现场会在曲阜召开，将优秀传统文化普及化、大众化与改善基层社会治理、促进乡风文明有机结合，使儒家优秀传统文化的教化作用得到有效发挥。

2.积极推进新时代文明实践中心的试点工作，助力乡村文化振兴

在新时代文明实践中心的试点工作中，依托儒家文化发源地优势，加强对传统民居、古树名木、祠堂家庙的保护，弘扬原生态的乡村文化，挖掘整理村史村志，建设乡村记忆展示和文化展馆。有的村突出“和”、有的村突出“法”、有的村突出“德”，防止了“千村一面”，逐步实现了一村一主题或多主题的目标。此外，曲阜市通过有效整合农村党员活动室、“孔子学堂”“人人彬彬有礼教育学校”“尼山书屋”“和为贵”调解室等现有场所和设施，用群众喜闻乐见的形式宣传普及党的理论政策、社会主义核心价值观以及文明生活方式

等，促进党的思想理论政策在基层落地，推进乡村振兴工作。

3.以消费升级促进新兴产业发展壮大，文化消费成为文化惠民利民的新力量

文化消费是消费升级的重要体现，也是新的经济增长点。文化消费是补齐文化产业短板的有力抓手，是推进新旧动能转换的重要引擎。曲阜市顺应城乡居民消费换挡提速，特别是文化消费快速增长的新需求，引导文化消费行为，优化文化消费环境，丰富文化消费业态，释放文化消费潜力，推出更多适销对路的文化产品和服务，推出文化消费卡，通过大数据分析、现代传播、精准营销等路径，让更多消费者走进剧场、书店、课堂、艺术展馆，提高文化供给的精准度，努力使文化消费成为拉动经济增长的新动能，成为文化惠民利民的新力量。

三、取得的成效和启示

曲阜市推动“文化＋”释放新动能的实践取得了显著成效，其实践经验具有重要的启迪意义。

（一）取得的成效

文化产业做大做强，离不开融合发展和创新驱动。提升文化创新创意能力，才能带来“1＋1＞2”的倍增效应。在经济发展进入新常态、供给侧结构性改革深入推进的背景下，曲阜文化产业已经成为转型升级、绿色发展的新动力。

1.曲阜已经摆脱“门票经济”的束缚，转向创意、体验、培训等更宽广的领域

曲阜从以前“白天看庙，晚上睡觉”的单一旅游模式转为多元化、可观瞻、能体验的复合型旅游模式。旅游门票收入不断攀升，产业链条逐步拉长，综合效益大幅提高，旅游业呈现快速发展的良好态势。目前，全市共打造国家3A级以上景区13处，山东省旅游强乡镇6家，拥有星级酒店9家，旅行社40家，创建省级乡村旅游示范点7个，好客人家星级农家乐15家、山东省精品采摘园21个，旅游经济社会收入名列济宁市前茅，全域旅游发展初具规模。

2.构筑起了曲阜“弘扬优秀传统文化，讲好中国故事”的新平台

随着鲁国故城、尼山圣境、孔子博物馆和世界孔子学院体验基地、明故城保护复兴、孔子六艺城升级改造等文化旅游项目的加快推进，不仅构筑起了曲阜“弘扬优秀传统文化，讲好中国故事”的新平台，也大大拓展了曲阜文化旅游的载体，缓解了三孔景区接待的巨大压力，让人们对曲阜旅游充满了全新的期待。

3.“精神动能”助推曲阜经济社会发展

“精神动能”也是新旧动能转换的题中应有之义，是激励大家干事创业的精神动力。很多人为新旧动能转换献计献策，这种热情、激情正是一种“精神动能”的表现。文化创意产业发展需要激发创新创意热情，这些都应来源于对传统文化的浸润、对红色文化的传承、对现实文化的理解。如果没有对自己文化的理解，没有文化自信，是无法生出“金点子”的。在大力传承弘扬中华优秀传统文化的生动实践中，曲阜全市上下凝聚了形成向上向善的强大合力，助推了曲阜荣膺“国家卫生城市”“全国文明城市提名城市”“国家生态市”“国家园林城市”和首批“国家生态文明建设示范市”等100多项荣誉称号。

（二）启示

1.城市文化的自觉与创新是推动文化发展的动力

对文化的自觉与创新，是文化资源转化的前提和动力。要根据城市特色对文化软实力进行开发，把文化资源进行现代性转化，在传和习当中，把丰厚的文化资源变成今天的百姓生活和我们今天创作的富矿。

2.文化科技的融合创新，成为传统文化产业转型升级的重要推手

文化科技融合在文化产业中的引领作用愈加突出。文化科技的融合创新，成为传统文化产业转型升级的重要推手。在数字经济不断更新迭代的推动下，以创意性和新技术为特征的文化产业新业态将是未来文化发展的重中之重。数字文创要懂科技也要懂符号学。可以说，数字内容产业的核心竞争力来源于创意，网络通路是内容产业价值链的重要环节。

3.以文化新动能振兴乡村

中央文件明确提出，实现乡村振兴，要“培育乡村发展新动能”，其中重要的新动能就是文化新动能。一是打造旅游文化新动能，让好看的乡村能赚

钱。当前乡村旅游的热点是打造田园综合体，它的特色是“田园”，关键在“综合”，其主要的特点包括：产业兴旺，是一个生产的村落；旅游胜地，是一个可以玩的村落；文化浓郁，是一个充满乡愁的村落；设施完备，是一个生活便捷的村落；农事体验，是一个可以寻找新生活的村落；重塑乡村，是一个带着农民梦想的村落。二是打造美食文化新动能，让好吃的乡村更诱人。“吃”的东西主要来自乡村，要让“吃”的产业成为乡村振兴最重要的产业之一。三是打造创意农业文化新动能，让农产品更值钱。中国农业要与二、三产融合，在融合发展中推进休闲农业、观光农业、配送农业、市民农业、创意农业等。在这个过程中，应特别重视互联网对农产品销售的推动。

4.深度融入“一带一路”建设，加快中国文化发展的国际化步伐

在“一带一路”建设中，城市应该抓住机遇，加快城市文化建设和发展，加快建设卓越全球城市、全球文明城市；应以建成文化创新中心为目标，加强与“一带一路”沿线国家合作；应着力打造商业文化发展中心，加大国际文化产业和文化产品走向世界的步伐。

案例十八

台儿庄区古城向服务业转型的实践探索

枣庄市是全国知名的煤城、典型的资源型城市。2009 年，枣庄市被国务院列为第二批资源枯竭型城市，也是国家发改委批准的山东省唯一、我国东部发达地区唯一的全国资源枯竭城市转型试点市。在推进城市转型中枣庄市把台儿庄古城恢复重建作为发展文化旅游、实现新旧动能转换的突破口，着力把文化旅游培育成战略性支柱产业，实现由“卖资源”向“卖文化”的转变。2008 年，枣庄市启动了台儿庄古城恢复重建，经过近几年的发展，古城作为枣庄市发展文化旅游的龙头项目荣获了多项殊荣，所产生的社会影响和经济效益十分显著，台儿庄区也实现了由经营资源产业向经营文化产业的历史性转变。

一、台儿庄古城的转型优势和做法

台儿庄古城的转型具有诸多优势，主要优势如下：

(一)厚重的历史和独特的文化

1. 运河古城

台儿庄古城是京杭大运河唯一一座古码头、古驳岸等水工遗存完整的古城。城内留存有 3 公里明清时期的古运河，它将徽派、京派等八大建筑风格融为一体、八大文化现象融会贯通、七十二座庙宇汇于一城，是诸多非物质建筑工艺的集大成者，成为仅存的“工匠绝响”，是一座南北交融、中西合璧的文化名城，被世界旅游专家称为“活着的运河”“京杭运河仅存的遗产村庄”。

2.江北水乡

台儿庄年均降雨量在1000毫米左右，境内27条河流，157个湖泊，水网纵横。境内运河通航里程93.5公里。古城内有18处汪塘，历史上“汪”渠相连，居民随“汪”而居，古城拥有15公里近百条古水街、水巷，游客可以舟楫摇曳、遍游全城，是中国唯一一座东方古水城。

3.大战故地

举世闻名的台儿庄战役是抗日战争爆发后在正面战场上取得的第一次重大胜利，在世界反法西斯历史上具有崇高地位。古城也是二战遗存最多的抗战名城，中国第一座、世界第三座二战纪念城市。运河文化与大战文化交相辉映，赋予了台儿庄独特的城市文化内涵。

（二）合理的规划和科学的布局

古城重建以科学开发与保护为导向，规划面积2平方公里，包括11个功能分区、8大景区和29个景点，遵循“留古、复古、承古、用古”的理念和“原空间、原尺度、原风貌，原材料、原工艺、原地工匠”的标准，将保存下来的53处大战遗址、古城墙、古码头、古民居、古街巷、古商埠、古庙宇、古会馆等历史遗产科学地进行修复。重点把文化基因融入有形建筑，让古城在原有面貌、形态、规制等历史的基因上复活起来，打造“百庙、百馆、百业、百艺”，实现文化遗产的活态传承。各景区、业态间彼此搭配，相互协调，丝毫没有凌乱之感，也没有过度商业化的倾向。

（三）创新管理运营理念，探索古城转型新模式

1.准确定位，大力营销

台儿庄古城定位于“运河古城，江北水乡，大战故地，宜居宜业”，瞄准国内重点客源城市进行重点促销，不仅在上海、北京的高铁站设立了巨幅广告，还组织各种旅游节庆活动，抢占微信、微博网络新媒体聚焦平台，借力抖音等短视频等流量导入，举办和策划“贺年会”“年博会”“古城春节大庙会”“亚太经济领袖高峰论坛”“全国百名记者行采风”“河钓大赛”等一系列大型活动，借助“好客山东”“鲁风运河”等省级旅游品牌，挖掘台儿庄文化内涵，叫响“天下第一庄”旅游品牌，提升台儿庄的知名度和美誉度。

2. 兼顾今昔，丰富业态

培育业态是台儿庄古城保持活力和发展优质旅游的驱动器，对精品业态的择优招商成为古城发展的催化剂。2016 年，古城启动“商业业态培育工程”，加强以文化为核心的场景体验，优化营商环境，寻找行业标杆品牌，全国招揽“老字号”商家入城营业。建成台湾商品街、酒吧一条街、女人风情街、非遗文化街、宝岛大道等古城特色精品街区，让游客无论行至何处，都置身于“古城、水城、慢城”的沉浸式体验。在品牌大商的影响下，各类商家纷纷来到古城开店创业，古城不仅有茶楼、戏台、药铺、客栈等传统店铺，有税史、私塾、驿站、奏折、票号、青楼等 40 多个专题博物馆、展示馆，也有酒吧、演艺厅、星级酒店、主题公园等 440 多家现代休闲业态。国家药典博物馆、中兴文化博物馆等一批展馆、特色馆即将上线，打造陶艺吧、奇妙旅程、军事体验馆等参与性强的互动业态，吸引肯德基、必胜客、星巴克等国际知名企业入住，丰富了业态内涵，保证古城的时尚化与文艺气息。

3. 文化引领，发展创意产业

为促进古城快速转型，以古城为核心，着眼于文化产业发展和休闲旅游的双重定位，依托大战文化和运河文化的深厚底蕴，建设集文化创意、项目孵化、产业推广、人才培养、影视体验、休闲娱乐功能于一体的综合性文化产业示范园，由政府主导，古城内企业共同出资 3000 万元设立文化创业基金，在创意产品的研发、销售等环节上提供支持，与大专院校、科研单位合作对创意人员提供高端培训，推动人口聚集向人才聚集转变、产业规模向产业升级转变，促进“经济力”和“文化力”的双重提升。

4. 全域旅游，持续发展

2016 年年初，台儿庄区成功列入首批创建“国家全域旅游示范区”名单，台儿庄区启动“全域旅游培育工程”，以古城为核心，整合全区旅游资源，进行品牌营销和产品统筹策划，推动旅游业由“景区旅游”向“全域旅游”发展模式转变。双龙湖湿地公园、国家运河湿地公园、祥和景区、大战纪念馆等 7 个景点，依托古运河畔天然的自然风光和区位优势，着力打造与古城截然不同的风格与卖点，以“一卡通”和“一票通”的优惠政策，实现了从古城游向台儿庄整个区域游的转变，打造了台儿庄全域旅游消费圈。全域旅游为台儿庄实现跨越式发展提供了新的契机，从“古城游”到“台儿庄游”带来的不仅是旅游格局的重大转变，也是台儿庄转变经济发展方式、推动城市转型的重要体现。

5.“五全模式”，全新动力

为保障全域旅游的健康发展，台儿庄区以“全域共建、全业共融、全民共享”的大古城战略格局，实现“全方位保障、全景化打造、全功能完善、全空间布局、全产业融合”的新气象。创建了全域化的工作机制，成立全域旅游创建工作小组，按照全域旅游发展规划和创建全域旅游示范区工作任务分工，落实部门责任；建立“1+4+14”综合监管体系，在古城景区实行1项重点派驻措施，设立消防、供电、公安、检察、红十字、执法大队、市场监督等14个职能部门对景区旅游市场秩序进行监管；设立全域旅游专项扶持资金2000万元，改善消费环境，完善旅游数据监测；统筹推进118余家区直企事业单位加入厕所、停车场免费开放联盟；建立健全旅游业发展评价与考核体系，将全域旅游发展成效纳入全区重要经济指标考评体系，构建多元立体的品牌形象；形成了“党政统筹、部门联动、统筹力量、联合执法、齐抓共管”良好局面，为全域旅游发展提供了强大的组织保障。

6.强化管理，打造品牌

台儿庄古城通过集团化发展，实现了经营范围向旅游全产业链延伸，对于酒店、影视、商贸等10个全资子公司实行“权力下放、责任下移、强化监督”的管理机制，优化部门设置，强化队伍建设。围绕“吃住行游购娱”旅游六要素，全方位提升服务水平和管理效率，在完善管理和服务中规定了400余项服务标准，开展员工评优系列活动，从导游、保洁员、保安员、船妹子等古城员工树立“第一责任人”的理念，第一时间、第一现场为游客排忧解难，实现“服务零距离，工作无死角”。2015年10月至今实现“零投诉”，为游客打造了舒适、便捷的游览环境。

二、台儿庄古城转型产生的积极效应

台儿庄古城转型产生了积极效应，主要表现为四个方面：

（一）古城转型有效地拉动了经济发展

古城经营带动了文化旅游业的发展，台儿庄从旅游输出地变成输入地，服务业异军突起，成为全区支柱产业。2017年，全区接待游客突破1000万人次，实现旅游消费总额75.9亿元，分别增长28%、33%；市场主体发展到1.9万家，宾馆酒店达到140家，肯德基、必胜客等国际品牌入驻古城，预计社会消费品零售总额实现81.3亿元，增长10.5%；以古城为核心的特色经济成效显著，三产增加值占比38.5%，同比提高3.1%，三产税收占地税收入比重为59.8%，服务业已成为最有活力的经济增长点。第一、二产业的结构调整和第三产业的加快发展，标志着台儿庄城市转型取得了明显成效。

(二)古城转型促进了就业富民

古城的转型发展成为台儿庄区转移富余劳动力、增加居民收入的重要途径。一方面，新增就业人员80%得益于文化产业的带动；另一方面，古城规模发展，城乡居民收入持续增长，2010年至今连续7年居民收入增长率保持在8%以上。

(三)古城转型吸引了投资，加快了新旧动能转换

风生水起的旅游服务业拉动了城市商贸流通业的发展，使台儿庄投资结构出现“拐点”，显现出其强大的“倒逼效应”。碧桂园投资的翡翠云台房地产开发项目、总投资3.5亿元的五星级标准园林式清御园大酒店和投资1亿余元的山东银座商城，以及总投资2.2亿元的苏鲁家居博览中心的投入运营，不仅解决了居住和提高生活品质的要求，更与古城相映生辉。文化旅游重塑了台儿庄形象，“天下第一庄”的魅力开始显现，新旧动能转换加快推进。2017年，新上5000万元以上项目20个，其中过亿元项目15个，开发区“二次招商”新上项目9个。新兴产业实现新突破，全区高新技术产业产值占规模以上工业总产值比重提高4.5个百分点；健康产业园入驻企业13家，软件与服务外包产业园新增初创企业21家，获批省级大学生创业孵化示范基地。传统产业实现新提升，实现引进世界500强企业“零突破”。

(四)古城转型提高了城市化水平

古城建设催生了旅游业的兴旺，商贸业的繁荣加快了当地城镇建设，激发了城市发展的内生动力。2017年，台儿庄加快了城市配套工程建设，以古城旅游规划建设为核心，把完善城市配套功能，提升旅游环境的理念渗透到城市建设，持续改善了台儿庄区城乡环境。改造兰祺河保证古城生态景观用水和月河行船需求，进一步完善台儿庄互连互通循环畅通的城区水系水网；实施了双龙湖公园、城市排涝明渠和沿运“十里荷花长廊”等水利景观工程建设；实施了台儿庄复线大桥、垃圾处理厂、城市集中供热供气管网等基础设施建设，完成了“五路六景”绿化美化亮化及投资 1.2 亿元的 12 项城市建设重点工程，实现了城区主要道路两年全部改造一遍的目标。在加快城市建设的同时，全力打造“全景台儿庄”，按照“一区一镇三组团”城镇布局，建设美丽乡村，巩固城乡环卫一体化成果，突出抓好村庄连片治理、无害化厕所改造和“户户通”道路硬化工程，实现城乡供水一体化全覆盖。同时加大旅游环境治理、生态保护和修复力度，完善国家重点生态功能区，推进“一区一环两公园”大绿化工程，打造林种多样、景观优美的绿色生态安全屏障。深入开展生态文明示范创建活动，大力弘扬生态文化，形成共建共享全域旅游生态环境的良好氛围。

三、台儿庄古城转型的启示

台儿庄古城的成功转型可给我们以下启示：

（一）在推进城市转型以及城市管理中要注入人文理念

现代化的经济建设加快了城市化进程，但是如果缺少人文管理理念，城市发展便失去了灵魂。台儿庄古城的最大看点之一就是古城内在文化和旅游资源的互补和高度融合，因此要把人文理念作为推进古城建设和运营的指导思想之一，进一步丰富文化内涵，打造“文化古城”，实现多元发展。

（二）在城市转型中要鼓励当地居民积极参与城市的保护和建设

在古城转型中，台儿庄区管理者认识到只有当地居民在日常生活中自觉地维护古城品牌，古城的意蕴与文脉才能真正延续下去。为充分调动起居民保护古城的积极性，台儿庄区设立节假日文明旅游志愿者服务站，打造文明旅游服务品牌，培育新市民、倡导新风尚、发展新文化，创建全国文明城市；持续开展“爱家乡、讲文明”公共行动日等活动，开展文明旅游系列评选；通过组织实施旅游文明、出行文明传递全域发展文化理念，市民旅游意识和文明素质得到全面提升，干群关系、居旅关系更加和谐，成为吸引游客的亮丽名片。

(三)城市转型的开发营销要适应假日经济的要求

假日经济为增长趋缓的消费市场提供了新的发展机遇。高德地图《2018春节出行大数据报告》全国十大热门景区古城名列第二,春节长假台儿庄古城接待游客70余万人次,平均一天10余万人次进出古城。因此,古城运营营销要有效利用假日、营造良好的消费环境,把握住假日经济带来的商机,从把假日经济当作短暂的经营机会转变到将其作为长远的发展机遇上来,研究假日经济发展规律,做好长远规划。

(四)城市转型要开发自有品牌商品,不断培育新的旅游经济增长点

古城特色商品多为食品,有纪念价值、充分反映运河文化的纪念品亟待开发,要通过参股入股、特许经营、冠名等形式,开发自有品牌的旅游产品,实现品牌增值。同时要使旅游产品起到推广古城、宣传古城的作用,让游客真正记住古城、向往古城。

(五)整合旅游资源,加强品牌运作,引导"全域旅游"模式向纵深发展

"全域旅游""精品旅游"将是旅游业发展的重中之重。近年来,台儿庄区深化全域旅游改革,推动了全区旅游业由"景区旅游"向"全域旅游"发展模式转变。但台儿庄区的全域旅游模式,不仅仅是为了扩大规模,寻求多元化发展,其核心价值在于通过"大古城战略"打造"全域旅游生态",进而实现区域协调发展,完成从产业升级、文化建设到生活方式的全方位蜕变。

(六)转型期的城市旅游业应与文化娱乐业紧密结合

台儿庄区充分发挥古城龙头溢出效应,大力实施古城旅游引领城市转型战略,积极培育文化产业品牌,将旅游休闲、文化创意、版权贸易等产业交互融合,为文化产业的提质扩容提供坚实支撑,走出一条文化与经济融合发展的道路。要以主要景区点为主体,开发旅游文化节庆活动;以促进区域经济发展为主体,开发商业文化节庆活动;以星级饭店和大型演出场所为主体,开发文化娱乐综合表演活动等,不断推出形式多样、内容新颖的旅游观赏与体验活动,逐步形成特有的文化演艺品牌,成为带动景区发展的独特元素。

(七)在城市转型过程中要正确处理政府主导和市场运作的关系

政府主导是城市转型的原始动力和坚强保障,而市场运作则是城市转型的内生动力和长久支撑,二者必须有机结合。在旅游业发展初级阶段,市场

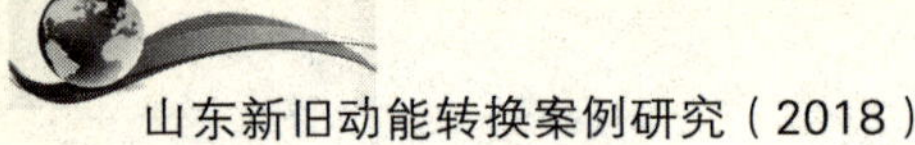

运作只是一厢情愿，市场缺位，政府就要到位。现在旅游市场竞争激烈，纯粹依靠市场吸引客源，相当于“小米加步枪”，也会导致旅游资源过度开发，对文化遗产带来严重损害；市场发展到一定规模，政府就要主动引导市场化运作，激活旅游市场，保持其持续增长力，走出一条“政府主导发展，市场培育消费，消费吸引投资，投资带动转型”的新旧动能转换实践路径。

第四编

推动园区新旧动能转换案例

案例十九

立足自身优势　积极培育新动能

——以青岛中德生态园为例

青岛西海岸新区的中德生态园(以下简称“园区”),是由中德两国政府建设的首个可持续发展示范合作项目。园区紧紧围绕落实国家、省、市推动新旧动能转换的部署要求,立足自身优势,聚集高端产业和人才,从无道路、无配套、无企业的一块“三无绿地”逐步发展成国际合作新平台,在培育新动能方面创出了一条新路。

一、中德生态园新旧动能转换的背景

中德生态园新旧动能转换是在破解发展难题中兴起的。

首先,新区定位提升,亟待寻找突破口。2014年6月,青岛西海岸新区被国务院批复为第九个国家级新区,在国家战略中的地位更加突出。在国务院的批复文件中,青岛西海岸新区是所有国家级新区中唯一被赋予“推动东部沿海地区率先转型发展”使命的新区,转型发展的实质就是新旧动能转换。作为承担山东新旧动能转换排头兵的青岛西海岸新区,要突出海洋经济发展主题,探索形成落实国家战略新举措和以全面开放促进新动能快速成长的新旧动能转换模式。中德生态园因其重要定位成为引领新区新旧动能转换的主力军。

中德生态园是中德两国的示范性合作项目,园区自2013年7月开始正

式建设，先行启动区规划面积11.6平方公里，拓展区29平方公里，远期规划面积66平方公里，是山东省三大中外合作园区（青岛中德生态园、日照国际海洋城、潍坊滨海产业园）之一，在地理位置、交通、文化、资源等方面具有不可比拟的优势。基于园区的重要定位，它在成立之初就被赋予了重要使命，既要承担青岛市建设国际化城区重任，又要以青岛西海岸新区率先转型发展、新旧动能转换为使命，进行国际合作新模式探索。因此，园区从建立之初就进行了高标准规划，并逐渐凸显出强劲发展势头。

其次，产城融合提质，亟待明确样本。2018年5月，山东省政府《关于同意青岛西海岸新区发展总体规划的批复》和省发改委《关于印发青岛西海岸新区发展总体规划的通知》指出："实现青岛西海岸新区创新发展、率先发展、跨越发展，加快新旧动能转换，要开展新区十大功能区转型升级专项行动，建成产城融合发展高端集聚平台。"青岛西海岸新区自合区之后，陆地面积达到2127平方公里，除去东西两个主城区和原有的保税港区等几个成熟的功能园区城市化程度较高之外，大多数区域仍是开发初期或待开发状态，急需加快建设多个产城融合区域，形成多点带动、组团发展的态势。党的十八大以来，国家发展、城市发展、人民生活的理念都有了新的变化，过去形成的产城融合模式已经不能适应新的形势。站在更大格局、立足更高标准、落实更新理念，迅速打造一个产城融合样本并加以推广，将决定新区的未来城市品质，也将影响更多的后发城市。因此，中德生态园作为新区十大功能区之一，以它独有的生态城理念，从一开始就将环境、发展和生活紧密结合起来，致力于打造产城融合标杆，助推新动能培育。

二、中德生态园培育新动能的做法

中德生态园围绕"田园环境、绿色发展、美好生活"愿景，创新园区建设路径，形成动能培育新机制，构建园区治理新策略，各种要素加速集聚，新动能支撑作用显著增强。

（一）园区建设新路径——生态为底、标准为根、科学规划、保护开发

为实现资源、经济、环境、社会四维平衡发展，园区建立了以生态数据统领的可量化的5大类40个大项777个子项标准体系，涵盖经济优化、环境友

好、资源节约、包容发展、可持续发展等目标要素，开启了先定标准、再编规划、后开发的新模式。中德生态园的田园环境，汇聚了中德两国乃至世界生态城市建设最先进的理念、标准和应用。原有的山脉、水源、林地、湿地以及自然村落都得以最大限度保留和保护，交通体系依山借势、自成循环，原生态田园绿地高达40％。园区全面践行生态文明建设理念，采用清洁的分布式能源和泛能源技术进行建筑施工，提出建设“两个百分百”，即园区内所有建筑100％推行绿色施工、绿色建筑。

（二）园区动能培育新机制——绿色发展、严格准入、交流合作、体系引领

园区树立绿色发展新理念，培育生态高效新动能，严格项目准入，坚持“达不到指标体系标准的项目、不符合绿色产业目录的项目、没有核心竞争力的项目不予准入”，对拟引进项目进行严格筛选，重点开展环境影响评价、核心竞争力评价、能耗效能评价，重点引进在世界范围内具有核心竞争力和定价权的隐形冠军，着力培育引领型产业，使园区拥有了可持续发展的内生动力。积极扩大与德国的合作交流，引进德国精英企业并服务德国企业融入中国市场，如欧博迈亚、PVT，建设家电智能化产业基地、新能源项目，积极加快新动能培育，助推企业转型升级。

（三）园区治理新策略——精准招商、超前服务、全面交流、高效管理

作为国家级新区，青岛西海岸新区在园区开发开放策略上一直创新不断，并且在开发建设中德生态园时实现了新的提升。一是更加主动地精准招商，2014年，中德生态园办事处在慕尼黑开业，中德联合集团在德国设立分公司并成为中国第一家在德国上市的园区开发商；二是更加超前地提供园区服务，成立德国中心，提供全方位的政务服务、企业投资服务、人才生活服务和国际化社区服务。三是更加活跃地进行文化交流，深化中德多层次、多领域交流合作，包括市长圆桌会议等城市交流展示、钢琴足球项目等文化体育交流、知识产权合作、双元制教育体系合作项目等；四是更加高效地改善管理机制，首创职员制提升园区工作标准，精简审批流程提升工作效能。

三、中德生态园培育新动能的主要成效

中德生态园从2013年开始建设，在短短五年时间内立足中德合作、聚焦

优势产业，在培育新动能方面取得了初步成效。

（一）引领新动能——构筑起以智慧化、集群化为核心的现代产业体系

园区紧紧围绕中央、省、市关于新旧动能产业体系的指导要求，以发展实体经济为着力点，以生命健康、智能制造、被动房、新能源等智慧产业为重点，不断探索新技术、新产业、新业态、新模式，注重创新引领、人才培养、项目建设，逐步构建起具有未来引领带动作用的产业体系。

产业实现智慧化发展。园区已形成了从研发、生产到人才培养以及平台建设的完整产业链，在智慧产业领域获得了国家高度认可。如海尔工业智能研究院，连续两年获评“全国智能制造示范单位”，出自该研究院的智能制造平台 COSMOPlat 曾在“砥砺奋进的五年”大型成就展上亮相；国家级智能制造基地被动房体验中心采用被动式超低能耗绿色建筑技术，成为国内被动房的标杆。这些智慧型产业真正实现了产业智慧化、智慧产业化，成为引领全球高端智慧产业产品大规模定制基地。

产业实现集群化发展。园区内四大产业集群初具规模。在生命健康领域，吸引国际国内领先企业，以华大基因、正大药业、百洋药业为代表形成产、学、研、创四位一体的生物医药产业集群，建设世界规模最大海洋基因库、中国唯一国家级海洋药物中试基地，以及山东半岛最大现代医药物流中心；在智能制造领域，形成以西门子、海尔工业智研院、海尔工业 4.0 示范基地为核心的产业集群；在高端制造领域和新能源领域，突出技术引领发展，形成以被动房研究中心、力神储能创新中心为核心的研发集群。

产业实现倍增式发展。经过五年开发，园区进入爆发式增长阶段，实现连年倍增，2016 年 GDP 总量为 10 亿元，2017 年为 35 亿元，增长约 2.5 倍，2018 年，实现 GDP 总量约 70 亿元，并且未来几年主要项目陆续投产，有望持续倍增，园区在短短几年内便呈现出如此的倍增式发展速度，展现出强大产业发展后劲和潜能。

（二）助力新动能——培育起以新丝路、新开放为核心的外部需求体系

中德生态园集合了青岛西海岸新区开放前沿优势、中德两国政府支持优势，占据了新一轮动能培育的先机。

国际合作空间更加广阔。园区坚持“德国质量、青岛生产、世界市场”，使

得“这里有德国的情景、特色、标准，感觉有些地方就跟在德国一样”（中国驻德大使史明德评价），被评为最具德国特色的生态园区。园区在中德合作模式上不断创新，搭建起一批合作平台，如城市交流展示平台、知识产权合作平台，积极展示青岛风采，输送青岛特色，并与德、英、韩、芬、俄 5 个国家的 16 个州市（地区）签署合作协议，国际合作空间更加广阔。

国际合作交流更加深入。园区经过几年运作，国际合作交流涉及政治、经济、文化等多个领域，合作更加深入。政治方面，借助中德两国高层互访活动，推动园区工作或项目列入高访成果，园区知名度不断扩大；经济方面，构建起与德国合作的产业体系，并在国内外获得很高影响力，如建成德国企业中心，该项目获颁德国可持续建筑委员会（DGNB）最高铂金奖认证，成为亚洲最大获得 DGNB 铂金奖认证项目，这也是亚洲首个获得 DGNB 铂金奖认证的综合体项目；文化方面，通过举办中德青少年音乐教育高峰会议、中德高等教育现代化合作发展论坛、中德足球交流等会议和活动，丰富了两国间精神文化交流合作。

（三）壮大新动能——建设起以“新要素、双平台”为核心的动力生态体系

中德生态园实施科技创新驱动，为培育新动能注入了活力。创新载体不断优化，园区聚焦中外合作创新、聚焦专业化创新人才集聚，围绕创新、创意和双创发展，启动双创中心，构建起“技术创新—平台孵化—企业成长—成果转化”全链条式发展体系，为企业和创业者提供优良服务、创新环境，为创新成果孵化搭建重要桥梁，共有 30 多个创新创业项目集中入驻园区“双创中心”。这批项目业务模式新、技术能力强、发展潜力大，涉及互联网＋、电子商务、创意文化等创新创业新业态，为培育新动能提供强大支持。

创新要素不断集聚，创新成为中德生态园的本色，园区不断加强产业创新、模式创新、管理创新，集聚了创新要素。项目方面，集聚了以海尔 4.0 示范基地、正大制药、力神动力电池 100 亿 WH 基地为代表的创新型研发基地，真正发挥企业在创新中的主体作用，为培育新动能提供重要支撑。人才方面，一批创业团队和创业项目形成集聚态势，园区内集聚了 70 多个高层次创业团队，带头人由院士、国家“千人计划”专家、泰山学者、海外留学博士等组成，荣获青岛市“国际经济合作引智创新基地”。

四、中德生态园培育新动能的启示

中德生态园的建设定位鲜明、方向明确，在一个“三无绿地”上打造了一个新动能集聚样本，这种园区开发模式值得后发城市研究借鉴。

（一）培育新动能，必须坚持党建引领

中德生态园坚持“抓园区党建就是抓园区发展”的工作方针，创建“旗红园美”党建品牌，把党的政治优势、组织优势转化为园区发展优势、竞争优势，为培育新动能指引正确方向。

实施一体化推进，构建“大党建”格局。园区经济业态具有多样性，既包含事业单位和国有企业，又有“两新”组织，是多种组织结构、多个领域党建并存的共同体。针对园区特点，园区在党建工作方面强化了“一盘棋”思想，打造党建工作联席会议制度，构建“大党建”工作格局。党建工作联席制度将园区各个党组织凝聚起来，实质上是一个多元化、多领域的党建共同体。“大党建”格局助推了园企的发展融合。园区通过创办多种形式的党建主题活动，引导党员干部扑下身子进企业、进现场问计解忧，有力促进了项目快开工、快投产、快见效。这种工作格局引领园区不断发展壮大，逐步发展成为新动能发展的主战场、高端产业和人才的聚集地。

坚持一盘棋布局，实施党建管理清单。为更好服务园区企业，“大党建”工作格局实施党建管理清单，共同解决发展中遇到的问题。党建清单管理积极服务于园区产业发展和新动能培育，通过清单管理准确把握企业需求清单，有针对性地提出服务清单，以引领园区现代化产业体系建设的方向。

（二）培育新动能，必须实施深层次体制改革

实现新动能的培育，最重要的是加大改革力度，重塑微观创新主体。因此，要正确处理政府与市场的关系，使市场在资源特别是新生产要素的配置中发挥决定性作用；园区实施深层次体制改革，积极为培育新动能服务。

探索用人机制改革，打造服务型政府。园区为提升工作质量和效率，打造服务型政府，在新区率先推行职员制改革。职员制模式打破传统行政体制用人管理的条条框框，建立“能进能出，能上能下，能高能低”的灵活用人机制，这种机制既激发了干部干事创业的热情，又在很大程度上提高了园区办

事效率，为培育新动能提供坚强保障。

重视改善营商环境，打造服务型生态。培育新动能需要有良好的外部环境和基本条件，公平法治的营商环境有利于解放生产力、提升竞争力。中德生态园重视改善营商环境，实施审批制改革，为企业提供精准化服务。合并办事部门，实施“一门受理、全程代办”；简化审批流程，做到“一张纸、一站办、一口清、一人责、一张网”；践行服务理念，建立“马上办”服务部，提高园区办事效率。园区改革进一步降低了营商成本，保障了企业合法权益，为促进企业创新创业提供了良好的营商环境。

（三）培育新动能，必须完善全方位人才保障

人才是实现经济创新、加快结构调整的核心要素，是关系到新动能能否孕育发展的关键。园区积极做好人才工作，完善全方位人才保障。

坚持产才融合，优化人才配套格局。产业的发展必须有科学合理的人才供给和保障，因此只有从供给侧结构性改革出发，坚持“人才为产业提供服务，产业为人才搭建平台”原则，才能真正释放人才活力和红利。园区紧紧围绕人才工作，一方面立足于产业体系发展，积极打造“4＋N”产业人才库，形成以中德双元工程学院、中德智能制造应用学校等为主的人才教育中心，将德国高端理论体系与园区产业实践紧密结合，培养利于园区发展的复合型人才；另一方面依托优势产业的发展引进高端人才，如依托智能制造产业引进院士、教授等人员进驻工作。

坚持双轮驱动，优化人才发展格局。为培育和引进人才，园区坚持“硬实力”和“软实力”双轮驱动，不断优化人才发展格局。在硬实力方面，园区重视人才配套工作，搭建双创中心，提供人才公寓、给予安家保障，既满足人才生活需要，又保障人才发展空间，让人才“留得住”。在软实力方面，园区坚持服务至上原则，“人才需要什么，我就提供什么”，为人才的发展提供周到满意的服务，适时调整机构设置，成立人才保障部，专门为人才提供一体化服务。为鼓励人才创新创业，园区建立知识产权保障机制，从政策上对人才的创新成果加以保护，大大提高了人才的创新积极性。

案例二十

培育县域园区新动能

——德州(禹城)高新技术开发区的实践探索

德州(禹城)高新区深入贯彻落实新发展理念,以“创建国内一流创新型特色产业园区”为目标,坚持把创新驱动摆在核心位置,打造多种模式创新平台载体,培育壮大战略性新兴产业,全力形成新动能主导经济发展的新格局,区域核心竞争力得到有效提升,经济社会发展成效显著。先后荣获“全国百佳科学发展示范区”“国家高新技术生物产业基地核心区”“中国产业园区创新力百强”等荣誉称号。

一、德州(禹城)高新区培育壮大新动能的背景

从20世纪60年代开始,中科院、农科院在禹城设立试验站改碱治沙,创新基因就深深植根于禹城。近年来,借助“两院两站”雄厚的科研资源,禹城走出了一条新型的工业化道路。尤其是2015年,德州(禹城)高新区成功晋升为山东省唯一一家设在县级的国家级高新区后,迎来了大发展的新纪元。

(一)产业政策

2017年3月6日,全国“两会”期间,李克强总理在参加山东代表团审议时首次指出:“山东发展得益于动能转换,希望山东在国家发展中继续挑大

梁，在新旧动能转换中继续‘打头阵’。”①2018 年 1 月 10 日，国务院正式批复了《山东新旧动能转换综合试验区建设总体方案》(国函〔2018〕1 号)，并在“三核引领、多点突破、融合互动”的总体布局中，明确了高新技术产业开发区的特殊位置，这为德州(禹城)高新区深入推进高新区“三次创业”和科技资源整合提出了更高要求。

(二)实践基础

德州(禹城)高新区于 1999 年 3 月正式启动建设，当时总规划面积为 20 平方公里，定位为高科技工业区。优惠的政策、配套的措施和宽松的环境吸引了众多国内外客商前来投资兴业，园区成为支撑禹城经济的重要板块。2002 年 9 月，被省政府批准为省级高新技术产业开发区。2008 年 2 月，德州生物产业国家高新技术产业基地授牌，禹城为基地核心区。凭借特色产业、科技创新等优势，2015 年 9 月，国务院正式行文批复德州(禹城)高新区晋级为国家高新区，标志着德州(禹城)高新区成功跻身“国家队”，为园区在更高层次上的发展奠定了坚实基础。

在不到 20 年的时间里，禹城市能够把一个普通工业园区打造成国家高新区，其根本推动力就是始终抓住了创新驱动发展战略，进而促使德州(禹城)高新区很快成为培育新经济的沃土。一是产业发展特色鲜明。2008 年，园区已拥有高新技术企业 23 家，专利产品 23 件，培植壮大了生物、高端装备制造、新材料等 6 大特色产业群体，“省级高新区”“中国功能糖城”“国家火炬计划生物技术产业基地”三大品牌。二是创新创业高度活跃。政府注重打造“苗圃—孵化器—加速器—产业园”的“大孵化”链条，创业载体功能不断完善。先后承担国家第二批科技服务业、第三批创新型产业集群和知识产权强县工程三大试点，为进一步创新发展提供了更好的平台。三是产学研合作发展走在全国前列。与山东大学、中科院等 120 余家科研院所开展深入合作，集聚高层次人才 129 人，其中院士 8 人、千人计划 10 人、万人计划 8 人、泰山学者和泰山产业领军人才 15 人。

---

① 《李克强 6 日参加山东代表团审议　寄望山东在新旧动能转换中“打头阵”》，央广网，2017 年 3 月 6 日。

（三）制约因素

1.土地等资源约束趋紧

建园之初，德州（禹城）高新区总规划面积仅有20平方公里。当时对于那些一次性用地1000亩以上的大项目，已经难以安置。同时，对于那些需要在“区中园”标准厂房内生产经营的“占地面积少、投资强度大、科技含量高、产出效益好”的小微企业来讲，由于相关的特色园区还未建成也难以安置；即使招来的项目很多，而落地的难度却很大，面临着“大项目难落、小项目落难”的困境。出现这种情况的原因已经不是单纯的项目建设协调服务问题，而是由传统的发展方式受到了宏观调控和资源环境约束的刚性制约造成的。要真正解决产业发展与生产要素供应不足的矛盾，必须转变发展方式，加快传统产业改造升级，积极发展新兴产业，切实把资源消耗降下来，把发展质量提上去，不断促使新动能发展壮大，传统动能焕发生机。

2.配套生产性服务业滞后

建园之后虽然实现了“七通一平”，但在要素支撑方面，金融、科研等配套服务还不能满足产业发展需要。多数企业主要融资渠道是银行信贷，如中行、建行、工商行、农行等派驻的支行，而像私募股权投资、风险投资、小额贷款、担保等多元融资体系尚不健全；科技咨询评估、技术交易等服务平台共享机制缺失。

3.高端人才匮乏

人才在高新区产业升级、技术革命、园区运营等方面起着决定性的作用。禹城的教育体系虽较为发达，尤其是职业教育为高新区众多企业提供了许多训练有素的技术工人，但高层次人才少，科研能力差，创新活力不足，严重制约了德州（禹城）高新区新动能的培育和传统动能的改造升级。

二、德州（禹城）高新区培育壮大新动能的主要做法

近年来，德州（禹城）高新区充分发挥区域发展排头兵作用，准确把握产业发展战略定位，培育了结构合理、特色鲜明、极具潜力的现代产业体系，成为推动新旧动能转换的核心支撑。

(一)高标准定位高起点谋划,打造区域发展高地

坚持把科技创新作为科学发展的支撑点、动能转换的切入点,不断强化招商引资和项目建设,着力打造高端高新产业聚集区。一是明确发展思路。为推进产业迈向中高端,专门出台了《推进新旧动能转换重大工程实施方案》,以新旧动能转换为统领,以进入国家自主创新示范区为目标,实施党建引领、规划先行、创新驱动、人才支撑、服务保障五大措施,落实体制要顺、机制要活、政策要优、工作要实四项要求,全力建设集科研孵化、产业发展、生态宜居等功能于一体的现代化新城。二是规划设计不断完善。2015 年 9 月,全区实现九通一平,路网管网全部实现双向排水、雨污分流。管辖面积由 20 平方公里扩大至 68.15 平方公里,并聘请了中国城市规划设计研究院大师级团队,着手编制总体规划和相关专项规划。重点以高端化、智能化、绿色化、集群化为发展方向,以大健康(生物、医养健康)高端装备、新能源、新材料为四大核心产业,打造千亿级主导产业集群。用新技术、新业态、新模式,改造提升传统优势产业,打造"四大主导产业+X 产业(若干潜力产业)"共同发展的产业体系,不断提高规模经济效益,增强经济持续发展能力。三是完善组织体系。为优化决策机制,成立了招商引资指挥部和 20 个招商分队,形成党工委统一领导、指挥部分工负责、部门单位协同配合的工作运行机制。以"企业化管理、市场化运作、专业化服务"为目标,构建"大部制+扁平化"模式,将大部分人财物投入招商引资一线,最大限度激发内部活力。

(二)着力支持创新平台建设,打造持续发展新引擎

以科技为依托,专门研究出台"融合创新"5 个政策文件,打造创新平台体系。先后投资 6 亿元,着力打造政府、高校、企业三级研发创新平台、"四位一体"孵化体系,实现了创新平台建设由企业自发建设到多极化、成体系建设模式。着眼突破关键技术,以科技创新创业大厦、理想空间为核心,积极引进京津冀高校、科研院所来禹城设立分支机构、学科实验室。支持高校院所与企业联合建设科技创新平台、技术研发平台、新型孵化平台。与山东大学签署合作协议 19 项,建设生物工程、晶体材料、石墨烯三大研究院及德州高新区工业技术研究院等分支机构。创新创业大厦等平台入驻高校院所 21 家、研发团队 27 支,注册企业 95 家。此外,为强化高新区创新创业活力,国家高

新区（禹城）中央创新区已确定为禹城市推进新旧动能转换的重大项目，总规划面积8.8平方公里，总投资约28.5亿元，是中国PPP基金注资山东的第一个示范项目。立足“创新、创智、创城”的三创城市定位，布置“创新中心、生物智谷中心、商住健身中心”三大主体功能区，可容纳300支创新创业团队。中央创新区是未来德州（禹城）高新区发展的核心区，全部建成后，将引进科研机构50个，孵化企业160家，累计实现税收39亿元，将成为京津冀及济南都市圈范围内重要的科技创新中心、人才集聚中心和生物智造重地，是推动德州（禹城）高新区加入国家自主创新示范区的最重要载体，它的建设将对国家高新区创业创新、新旧动能转换提供坚实保障。

（三）强化金融要素支撑，不断优化创新环境

按照“企业发展科技化，科技企业资本化，资本市场效益化”思路，积极对接多层次资本市场，加速推进直接融资手段创新。一是深入落实企业改制“五年行动计划”，为各项工作夯实基础，2017年禹城改制企业达45家。二是创新科技金融服务模式，深入推进“三航”培植计划实施。充分利用2018年德州一号文件中提出的“三航计划”，通过发挥政府“黄金信用”的作用，引导撬动银行资金、机构资金、社会资金向“目标”企业聚集、向实体企业倾斜，促进实体经济转型升级和持续健康发展。三是创新企业融资模式，全力加快企业上市步伐。现有上市企业3家，其中“新三板”2家，场外挂牌交易14家，累计上市融资67亿元，直接融资占社会融资规模比重达到30%，为创新创业营造了良好的金融环境。

（四）立足“高精尖缺”引才导向，打造智力高地

出台“5331”黄金10条政策，制定《“大禹英才”认定管理办法》《企业赴外招才引智交通费补贴实施细则》《“双创之星”评选方案》《孵化载体建设意见》等10余项具体细则，涵盖人才引、育、用、留各个环节，科技人才政策体系更为系统、规范。一是抢抓融入京津冀协同发展机遇，全力推行“项目＋人才”一体化引进模式，变企业引才为全员引才，变单纯招商为招商引才并举、引资与引智并重，实现了招商与招才资源在全市范围内最大限度的共享。二是探索产学研合作、技术入股、人才租赁、联合设立研发机构等多种引进方式，不断夯实创新驱动的人才基础。

(五)创新招商模式,推动高质量发展

一是创新招商运营一体化。2017 年,高新区积极探索招商新模式,通过竞争性谈判引进了三一重工、中央创新区核心区,都是通过 BOOT 模式运作的。政府不投入任何资金,全部由投资方招企业建厂房,并与其签订厂房建设、税款缴付等协议,在达到协议税收要求后,利用部分税收地方留成,逐期偿还企业厂房建设等费用,有效避免财政风险。二是创新以商招商的工业地产模式,引进产业集群。建设采取工业地产方式,由高新区统一产业规划,专业机构统一设计,城投公司定制开发,企业预付款选号,银行按揭支持。招商方式由招单个项目转为招产业集群。如高新区协同发展产业园,园区集中引进了机械装备制造类项目,专业打造以雕刻机为主的百亿级智能装备整机产业集群,投资强度超 400 万元,容积率超 1.3,亩均税收超 30 万元,这种模式能够形成完整产业链条,相当于批发引进项目,省去低价谈判等环节,城投公司还可以盈利,“栽下梧桐树,引来金凤凰”。

三、德州(禹城)高新区培育壮大新动能的成效和启示

(一)成效

德州(禹城)高新区培育壮大新动能取得了显著成效,主要表现为以下几个方面:

1.高新技术产业迅速膨胀,科技引导作用明显

2018 年出台的《山东新旧动能转换综合试验区建设总体方案》的五个新兴产业中,德州(禹城)高新区在高端装备、医养健康、新能源新材料三个产业中具有显著优势。近年来,禹城市高新技术企业凸显了对区域经济发展的强劲带动作用,其中“国字号”高新技术企业总量达到 17 家。目前,高新技术产业产值占规模以上工业总产值比重达到 44.9%,高出全省 10 个百分点,科技进步贡献率达到 62%,完成重要科技成果 215 项。在连续 7 年承担省级重大专项基础上,向前沿、民生、农业、科技金融融合等多领域拓展。年获立项科技项目中联合申报比例逐年增加,不断擦亮全国生物制造创新型产业集群、山东省大健康功能食品产业集群、全国“功能糖产业知名品牌创建示范区”等特色品牌。

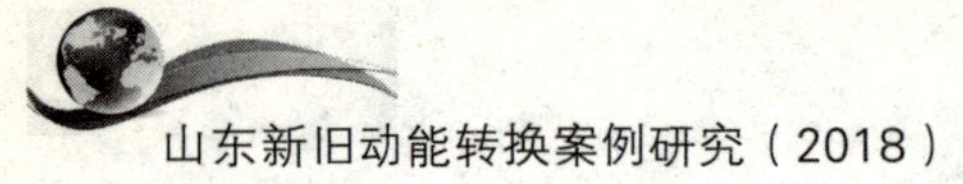

2.“招研引学”成绩显著，产学研合作机制不断深化

政府产学研合作迈出实质性步伐。在德州率先提出“双招双引”，与国内外120余家科研院校建立紧密产学研合作关系，共同研发课题215项，搭建高端智力平台。“十二五”以来，先后承担国家“863”计划、火炬计划等26项，主持制定国家行业标准49项，荣获“国家技术发明二等奖”3项、“国家科技进步二等奖1项”、省科技奖12项，企业科研合作创历史新高。山大微生物治虫试剂、石墨烯储能材料、新增高凝胶稳定型大豆分离蛋白关键技术研发应用等42项重大成果在禹城转化，打造了象牙塔科研成果转化的禹城速度。

3.创新资源汇集机制，创业支撑能力不断提升

2017年，理想空间、中科禹享两家孵化载体双双实现“三级连跳”，从市级孵化载体直接晋升国家级孵化载体，打造形成了“3国级1省级4市级”创新平台孵化体系（3国级：国家级智汇生物众创空间、国家级中科禹享众创空间、国家级山东理想空间科技企业孵化器；1省级：生物孵化器；4市级：创新创业园、中科双创示范基地、德科云众创、电商产业园）。目前，全市省级以上平台达67个，其中国家级平台29个，院士工作站4家，博士后工作站5家，吸引集聚各类高层次人才500余名。禹创中心、创新创业大厦、理想空间科技企业孵化器、人才公寓形成了集聚创新创业全要素的生态体系。此外，有2家科技银行、3只基金、14家中介机构入驻，为科技型企业和创新团队提供科技项目申报、科技成果转化、知识产权质押融资、贷款担保、信息发布等一站式服务。

4.产业集群效应凸显，持续发展新动能不断提升

紧密对接山东省十大产业，系统化打造现代产业，培育了一批千亿级产业集群。特别是大健康产业，2018年2月，德州（禹城）高新区大健康功能食品产业集群被认定为山东省主导产业集群。拥有保龄宝药用多糖联产等33个大健康项目；高端装备制造业产业集群实施25个重点项目，形成了从铸锻件、管模、汽车零配件、工程机械，到大型风电主轴、船用曲轴、数控机床等系列产品的产业链条，现在正在加速实施核电装备、大型船用柴油机曲轴曲臂锻件等一批打破国外垄断的高端项目；新能源新材料产业，实施34个重点项目，新能源汽车、光伏发电、碳碳复合材料等产业持续壮大；同时，围绕未来经

济增长点，还布局了一批潜力新兴产业。如围绕未来建筑业发展新趋势，引进了三一重工，推进建筑、家电、交通等智能装配式产业全链条发展，产值规模达500亿。

（二）启示

德州（禹城）高新区推动区域经济创新的实践对各地发展新动能也具有一定的启迪意义。

1.灵活高效的体制机制是培育壮大新动能的重要保障

早在建园之初，德州（禹城）高新区管理部门就不遗余力地为园区营造优质高效的支撑服务环境。创新三大举措：一是所有规章制度都要为有利于高新技术产业发展而制定；二是所有行政管理都要以为厂商提供高效服务为前提；三是所有改革都要以为投资者提供合理便捷服务为依据。同时，为保证园区的高科技品质，管理局对进入园区的企业进行了较为严格的审查和监控。对园区引进的厂商要求必须符合市场潜力大，产业产联效果大；高技术，高附加值；低污染，低能源密度的“两大、两高、两低”原则，充分完善了制度创新。目前，园区内的企业均是具有较强创新能力的企业，严格把关带来的直接效益是园区内的企业发展迅速、产业特色很快形成。

2.强化企业在创新中的主体地位是培育壮大新动能的关键因素

企业是实现科技和经济紧密结合的决定性力量，是创新决策、研发投入、成果转化的主体。德州（禹城）高新区加快新兴产业培育壮大，强化企业创新主体地位是必然选择。此外，不断发挥政府、产业、科研院校、金融单位、科技中介等单位在企业技术创新工作中的协同作用，是培育新动能的必要条件。

3.强化要素供给和质量提升是培育壮大新动能的重要基础

与传统动能相比，产业新动能在投入要素构成、生产经营模式、产业组织形态、利益分配方式等方面都有明显的不同。推动产业新旧动能转换，要有高质量的生产要素作支撑，特别是要按照加快建设实体经济、科技创新、现代金融、人力资源协同发展的产业体系的要求，增强科技、人才、政策、空间等对产业新旧动能转换的支撑能力。不但要增加新生产要素供给，而且还要提升传统要素质量，持续夯实创新驱动发展的基础。

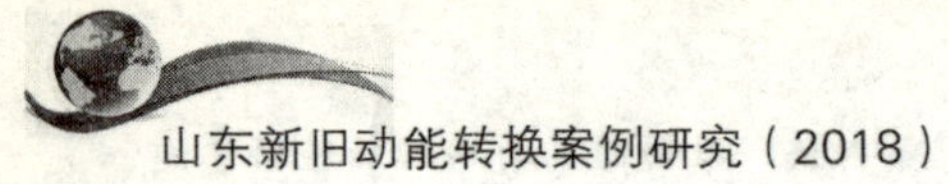

4.打造产业集群是培育壮大新动能的有效形式

产业集群是产业集聚的高级产业形态，产业集聚是特定的产业集群发展的基础。发展产业集群必须通过滚雪球似的集聚效应，吸引更多的相关企业到此集聚。产业集群的雏形一旦形成，便进入了内部自我强化的良性循环过程中，集群内新企业快速衍生与成长，进而会带动相应的研发服务机构及专业人才的引入，推动区域经济快速发展。从实践看，德州（禹城）高新区产业集群起步较早，并具有一定程度的发展规模。如高新区生物制造创新型产业集群，研究和政策起步于20世纪90年代末，近几年已经形成了以保龄宝公司、禹王公司等15家骨干企业为龙头、65家规模以上企业为龙身、大批中小微企业为龙尾的“龙型”发展组织形态。全市生物制造产业拥有省级以上创新平台39个，其中国家级15个，2017年12月获批全国唯一的生物制造创新型产业集群。

5.构建富有活力的创新生态系统是培育壮大新动能的重要环节

在这套生态系统中，有三大关键要素：一是建立“政产学研一体化”全方位合作关系。通过与企业、高校及研究机构和各类载体，政府多方联系合作，促进创新成果转化；二是孵化器等创新载体资源丰富，积极搭建各类战略性创新平台。全方位整合相关科技创新资源，开展新技术的应用研究和面向新兴产业需求的技术创新，建立起有力支撑新兴产业的知识和技术源头；三是制定相关政策，引进高端人才。引进高端人才归根结底就是引入了核心技术，为产业转型提供发展动力。国内外发展速度快的科技园区一般在起始阶段就开始围绕人才做文章，推出引进和培育高层次创新人才的计划和措施。这些人才政策对吸引高层次人才起到了积极的作用，对新兴产业的积聚和带动作用也非常明显，为提升区域创新发展提供了强有力的基础支撑。

案例二十一

规划引领、产城融合的新动能培育模式

——济南新材料产业园典型案例

济南新旧动能转换先行区建设已经进入国家战略，不仅承载着济南市携河北跨、从大明湖时代迈向黄河时代的百年梦想，更肩负着为全省新旧动能转换先行先试、探索可推广经验借鉴的时代重任。济南新材料产业园作为天桥区经济建设的主战场、北跨携河发展的主阵地，对区域经济发展的带动作用日益凸显。济南新材料产业园紧扣时代脉搏，把握发展机遇，围绕“打造四个中心，建设现代泉城”以及全区“一二三四”总体工作思路，深入推进改革创新、科学规划、产城融合，各项工作实现质的提升和新的突破，为全面融入新旧动能转换先行区建设大局，为“加快赶超发展、建设现代天桥”做出了积极贡献。

一、济南新材料产业园区基本概况

济南新材料产业园区是2006年3月由山东省人民政府批准设立的省级开发区，规划面积78平方公里，起步区建设用地面积10平方公里。园区位于环渤海经济圈核心城市中，交通便捷、运输通畅，京沪、京福、济聊、济青、青银、北绕城六条高速公路环绕园区；308、309、104、220四条国道环绕园区构成密集路网；北接京津、南连沪宁，毗邻天津、青岛、烟台、日照等重要港口；建邦黄河大桥、泺口浮桥等多条跨黄通道直达中心城区；汽车站、火车站、国际机场交通快捷方便。2012年，园区被国家科技部授予“国家火炬济南新材料特色产业基地”，2013年，由化工产业园区更名为“新材料产业园区”，成为全省唯一一家专业新材料产业园区，实现了产业结构的转型升级。随着全市北跨战略的实施，园区成为全市“产业北进、城市北跨”的桥头堡，定位于济北新城核心区。目前，规划打造了“三轴、两带、四心、八单元”产业格局，引领园区向产城融合、宜业宜居的现代化产业新城转变，为园区持续健康发展奠定了基础。

济南新材料产业园区坚持以发展高新技术、新材料产业为主导，重点引进高科技、高投入、高附加值的环境友好型项目，大力发展以新材料为主导的战略性新兴产业。目前，园区已经聚集了一批国内知名企业或高新技术企业，济南裕兴化工有限公司、济南银丰化工有限公司、济南赛邦石油化学有限公司、济南皇冠油墨公司、德胜精细化工研究院等多家创新型优质工业企业和研究机构先后落户基地，产业方向涵盖新材料、精细化工、石油化工等多个战略性新兴产业，以新材料为主导的战略性新兴产业链、产业集群加速形成。

目前，园区注册企业1033家，其中，新材料生产研发企业300余家，规模以上企业14家，高新技术企业27家。2017年，新增规模以上企业5家，新增注册企业480家，园区完成固定资产投资41亿元，完成规模以上工业产值18.8亿元，工业增加值4.7亿元，同比增长61.9%；完成进出口总额1.12亿美元，占全区总额的30%；完成税收3.4亿元，主要经济指标实现较大幅度增长，园区经济运行的质量和效益不断提升。

二、推进新旧动能转换的主要做法

济南新材料产业园区推进新旧动能转换的主要做法如下：

（一）大力招商引资引智，提速项目建设，聚集发展新动能

招商引资引智是园区经济发展的生命线，也是推进新旧动能转换、实现高质量发展的一号工程。园区牢固树立“项目为王、项目为先”的理念，积极与央企、国企、世界500强、国内100强企业开展合作。在招商引资引智选择上，一是瞄准新材料、光电通讯、智能制造、新能源汽车等战略性新兴产业，加强产业链和集群招商，按照“龙头引领、集群发展”的产业组织思路，引建关联

配套项目，着力构建现代产业体系；二是以现代物流、文化旅游、健康医疗、数字创意等为主导的现代服务产业，实现龙头项目突破，着力构建上中下游密切衔接、配套完善的现代产业体系。在招商引资引智方式上，走向市场化、专业化和商业化，不断提升招商引资队伍专业能力，以商招商，积极与中介机构合作，强化商业模式运作。在招商引资引智政策上，进一步完善园区招商引资引智优惠政策体系，学习外地先进经验，加强政策创新。对带动能力强、产业链条长的大企业大项目，采取"一事一议""特事特办"等方法，量身订制优惠政策。园区扎实开展"项目建设年"活动，大力推进产业项目建设，着力抓好中科科技园、光纤预制棒、传化公路港(二期)、建邦国美、融通智能科技园、立邦新材料基地、鹏彩节能材料、梅格彤天工业园、修健新能源、中德产业园一期二期、北部热电、隆凯智能机器人、天诺光电二期、山大微晶磨料等16个重点项目，总投资85.4亿元，总占地2002亩。

其中，鑫茂光纤预制棒项目总投资12.5亿元，一期工程已基本完工，引进国际最先进的OVD制棒技术和设备，年产光纤预制棒500吨，预计实现年营业收入16亿元，税收4亿元。投资3.3亿元、占地108亩的新工艺示范园项目，是天桥区加快新旧动能转换的重点项目。该项目建筑面积8万平方米，致力于引进新工艺、新技术、新模式的新型实体工业企业，目前标准工业厂房已投入运营，签约入驻企业5家，可实现年销售收入5.8亿元，税收3100万元。传化泉胜公路港项目总投资30亿元，2018年6月将正式投入运营，采用被国家推广的"物流＋互联网＋金融"模式，以信息化网络平台和规范化诚信系统为核心，搭建"一站式"公共服务平台，在整合二环北路物流企业跨河集聚、推动物流产业转型升级、带动桑梓店物流中心建设方面发挥龙头作用，为天桥区打造区域性物流中心主战场奠定坚实基础。

(二)打造新材料产业集群，推进产城融合

按照以产兴城、以城促产、产城一体、融合发展的原则，高点定位、高标规划、科学布局，推进新型工业化和城镇化融合发展，提升城市功能、完善公共服务、吸引高端人才、完善投资环境，为济北城市次中心建设提供强有力支撑。

1.布局七大产业集群，引领天桥经济崛起

一是新材料产业集群，发挥主导产业优势，包括新型化工材料、生物材料、节能环保材料、信息材料等新兴材料的研发、生产和制造，打造以新材料为主导的战略性新兴产业集聚区；二是光电通讯产业集群，发挥鑫茂科技光纤预制棒的龙头引领作用，拉伸上下游产业链，打造全市首个光纤光缆通信产业集聚区；三是智能制造产业集群，以“中南高科 · 济南智能制造小镇”为依托，构建智能技术研发、智能硬件和软件生产制造、智能系统服务三大产业体系，打造全产业链的智能制造产业集聚区；四是新能源汽车产业集群，发挥珠海银隆新能源汽车龙头作用，建设整车基地和电池基地，全力构建新能源汽车全产业链，形成集研发、生产、销售为一体的新能源汽车千亿级产业集群；五是医疗健康产业集群，构建“研发、生产、销售、服务、推广”为一体的健康产业链，打造医疗健康产业集聚区；六是现代物流产业集群，以传化泉胜物流为龙头，推动全区物流产业向黄河北集聚，打造区域性物流中心集聚区；七是文化旅游产业集群，构建包括数字创意、微视频服务、虚拟现实技术、教育培训、滨水休闲等文化旅游产业，打造济南“黄河时代”文化旅游新高地。

2. 推进产城融合，打造现代化新城区

济南是国家第三批国家新型城镇化综合试点城市，《济南市国家新型城镇化综合试点实施方案》要求确保 2018 年底前取得阶段性成果，形成可复制可推广的经验。方案提出以济南新材料产业园区作为推进产城融合发展的试点试验区，以增强园区城市综合功能为核心任务，加快推进园区从单一的生产型园区向综合型城市区域转型，将园区打造成为产城融合、集约紧凑、功能完善、生态良好、管理高效的现代化城市综合功能区，为产城融合发展提供示范。按照这个思路，园区把推进产城融合试点和加快新旧动能转换先行区建设结合起来，以国家新型城镇化综合试点为契机，以中南高科 · 济南智能制造小镇为载体，打造“特而强”“活而新”“聚而合”“精而美”的特色小镇，完善现代产业体系，提升综合承载能力，打造现代化新城区，为济南新型城镇化建设探索新路径积累新经验。“中南高科 · 济南智能制造小镇”项目，总投资 300 亿元，建成后预计引进企业 800 家，其中规模以上企业 200 家，亿元以上企业 100 家，力争 2020 年初见成效，预计总产值 450 亿元，总纳税 50 亿元。

（三）优化发展环境，增创发展优势

完善的基础设施与配套设施是决定园区是否具有吸引力和竞争力的关

键。“十二五”期间，济南新材料产业园区累计完成固定资产投资165亿元，新建综合厂房200万平方米，新增企业500余家；新增建设用地规划规模12075亩，核减基本农田37860亩，核减耕地10095亩。

园区积极对接先行区桥隧、道路等基础设施建设，以产城融合试点为契机，重点推进住宅、商业综合体、鑫源大道和华丰路东延等配套设施建设，不断优化发展环境。推动园区调区扩规，破解土地制约瓶颈，增强承载能力。坚持高标准规划、高标准建设，投入20亿元完成交通路网、“四供两排”等重大基础设施建设。目前，园区有全长9.3公里的铁路专用线，年运力589万吨；220千伏、110千伏变电站各一座，提供双回路供电支持；专用自来水厂、天然气高压门站、供暖供热设施、水质净化厂及污水收集系统、一级标准消防站、固话、传真、宽带网等现代化通信系统一应俱全，为企业生产、员工生活提供可靠保障。2018年底前要制定园区发展中长期规划方案，启动10平方公里路网、公共设施建设，完成信息化和工业化融合公共服务平台建设，搭建园区综合服务中心基本框架，打造工作生活15分钟生活圈，不断优化园区发展的“硬环境”。二是优化服务软环境。园区深化体制机制改革创新，进一步完善行政审批制度改革，积极对接市里行政审批权限的下放，建立上下联动的代办一条龙服务机制，不断提高服务效能。营造重商亲商的人文环境，跟企业家交朋友，及时了解企业的所忧所盼，帮助企业解决实际问题。建立项目落地一站式服务中心，配备专职服务人员，在项目引进、落地、开工、建设、投产等各个环节积极推进全程化服务。2018年7月1日前全面实施“零跑腿”和“只跑一次”事项清单制度，重点招商项目实行“你不用跑我来跑”服务模式，缩短审批时间，提高审批效率，推动项目早落地、早开工、早见效。营造宜居宜业的生活环境，按照南北互动、产城融合发展的思路，围绕园区产业集聚发展，突出公共服务配套设施先行，加快推进各类综合性和专业型市场，配套建设医疗、保健、金融担保、商业中心，大力发展餐饮、娱乐、信息、物流、交通服务等第三产业，满足企业职工日常生活的需要，打造15分钟步行生活圈，提升园区发展的“软环境”。

三、培育新材料产业园区新动能的几点启示

培育新材料产业园区新动能的成效显著，并从中可以得到以下几点

启示：

（一）必须加快体制机制改革，激发发展活力

改革创新是加快新旧动能转换步伐的关键举措。作为全省首批12家经济开发区体制机制创新试点单位之一，园区管委会在区委、区政府的大力支持下，明确目标任务，把握时间节点，强化工作举措，精心组织实施了用人分配机制、财税管理体制和行政管理体制等9个方面的改革创新，走在了全省开发区前列。2017年3月，区委、区政府制定出台《济南新材料产业园区改革发展实施方案》，突出转型升级、创新发展主题，全力推进9大领域25项改革，园区体制机制改革创新工作进入全面深化阶段。一系列的改革创新举措突破了长期以来制约园区发展的体制机制障碍，初步建立起科学规范、运转高效的园区管理运作体系，全方位激发了园区发展活力。在用人分配机制方面，制定出台《园区面向社会公开招聘管理办法（试行）》，面向全区公开竞聘专业人才，充实了新生力量。实行全员聘用制，执行绩效考核管理制度，做到“量化考核，按岗定薪”，发放绩效薪酬，激发了干事创业的积极性；在财税管理体制方面，园区财政实现独立核算，赋予园区财税自主权，建立了5000万元的新材料产业基金，基金总规模1.6亿元，扶持园区企业发展。通过实行市场化、专业化运作，逐步建立完善园区金融保障体系和产业发展支持体系；在行政管理体制方面，本着简化流程、优化服务、精简高效的原则，新组建8个职能部门，区级审批权限全部授予园区，管理与服务效能大幅提升。园区创新试点工作的经验做法在省、市开发区中得到推广，园区知名度和影响力不断提升。

（二）“成果、团队、平台、资金”的特色科研成果转化之路为新旧动能转换注入新活力

自济南新材料产业园区成立以来，走出了一条“成果、团队、平台、资金”的特色科研成果转化之路。目前园区已引进山东大学国家胶体工程材料研究中心、山东师范大学教育部工程中心、山东省科学院新材料所、济南大学科技园等多所省内知名高校科研院所的成果研发和产业化基地，为园区提供可转化科研成果近百项，部分科研成果已在园区就地转化并实现效益。在企业方面，包括天诺光电、德胜精细化工等在内的多家企业已建立自己的研发机构和平台，这些在企业内建立的技术研发机构，大多数与大专院校、科研单位建立了紧密的合作关系，形成了以企业为主体、产学研结合的技术创新体系。目前园区拥有包括中科院院士、国家“973”计划科学家、泰山学者、全市“5150”高层次人才在内的近50位教授和研究员，为园区发展提供了智力支持和科研技术保障。近年来，园区被确定为国家火炬计划特色产业基地、国家小微企业创新创业示范基地、国家海峡两岸青年创业基地、全省体制机制创新试点园区和中日韩尖端产业合作济南先行示范区。科研实力的不断增强，有力推进了园区项目的提质增效和传统产业的转型升级，为园区新旧动能转换注入新的活力。

（三）必须完善公共服务平台，提升智能信息化管理水平

公共服务平台对于降低企业生产成本、优化投资环境、提升产业竞争力具有重要意义，已成为经济发达地区产业园区的“标配硬件”。为做大做强园区经济提供有力支撑，园区重点打造五大产业平台：一是鑫茂齐鲁科技城中小微企业创新创业发展平台；二是以传化泉胜公路港为龙头的现代物流产业集聚发展平台；三是以山大国家胶体材料研究中心为代表的科研转化发展平台；四是以中德（济南）产业园为代表的外向型经济发展平台；五是以中弘新奇世界国际度假区为引领的文化旅游产业发展平台。同时，园区积极推进“政、产、学、研、资”五位一体合作，打造政产学研资协同创新服务平台，促进产业、科技、金融、人才深度融合，带动传统产业转型升级和高端发展。在此基础上，努力提升园区信息化管理水平，构建智慧园区服务平台，实现资源交换共享、提升服务软实力、满足企业发展需求。通过建立网络客户端、手机APP、云共享平台等多种方式，提供即时通信、视频会议、连锁管理、供应链管理、客户服务等平台资源和应用服务。利用互联网平台将政府机构、企业、服务机构、金融机构等连接成为一个生态共同体，做到服务价值最大化、效率最优化、协作便捷化，为入园企业提供完善的服务，实现整个园区产业生态的转型升级。

案例二十二

沂源县经济开发区推动新旧动能转换的实践与启示

随着经济加快转型发展,经济开发区建设已成为扩大投资、推动创新、加快区域经济发展的重要平台和强力引擎,在推进新旧动能转换重大工程中的助推器和示范区作用日益凸显,沂源经济开发区就是其中典型的案例。

一、沂源县经济开发区的基本区情

沂源县经济开发区为省级开发区,规划面积53.7平方公里,辖区内有企业261家,其中规模以上企业67家,高新技术企业18家。设有博士后科研工作站5个、院士工作站5个,高新技术产值占比达到56.8%,位居全省前列。拥有5家上市公司,其中山东瑞阳制药公司经济效益位居全国医药工业企业排行榜第30位,山东药玻公司是目前亚洲最大的药用玻璃生产企业,山东鲁阳节能材料股份有限公司是亚洲最大的陶瓷纤维制造基地。现有12个"两化"融合示范带动项目,3个列入省"两化"融合重点项目,2个列入省重点信息化产业项目,6家企业入选淄博市"工业企业50强",药玻公司、合力泰公司被确定为"国家两化融合管理体系贯标试点企业",瑞阳公司被列入"全省创新百强试点企业";有省级示范工程技术研究中心等省级以上创新平台6家,新产业新经济新动能加快成长,新动能对全县规模以上工业增长的贡献超过50%。2017年,沂源县经济开发区规模以上企业实现工业总产值

435.48亿元，工业增加值68.48亿元，主营业务收入413.26亿元，工业利税64.09亿元，同比分别增长12.75%、13.35%、13.94%和13.49%。

二、沂源县经济开发区推动新旧动能转换的做法

全省新旧动能转换重大工程动员大会召开后，沂源县成立了由县委副书记、县长任组长，30多个部门主要负责同志为成员的县新旧动能转换重大工程战略规划领导小组，负责统筹协调解决新旧动能转换中的重大问题，制定出台了《沂源县推进新旧动能转换改革实施方案》。沂源县经济开发区充分发挥产业集群、要素集聚、资源节约的"洼地"效应，实施创新发展战略，以园区建设辐射带动全县经济发展，成为全县新旧动能转换的先行区和示范区、区域经济发展的带动区、全面创业的活跃区、新型工业化示范区和低碳经济先行区，迸发出动能转换的强劲动力。

（一）以创新引领新旧动能转换

沂源县经济开发区重视通过深化体制改革和机制创新推动新旧动能转换。

1.理顺管理体制

沂源县经济开发区党工委书记由县委常委、常务副县长兼任；按照"区辖镇"管理体制要求，悦庄镇与开发区领导班子交叉任职；整合经济开发区原安全生产监管局与规划建设局环境保护科职能，设立经济开发区安全生产监管环境保护局，将经济开发区原经济发展招商局更名为"经济开发区招商局"，同时新设立经济开发区行政执法局。

2.创新运营机制

实行"管委会＋公司＋基金"运营模式，管委会统筹园区总体规划和重大事项研究决策，负责园区的党建、环保、安监、公共服务、社会管理等事务。成立了国有鲁中高新科技园区开发公司，负责园区投融资、招商、土地收储运营，统筹供水、供电、供热、供气、治污等公共服务设施的规划建设和运营管理，通过公司化运作，实现了园区发展由政府主导向市场主导转变。与赛伯乐公司合作设立30亿元赛源产业发展基金，与上海华创公司合作设立30亿元华创产业发展基金，与苏州博济公司合作设立1.1亿元天使基金，依托这三支产业基金，对初创期、孵化期和现有产业项目进行金融服务。

3.改革用人机制

以公司化运作为基础，灵活用人，对经济开发区党工委委员、经济发展招商局局长实行档案封存，原职级不变，担任国有鲁中高科公司董事长、总经理，这在淄博市成为首创。同时，打破机关单位用人的体制机制限制，坚持“特职特聘”“特岗特薪”，由鲁中高科公司面向社会公开招聘了14名精通专业招商、基金运作、工程现场管理方面的专业人才。对新招聘的人才，实行合同制管理、年度目标考核和年薪制，打造出一支专业的园区建设、运营、管理团队，为推动园区经济高质量发展奠定了基础。

（二）搭建服务“大平台”，助力新旧动能转换

1.搭建园区规划大平台

围绕打造“生产、生活、生态”融合的现代园区，促进资本和人才的聚集、结合、孵化，聘请山东同圆设计公司编制了50多平方公里开发区总体规划，划分生活区、产业区、生态区三个功能区。其中，生活区10平方公里，用于园区村搬迁安置和园区配套；产业区30平方公里，由深圳中投顾问公司，编制了产业规划；生态区10平方公里，建设沂河源国家级湿地公园，积极创建国家级生态经济园区。

2.搭建基础设施配套大平台

大力实施“筑巢引凤”工程，与中国水电三局、北京中新济众公司签订了总投资38亿元的基础设施共建协议，全面提升园区综合承载能力。目前已投资7.7亿元，实施32.6公里道路工程，全面完成产业园“四横九纵”路网建设；投资13.1亿元，建设27.5万平方米的标准厂房；投资10.5亿元，启动东部热源项目，建设2×5万千瓦背压机组，新扩建一处110千伏变电站；实施了日供水能力5万吨的东部水厂项目。按照“整体规划、分期推进、市场运作”原则，启动实施了11个村、3929户、10084口人的园区村迁建项目，为园区发展腾空土地约5000亩；完成了儒林河和饮马河的河道治理，建成了第二污水处理厂，日处理能力由4万吨达到8万吨，所有污水实现了达标排放。

3.搭建招商引资大平台

实施资本招商。以“基金＋资产”吸引新项目，政府出资成立引导基金，撬动和吸引社会资本，建立产业基金，并通过建设标准厂房、搭建创业载体、

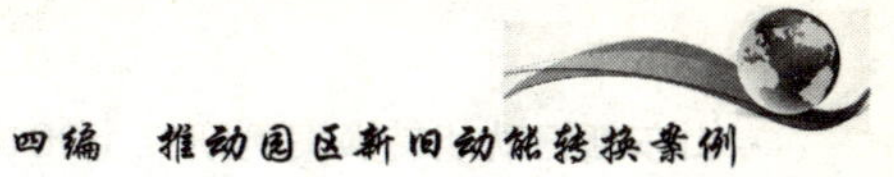

盘活闲置资产等途径，吸引优质项目入园。同时，采取“PPP＋产业导入”的办法，吸引社会资本建设定制化厂房及配套，由社会资本方引进项目，探索形成一个政府节约基础投资、项目方拎包入驻、社会资本方稳定回收投资的共赢模式。

实施委托招商。由于沂源县区位相对处于劣势，交通不够发达，特别是不通高铁，为克服这一困难，公司在招聘时采取“工作在原聘地、薪酬执行原聘地标准”的办法，在珠三角、长三角、京津冀等经济热点地区成立公司或派驻机构，在当地选聘一批专业人才，从事定向招商、产业信息搜集、资源整合等方面工作，形成了“人在外地、效力沂源”的局面。

4.搭建创业创新大平台

搭建创客空间，为初创型项目提供全方位服务。着眼于为创新企业、创业项目和创业人才提供管理、培育、孵化、扶持等创业服务，与火炬孵化集团合作搭建了创业创新平台——沂源创客邦，在培育科技创新创业项目，引导科技成果转移转化，营造良好创新创业生态环境方面发挥了重要作用。

建设创业公寓、大学生创业中心，为创业者提供发展空间。投资1.1亿元，建成4.3万平方米的创业创新大厦；投资1.1亿元建设占地30亩、建筑面积3.15万平方米的创业公寓项目；总投资5.2亿元的国家级科技研发中心——瑞阳科技大厦项目已基本完工。

建设小微创业园，为小微企业提供发展平台。着眼于集中集约利用土地，为小微企业提供便捷、高效的服务，规划建设了小微创业园。在建设上采取为入驻企业量身定制模式，统一规划，统一设计，统一开工，目前已有12家企业入驻小微创业园。

（三）发挥人才“催化剂”，推动新旧动能转换

制定《加强人才和科技创新工作的若干政策意见》，出台5个人才培养选拔办法，拓宽选贤用能渠道。与深圳中投顾问、赛伯乐等公司合作，成立了沂源云产业发展公司和沂源龙头企业孵化器运营公司，分别在深圳、杭州、北京等地区招聘了一大批招商专业人才，为园区高质量发展奠定了人才基础。

突出“高精尖缺”导向，以产业基金为依托，引入国家疾控中心齐智归国博士团队、宋濯霆留美博士团队、李永田留美博士团队、姚兆崖博士团队、宗慧博士团队；引进院士、“千人计划”专家 5 人，引进入选省“急需紧缺”人才 15 人，引进其他各类高端人才 39 人。

成立人力资源协同发展办公室，为新项目落地发展培养和储备技术工人。与高职院校、社会培训机构合作，构建起“招工—培训—上岗”一条龙的高级蓝领培养模式，满足了企业对技术工人的需求。

（四）以新项目为“支撑点”，撬动新旧动能转换

突出重大项目示范带动作用，2017 年园区实施了 38 个市县重大项目，总投资 139.6 亿元，全部投产达效后，预计可实现年销售收入 260 亿元、利税 39 亿元、利润 20 亿元。2018 年，实施市县工业重大项目 46 个，总投资 292 亿元。鲁阳节能材料股份有限公司的玄武岩建筑外墙保温板项目、年产 2 万吨窑炉专用整体模块项目被列入 2018 年山东省重点建设项目。山东合力泰电子有限公司年产 5 亿套摄像头模组项目、淄博市卓意玻纤材料有限公司年产 8 万吨无硼无氟玻璃纤维项目、瑞阳制药有限公司生物医药园建设项目、山东药用玻璃股份公司一级耐水药用玻璃管制系列瓶及低硼药用玻璃管制系列瓶项目被列入全省新旧动能转换重大项目库第一批优选项目。

整合各类资源要素向经济开发区集聚，按照“小行业大龙头、大行业硬拳头”的思路，打造实施了瑞阳医药产业园、药玻医药包装产业园、鲁阳节能环保产业园、合力泰电子信息产业园、北京中新济众新材料产业园、中煜生物科技公司医药健康产业孵化及疫苗生产产业园、清华大学产业成果转化产业园 7 个千亩百亿级产业园，全部为“高、新、轻、绿”项目，实现了产业集约集聚发展，培育形成新动能主体力量，为新旧动能转换注入了强劲动力。

（五）传统产业“凤凰涅槃”，实现新旧动能转换

实施“退城进园”工程。为加快城市化进程，促进工业可持续发展，改善城区居民的生活环境，同时借搬迁的机会升级工艺、更新设备，淘汰落后、高能耗生产线，提高经济和社会效益，启动了药玻、沃源、绿兰莎等 9 家企业、10 个厂区“退城进园”，加快企业转型升级，通过搬迁改造、退城进园，推动企业转向自主化、智能化和信息化。

为传统产业转型升级提供高质量服务。推动传统产业优化升级，让老树发新芽。首先，为企业“望闻问切”，建立和完善创新激励机制，营造“看得见摸得着”的创新环境。其次，建立以互联网、大数据为载体的云平台，为企业发展、决策提供大数据服务。第三，深入推进“一次办好”改革，为企业新产业、新技术、新项目立项审批提供全程服务。

强力推进精准转调，加快转型升级步伐。将 2018 年确定为“技术改造突破年”，谋划实施了技改项目 63 个，概算总投资 123.1 亿元，其中 43 个项目列入淄博市重点技术改造项目，推动化工、机械、纺织、建材等传统产业脱胎换骨、提质增效。

三、沂源县经济开发区推动新旧动能转换的启示

沂源县经济开发区推动推动新旧动能转换的实践提供了以下启示：

（一）体制机制创新为新旧动能转换提供动力和活力

理念是行动的先导。实现高质量发展，必须在推动思想解放中树立发展新理念。解放思想、转变观念必须敢于刀口向内，割除一切阻碍新旧动能转换的顽瘴痼疾，打破一切利益固化的藩篱，深化“放管服”改革。沂源县经济开发区把新旧动能转换作为“一把手”工程，突出重点，集中发力，提出了“科技创新和体制机制创新双轮驱动发展战略”，在体制机制改革方面做了大胆而有益的尝试，可以说沂源县经济开发区实现跨越式发展主要得益于此。

（二）干部职工勇于担当是加快推动新旧动能转换的重要支撑

顺境逆境看胸襟，大事难事看担当。全面深入推进新旧动能转换重大工程，必须深入持久推进作风建设，采取更加有力的措施、更加有效的方式，提振干部职工精气神，以永不懈怠的精神状态和一往无前的奋斗姿态，加快工作作风再转变。开发区一班人见机遇抓机遇、遇难题破难题、没路子找路子，抢占先机、赢得优势，敢和快的争，敢向高的攀，敢与强的比。坚持规划先行，不驰于空想、不骛于虚声，脚踏实地，一锤接着一锤敲，一张蓝图绘到底。全面推行“一线工作法”，将 7 个百亿级产业园项目实现责任制，坚持工作项目化、项目责任化、责任具体化，将每一项工作都落实到具体项目上，明确具体责任人，确保工作落细落小、落到实处，全力推动各项工作实现大突破、大提升。

（三）招才引智是加快推动新旧动能转换的重要保障

功以才成，业由才广。人才驱动创新、创新驱动发展，人才在新旧动能转

换中发挥核心驱动作用。为进一步提升人才发展竞争力和科技创新能力，更好地服务新旧动能转换，沂源县经济开发区全力营造人才集聚软环境，进一步厚植人才集聚的“森林效应”和发挥高层次人才的“蝴蝶效应”，实行“特事特办，一人一策”，重点围绕医药健康、新材料、食品加工、电子信息等产业，采取多种方式招才引智，形成了“人才是核心，平台为资源，项目是载体”的科技成果转化模式，使高端产业人才、企业经营管理人才、基础性人才、专业技术人才、国际化人才尽展其能，形成了“引进一个人才、带动一个团队、办起一个企业、兴起一个产业”的链式效应。

（四）精准招商是加快推动新旧动能转换的重要举措

新旧动能转换离不开新项目、大项目，新项目、大项目又离不开精准招商。为突出高端化、产业化、集群化招商，沂源县经济开发区充分发挥园区载体功能，提出了“加快推进企业入园、加快培育主导产业、加快改善园区配套、加快完善体制机制、加快转变工作作风”的“五加快”工作总基调。深刻把握供给侧结构性改革大背景下产业发展、要素配置的新特点，强化对重点产业招商工作的统筹协调和组织推进，编制重点产业招商指导目录，高端策划重点产业精准招商项目，统筹产业项目布局及产业政策支持，对新引进的世界500强企业直接投资项目以及其他外来投资者投资1亿元人民币以上的直接投资项目给予投资补助，补助以无息借款方式对项目建设进行资金扶持，内资项目借款金额为实际到位投资额的5%，外资项目借款金额为实际到账外资的6%。在专业化招商上下功夫，在精准化招商上出奇招，建立了招商微信群、微信公众号和招商网站，突出市场化招商、专业化运营两大核心，坚持“高、新、轻、绿”标准，引进一批优质大项目。为加快项目落地，强化了要素保障，畅通了项目建设绿色通道，强力推进项目建设。在建好硬件设施的基础上，加强软基础设施建设，对招商项目全过程进行产业引导和服务，形成了独具特色的“孵化器—加速器—产业园”招商项目引进培育模式，不仅引得来，还全力促其做大做强，增强了园区吸引力。

（五）传统产业转型升级是加快推动新旧动能转换的重要抓手

新旧动能转换既来自“无中生有”的新技术、新业态、新模式，也来自“有中出新”的传统产业改造升级。沂源县经济开发区积极利用高新技术、先进技术改造提升传统产业。如鲁阳公司的可溶纤维生产线运用国际最新技术改造成功，生产率提高3倍以上，总能耗下降18.8%；药玻公司对传统产品模制瓶和棕色瓶进行轻量化生产技术攻关，改进配方和工艺流程，年生产成本下降10%。大力发展产业链经济，拉长产业链条，抢占产业链和价值链高端，形成了以医药健康、新材料为代表的特色产业集群，集群产值年均增长10%以上，如以瑞阳制药、山东药玻、山东鑫泉为基础，形成了以医药中间体、中西成品药、医药包装为主的医药健康产业集群。积极引导上市或挂牌企业，充分利用资本市场，创新资本运作模式，加快"二次创业"，如联合化工公司与江西合力泰公司重组，通过向合力泰公司股东定向发行股份，购买该公司100%的股权并募集配套资金，联合化工公司原有资产实现了保值增值，促进了产业结构调整，实现了由传统化工产业向年产5亿只手机摄像头高新技术产业转型。加大科研投入，突出科技创新平台打造和成果转化，如药玻公司建成淄博市唯一一家省级示范工程技术研究中心，瑞阳公司建成国家级科技研发中心，为产业转型升级注入了新动力。

案例二十三

中小企业的孵化器　新兴产业的聚集地

——“连城·济北智造小镇”新旧动能转换案例

济南市济阳县是先行区建设的主战场。2017年5月12日，“连城·济北智造小镇”正式入驻济阳县，与济北经济开发区开始了战略合作，其先进的产业载体+服务的招商模式顺应了新旧动能转换的大趋势，将会使优质资本和新兴产业迅速聚集，在较短的时间内优化全县经济结构，加速培育出新动能。

一、“连城·济北智造小镇”简介

“连城·济北智造小镇”是一个现代化的城市工业综合园区，位于济阳县济北经济开发区制造城内，由山东连城置业有限公司投资开发，项目总占地面积约818亩，拟投资50亿元，开发建设120万平方米。项目一期2018年6月已投入正式运营。该项目借鉴新加坡城市工业综合体设计理念，致力于优质产业载体及相应的服务配套设施建设。运用先进的服务模式招商引资引智，打造集“智能智造、创意研发、服务配套、绿色生态”于一体的现代化城市工业园区。连城公司深耕产业园区建设多年，积累了较为成熟的经验，在浙江、山东等地受到了各级政府和企业的高度重视和关注。园区全部投入运营后可承载容纳1000家企业，实现年生产总值100亿元，3万人的生产、研发、办公和生活，可带来税收20亿元，尤其对实施创新驱动发展战略、承接产业转移、促进产业转型升级、科技成果转化、打造高新企业孵化、创新成长企业辅导基地和双创基地都将产生积极的促进作用。截至 2018 年 10 月，接近 140 家企业或项目正式签约。

二、建立优质产业载体＋服务的模式及其成效

“连城·济北智造小镇”坚持高标准严要求，坚持用“四新”促“四化”，着重在新模式上做文章，通过提供优质产业载体和综合服务赢得市场，取得了新旧动能转换的实效。

（一）建立优质产业载体＋服务的模式

“连城·济北智造小镇”建立了优质产业载体＋服务的模式，包括创新运作模式和创新孵化模式。

1. 创新运作模式

（1）设计建造多类型标准、多层厂房，满足不同企业或项目多重需求，为产业集聚提供高标准平台。分别有独栋式、双拼式、平层式、庭院式四层厂房，入园企业或项目都会在园区找到适合自己的厂房。其中，独栋厂房为一个企业一栋楼的经营载体，私密性强，产学研一体化设计，独立产权；平层式厂房以楼层为单位，主要面向装备制造业、智能制造、创意研发、总部经济等中小企业；庭院式厂房充分展示企业的个性化、专业化生产；双拼式厂房是以单元为单位，在后期招商过程中还会根据新的市场需求，进行个性化“私人订制”建设。企业亦可根据需求自由分割，最大限度满足所有业主需求，并且厂房可租可售。

（2）打造共享经济，提供综合配套服务。一是创新功能齐全的服务模式。规划建设占总建筑面积 10％～15％的综合服务设施，包括千人食堂、购物超市、银行及金融机构、政府行政服务中心、医务中心、幼儿园、会议中心、接待中心、创新孵化中心、信息中心、职工娱乐活动中心、图书馆、咖啡厅、企业产品展览馆、路演中心、翻译、货代物流等，为企业研发、生产、经营、办公、产品发布、展示和交易及职工生活提供快捷便利到位的服务。二期还规划了住宅区和商业街区，配套建设住宅、商业、餐饮、精品酒店、甲级写字间、电影院＋等生活服务设施。二是建设高档人才公寓。人才是欠发达地区企业发展提升的“瓶颈”，即使是高薪条件下，由于基础设施、生活配套、精神家园等比较

滞后，不能满足人才追求的高质量生活需求，也很难留住人才。人才公寓及相关配套建设将会解决欠发达地区对人才吸引力不强问题。人才公寓价格灵活实惠，可同时满足园区内的一般职工、高管生活居住需求。园区内服务设施均为相关配套，完全按照规划规范建设，无关或外来服务项目一律不许进入园区。园区努力实现资源利用最大化，用市场行为聚焦低成本生产、生活、居住，让产业迅速集聚在一起。

(3)创新设计手法，实现生产、办公与自然生态的完美融合。园区设计充分渗透生态理念，小镇打造“一轴、四心、多片区、多节点景观”(一个中央景观轴、四个景观中心、多个功能片区、多个景观节点)，营造园林式的空间布局，层次丰富的院落、花园，植入产业园的体系中，园区企业实现了花园式生产。

(4)设立专门的工业物业管理公司，为入园企业提供一站式手续办理服务。积极创新招商政策，转职能提效率，加快产业引入，物业公司为每一家入驻园区的企业提供优质、全面的管家式服务，提供手续代办、政策扶持、人力资源、上市咨询辅导等一站式服务，并帮助符合条件的企业争取优惠税率及税收优惠，实现企业“足不出园”即可办理所需的相关行政审批业务。

2. 创新孵化模式

(1)“金融＋孵化”的扶持模式。引入连城集团旗下温合创投基金公司，设立 2 亿～3 亿元的产业基金，由专门的基金团队甄选部分优秀企业进行定向资金扶持；扶持形式包括股权投资、金融借贷等。作为一家新三板公司，深圳高新现代智能系统股份有限公司入驻后，发行了 1000 万元的股票，创投基金认购其中的 200 万，待其成为 IPO 企业后逐步退出，实现了双赢或多赢。园区管理单位与金融机构建立战略合作关系，引导银行业金融机构给予入园企业足够的授信额度和利率优惠。入驻企业亦可在政府的支持下获得发展奖励基金，在项目正常生产纳税后执行，用于企业的设备改造、安全生产达标和技术改造、技术创新、品牌和商标创建、环保和节能减排等工作。园区力争每年打造 2～3 家新三板上市企业，通过 3～5 年打造几家 IPO 企业。

(2)“科技＋孵化”的创新模式。积极引进国家级院士和高校教授，努力打造高水平的专家团队，为园区企业提供技术支持和创新辅导。聘请中国工程院院士、原华中科技大学校长李培根为首席顾问，聘请陆军装甲兵学院梁

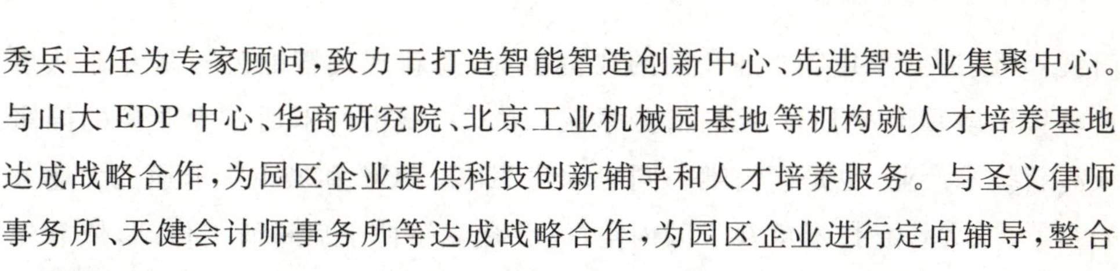

秀兵主任为专家顾问，致力于打造智能智造创新中心、先进智造业集聚中心。与山大 EDP 中心、华商研究院、北京工业机械园基地等机构就人才培养基地达成战略合作，为园区企业提供科技创新辅导和人才培养服务。与圣义律师事务所、天健会计师事务所等达成战略合作，为园区企业进行定向辅导，整合行业优质资源，实现企业低成本、专业化的运作模式。此外，定期或不定期举办智能、智造高峰论坛、专家讲座等，推动企业合作与交流。

（二）取得的成效

“连城·济北智造小镇”的创新模式为新产业提供了展示的平台，成为产业聚集发展的新引擎，创造了企业、政府、社会多赢的局面，主要体现在以下几方面：

1. 做到了资源集约利用，实现了经济共享

产业聚集，土地是瓶颈。济阳县和全国各地一样，产业拓展亟待大量土地做支撑，而土地是稀缺资源，土地指标紧张，耕地红线不允许突破，这就需要创新土地利用方式。连城·济北智造小镇建造多层厂房，既满足了产业聚集又节约了土地。企业还可以根据需要自由分割空间，或者为企业“量身定制”，实现了土地利用集约的最大化。园区内相关配套服务设施由园区内所有企业共同使用，避免了企业再次投资建设，这不仅是节约成本提高效率的问题，更是资源共享的一种实现形式。

2. 一批环保、绿色、生态高新产业迅速聚集

作为园区的管理单位，济北经济开发区管委会代表政府对入驻企业或项目进行把关审批。一是从产业上要求入园企业符合国家的产业政策，“两高一剩”产业不得入园；二是从投资强度上要求入园企业达到一定的规模和实际到位率，不达标者不得入园；三是从企业纳税上设置了一些门槛，防止投资性和投机性房产操作，杜绝炒房，目的是鼓励入驻企业真正创业。一批高新技术或知名企业成功签约入驻园区，如芯驰能源科技有限公司致力于节能新技术和能源技术的开发与应用，生产交流稳压稳频电源、25Hz-1 Kz 不间断电源、航空—军事专用中频静变电源、无功补偿电源及开关电源（SMPS）等高科技产品，产品广泛应用于信息、金融、证券等领域以及航空航天尖端领域；济南德克斯电器公司主要生产微信支付、支付宝支付、投币式、刷卡式滚

筒洗衣机，是生产共享经济产品的典范企业；高新现代智能公司是专业从事自动售检票系统（AFC）、路网清分系统（ACC）、城市一卡通三大业务的国家级高新技术产业，也是国内唯一同时承建AFC、ACC和城市一卡通三大业务的企业，三大核心技术填补了国内空白，并建立了博士后科研工作站，依靠先进技术与服务，培育出比美国Cubic、日本Omron、韩国LG、三星集团等洋品牌更有竞争力的品牌，获得了广东省科技进步一等奖的荣誉。除了现有140家企业或项目入驻外，尚有数十家企业在排队签约中，全部是环保、生态、绿色的高新产业，一批新动能产业在聚集成长。

3.打造绿色生态宜城宜居特色小镇，实现了产城融合

济阳县把生态建设作为发展园区经济，助力实体经济、促进招商引资的重要举措，大力加强智造园区生态建设，婉拒污染型的制造业和服务型产业，取得经济发展与环境保护“双赢”的发展局面。园区追求人与自然的和谐、经济与社会的和谐，为外来客商和企业发展提供“宜居、宜业、宜商”的优良环境，打造绿色生态宜业宜居特色小镇和现代绿色智慧小镇。产业、相关配套、住宅、景观等相得益彰，产城融合，产以城聚，城以产兴。优美的人居环境、更便捷更优质的公共服务、更优良的创业氛围，实现了人才汇聚和产业的协同发展。

三、“连城·济北智造小镇”模式的启示

“连城·济北智造小镇”作为济阳县新旧动能转换示范基地，不仅仅是培育新兴产业发展的孵化平台，更是代表了一种新兴的生产力，它把服务创新、模式创新、政策创新、人才创新等要素组合在一起，迸发出推动经济发展的新动能。

（一）欠发达地区借助新旧动能转换可实现经济发展弯道超车

当前济阳县“两高一低”产业尚占有相当的比重，作为欠发达地区要想走出新路，就要紧紧依靠创新驱动，实现发展动力从要素驱动向创新驱动转换，推动产业发展由粗放型向集约型转变，由价值链中低端向中高端转变，为经济可持续发展和迈上更高台阶提供新的动力。“连城·济北智造小镇”引入的项目或企业恰恰是新产业、新技术、新业态、新模式，这和县域经济传统产

业有很大不同。随着入园企业或项目聚集越来越多,即将或已经产生规模效应,这使得济阳县在新的发展起点上能够迅速达到发达地区的起跑线位置,济阳县将在较短的时间内迎头赶上先进发达地区,从而实现经济弯道超车的目的。从这层意义上说,新旧动能转换是欠发达地区实现弯道超车的良机。

(二)政府在新旧动能转换中必须勇立潮头,承担掌舵者的责任

新旧动能转换工作复杂而艰巨,涉及经济社会各个领域。虽然企业是主体,但政府承担着不可替代的掌舵者的角色。特别是对地方政府,一旦管理出了偏差,就会产生适得其反的效果。因而政府应做好三方面的工作:一是搞好产业规划。规划不但要科学合理,还要着眼长远。有的企业创建只二十几年甚至时间更短,却因周边已被居民包围需要搬迁,企业搬迁中一拆一装成本很高,所以要通过建设产业园区等方式解决产业的合理布局问题。二是把关和审批。对落后淘汰产能、污染型产能、非新动能坚决不予审批,防止"新瓶装老酒",坚决不能单纯为了 GDP 的增长,影响一个地方的长远发展和绿色发展。三是创新管理模式。与传统经济形态相比,新动能的培育在生产要素、基础设施、经济形态、竞争规则等方面都发生了重大变化。目前新动能领域普遍采取传统方式进行管理,传统管理架构和治理模式还不适应新动能技术更迭快、业态多元化、跨界融合的新特点,部分职能部门仍存在"缺位""越位"和"不到位"现象,一些标准、政策和规定过于滞后,或者用"老办法"管理新产业,这不利于新动能发展壮大,政府就必须改革不适应新动能发展的体制机制。四是政府要给予有力扶持,设立产业基金或创新基金,出台优惠政策,引导金融机构向新动能产业倾斜等。

(三)狠抓"小微企业",促使实体经济转型升级,是县域经济实现新旧动能转换的主要内容

县域经济的企业以小微企业为主体,而小微企业中又以传统产业居多。因此,如何抓住小微企业这个绝大多数,是县域经济实现新旧动能转换的主要内容。一是改造旧动能,让知识、技术、数据等新生产要素进入传统产业,激发传统产业发展的活力。二是要加大科技型小微企业的培育和支持力度。科技型小微企业是科技创新最为活跃和最具潜力的群体,今天的科技型小微企业,可能就是明天的"巨无霸"企业。重视科技型小微企业的发展,就是重

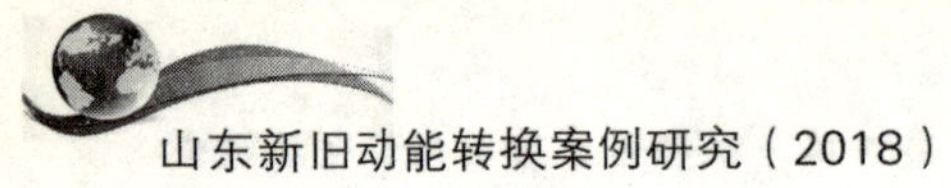

视一个地区经济的活力和未来。连城·济北智造小镇入驻的大多是小微企业，这为县域经济其他小微企业树立了标杆。

（四）优化发展环境，强化服务升级，是实现新旧动能顺畅转换的必要条件

环境也是生产力，“筑巢引凤”“腾笼换业”“借鸡生蛋”发展模式最需要的是有一个良好的发展环境。连城·济北智造小镇的成功实践不禁让人反思：一个园区能够做到的，政府更应该能够做到并且应该做得更好。济北开发区从三方面强化服务升级：一是提高行政审批服务效能。简化审批流程，加快推进先照后证等工商注册登记制度改革，推行多证合一、一章审批等快速审核方式。实行“容缺办理”，允许符合条件的工业项目和公益性项目在主要条件具备、次要条件欠缺的情况下实行“边审批边补缺”，使企业有更多时间和精力加快发展。二是打造“大服务”体系，按照“招商—建设—运营”纵向分离、横向整合，全力打造一站式服务体系，从项目洽谈、签约到建成投产直至日常的生产经营均有专人跟踪服务，重大项目实行“一事一议”。去年，济北开发区“扩区、强权、改制”同步实施，一次性扩大3倍面积，县里一次性下放52项县级权限，一次性理顺管理、财政、人事、薪酬4大体制，从根本上破解了空间不足、权限不够、体制不活等制约。特别是在优化营商环境方面，“一枚印章管审批”成为全省样板，蹚出了“预先模拟、并联审批、一次告知、全程代办”的新模式，刷出了从项目签约到开工用时57天的最快纪录。2018年，济阳县又向济北开发区下放了第二批共45项审批权限，逐步将县级行政审批和管理权限全部下放。三是从财政、税收、土地、水电路网暖等收费优惠政策上给予引入企业项目最大优惠。优化发展环境，强化服务升级，已经成为实现新旧动能顺畅转换的必要条件。

第五编

发展现代优势产业集群案例

案例二十四

临沂经济技术开发区培育产业集群的探索

临沂经济技术开发区（以下简称“临沂经开区”）根据省里的“十强”产业规划和临沂市的“8＋8”产业培育计划，抢抓机遇、率先布局，努力做大做强现代优势产业集群，取得了显著成效。

一、临沂经开区产业集群发展历程

临沂经开区是一个国家级经济技术开发区，规划控制面积223平方公里，辖3个街道、72个行政村，26万人口。

临沂经开区在建区之初的主要任务是承接来自老城区的企业转移，其中包括山东临工、旭阳机械、中化化肥等企业。2006年成立了一个招商综合局、六个专业招商局，建立招商引资项目评价筛选机制。到2012年，临沂经开区初步形成了工程机械、生物化工、家具木业、纺织服装、金属制品、食品加工六大产业，培育了医疗器械、新能源新材料两大特色产业。2013年，根据省委、省政府实施高端高质高效产业发展战略和临沂市制定的“10＋6”产业计划，根据开发区实际，以做大做强传统优势产业、着力发展新兴产业、加快构建具有开发区特色的现代产业体系为目标，临沂经开区成立了高端装备、现代服务、新能源新材料、精细化工产业、生物医药、健康产业、文化旅游地产以及金融总部八大园区。2013～2016年，临沂经开区聚焦八大产业发展，突出招大引强，提供有力的智力支持、资金支持、政策扶持，为企业做大做强形成了良好的发展环境，产业规模进一步扩大，产业更加聚集，形成了比较完备的产业体系，产业链进一步拉长。

八大园区中，高端装备制造园区最具规模优势，形成了比较完整的产业体系。临沂经开区提出，园区要着力提高产业层次、扩大产业规模，提升自动化水平和科技含量，形成产业集群发展优势。2016年，高端装备制造园区初步形成了比较健全的产业集群，产业集群主要有工程机械、汽车制造、园林植保三大类。在工程机械产业形成了以山东临工、山重建机、柳工叉车等整机生产企业为龙头，以临工金利、正大机械等核心零部件生产配套企业为支撑的工程机械产业集群，规模以上企业总量突破60家。在汽车制造产业形成了以众泰汽车为龙头，以永华滤清器、德荣汽车零部件、锦鸿汽车配件、恩科汽车模具等40多家配套企业的汽车产业集群。在园林植保产业形成以永佳动力为龙头的园林植保机械产业。

经过多年的发展，临沂经开区产业规模持续扩大，产业链逐步拉长。但随着产业的进一步发展，产业结构的深层次矛盾开始凸显，产业层次不高，产品大多处于产业价值链的中低端，高技术含量、高附加值制造能力不足；产业布局不合理，集聚发展能力不强；产业链条单一，产品结构不合理；企业自主创新能力不强，多数企业技术创新停留在成本低、见效快的引进和仿制上，自主知识产权体系尚不健全，核心技术自给率低；人才匮乏，企业后继发展动力不足等问题逐渐暴露出来，严重制约了开发区产业的壮大发展。

二、培育现代优势产业集群的做法及成效

临沂经开区围绕发展现代优势产业集群进行了积极探索，形成了有效的做法。

（一）临沂经开区培育现代优势产业集群的做法

临沂经开区摒弃陈旧观念，破除故步自封，以深化体制机制改革为突破口，高点定位培育现代优势产业集群。

1.明确产业定位

为进一步凝聚力量，突出发展优势，形成发展特色，形成产业集群发展优势，临沂经开区将八大产业园区优化整合为四大产业中心，设立智能制造产

业服务中心、医药健康产业孵化中心、新兴产业培育中心、东部生态城旅游度假区管理中心。开发区坚持推动产业转型升级，对接新旧动能转换，确立智能制造、医药健康、现代服务业三大主导产业，提出抬高项目准入门槛，制定招商“负面清单”，原则上固定资产投资2亿元以下、有环境和安全隐患和化工类项目一律不再引进，三大主导产业外的项目一律不再占用新增建设用地。

2.构建专业化的招商安商队伍

产业集群的发展最终要落脚在产业上，落脚到项目上。为加快项目建设，服务项目推进，临沂经开区构建了专业化的招商安商队伍。一是成立招商局和产业中心招商部，构建专业化的招商队伍。中心工作就是招商，招商局面对所有符合政策的项目进行招商，产业中心的招商部围绕中心的产业进行精准招商、定向招商。二是成立产业中心项目推进部，构建专业化的项目推进队伍。帮助企业协调相关职能部门办理立项、土地使用证、规划许可、绿化审批、招投标、消防、劳保统筹等相关手续；帮助解决投资方个人家庭的学习、生活、居住等面临的问题，让项目尽快投产，让投资方感受到宾至如归的感觉。三是成立产业中心办公室，构建专业化的投产达效后的日常服务队伍。中心办公室健全企业固定联系人制度，每个企业有一名科级干部充当固定联系人，发挥包括推进政银企对接，帮助中小微企业拓宽融资渠道；协助安监、消防等部门帮助企业建立健全安全生产体系、安全预警机制和应急方案；协调有关司法部门和人社劳动部门，为企业提供法律咨询和用工服务，依法维护企业合法权益等共计11项职能。

3.推进绩效考核改革

为调动广大党员干部干事创业的热情，释放员工活力，临沂经开区推进绩效考核改革。改革薪酬结构，坚持以岗定薪、按绩定酬，不搞“大锅饭”，合理拉开收入分配差距，充分发挥薪酬激励作用，并明确提出年人均薪酬随开发区经济社会发展水平特别是税收增长情况及在全国同类园区中位次变化情况进行上下浮动调整。这样的工资结构，实现了工资与绩效挂钩，打破了平均主义，实现了按劳分配、多劳多得。科学设定绩效考核系数，对绩效考核系数进行了科学设定，体现注重基层，向经济建设一线倾斜的导向。在综合服务单位，除完成年度目标任务外，将招商引资情况作为加分项，进行额外奖励；在产业中心，突出经济发展的主战场、主阵地定位，完成目标任务，考核系数高于综合服务单位；在街道，财政支持建立绩效工资二次分配机制，体现对基层干部的关心重视，拉开档次，优绩优酬。

4.深化放管服改革

为优化营商环境，减轻企业负担，深化放管服改革，成立行政审批局。陆续将10个部门的区级77项、市下放42项审批事项划转到行政审批局集中行使行政审批权，努力实现“一枚印章管审批”“一个窗口办理”的审批服务模式，解决审批职能分散、审批效率不高的问题。加强事中事后监管，依托“智慧开发区”建设，加快公共信用信息平台的建设和应用，建立行政审批诚信档案制度；以信息互联共享为基础，实施协同监管，厘清开发区相关部门市场监管职责，建立登记注册、行政审批、行业主管、综合执法相互衔接的市场监管机制，推进实施“双告知”“双随机”抽查等制度；以社会力量参与为辅助，实施社会监督，依法委托具备法定资质的专业技术机构进行检查、检验、检测，强化随机抽查监管，开发完善随机抽查信息化系统平台，在各行业系统建立标准化的随机抽查制度，实行“信息化＋标准化”双管齐下，真正转变监管方式，提高监管的公开性和透明度。

（二）临沂经开区培育现代优势产业集群的成效

通过体制机制改革，释放了改革活力，激发出发展动力，“能拼善战、敢创一流、不干则已、干必成功”的开发区精神得到发扬，一个个大项目、好项目在开发区落地生根，发展现代优势产业集群取得了显著成效。哈工大机器人、沈阳机床、华大基因、华为大数据、中交城投综合开发、奔腾激光、昆宏机械等一大批项目落户开发区，这些项目投资规模大，符合开发区产业发展规划，具有良好的产业示范和带动效应。山东临工挖掘机智能制造、山东永佳动力关键零部件生产等多个技术改造项目稳步推进，这些项目的落地与推进对于做大做强优势产业集群，培育壮大新动能具有重要的推动作用。

三、临沂经开区培育现代优势产业集群的启示

分析临沂经开区发展现代优势产业集群的做法及成效可得到以下几点

启示：

（一）重视发挥产业规划的引领作用

在规划定位中，实现国家政策与地方特色优势的有机融合是临沂经开区的成功之处。一是要符合国家和省、市的产业规划，符合新旧动能转换重大工程实施规划；二是尊重开发区实际，发挥自身优势，要集中资源发展支柱产业；三是与兄弟县区在产业定位中要突出特色，“各出各的优势牌”“各拿各的特色菜”，实现差异化发展。

（二）加快项目建设，汇聚动能源泉

发展现代优势产业集群，要落脚到具体的项目上。牢牢抓住以项目为中心的工作导向是临沂经开区构建现代优势产业集群、推进新旧动能转换的基本工作理念。临沂经开区的一切工作都是围绕产业、项目开展的，通过建立专业化的招商队伍、项目推进队伍和投产达效后的日常服务队伍，服务项目的签约、投产和运转。

（三）抓改革创新开放，汇聚转换动力

强化顶层设计、系统谋划和协同推动，改革激发动能转换，创新引领动能转换，开放助力动能转换，这是临沂经开区在培育现代优势产业集群、推进新旧动能转换工作中的又一成功经验。

1.改革体制机制，激发动能转换

改革要突出目标导向和问题导向，临沂经开区着眼于简政提效、人尽其才、激发活力，着力解决机构设置不合理、薪酬激励作用难于发挥、干多干少一个样、干好干坏一个样的问题。改革中抓住三个着力点：推进大部门制改革，建立实用高效的“小机构、大服务”综合管理体制；建立岗位管理、能上能下的用人机制，实现能上能下，让有为者有位；实行“绩效工资制”，科学改革薪酬结构，以岗定薪、按绩定酬，不搞“大锅饭”，合理拉开收入分配差距，充分发挥薪酬激励作用。

2.构建创新体系，引领动能转换

坚持创新是引领发展的第一动力，深入实施创新驱动发展战略，临沂经开区积极整合政府、企业、高校、科研院所、金融机构和中介服务机构的优势资源，构建一个主体、两个支柱、三个推手的“政产学研金服用”相结合的技术创新体系，引导创新要素向企业集聚。中科院计算所临沂研究院、山东交通学院临沂研究院和哈工大机器人（临沂）产业研究院等研发机构在临沂经开区相继成立，为由传统要素投入向创新驱动转换注入了强大动力。政府作为政产学研协同创新的主体之一，充分发挥协调和引导作用；企业作为生产经营者、技术需求方及投资者，承担技术创新的主要风险；高等院校和科研机构为技术提供方，也是风险共担者；金融机构整合社会闲置资金并转化为投资，为企业技术创新提供资金支持；科技中介机构为产学研协同创新提供信息沟通、研发成果评估和项目咨询等服务。

3.深化对外开放，助力动能转换

经济全球化背景下，不能关起门来发展产业集群，要发挥当地特色优势，引入更多战略投资，要深度融入"一带一路"建设，推动企业参与国际竞争，培育大集团，打造世界知名、国际一流的现代优势产业集群。经济外向度低是山东存在的普遍问题，要布局打造全面开放格局，加强与国际招商机构的合作，突出外向型项目，通过项目带动产业，产业集聚项目，着力引进一批体量大、模式新、科技含量高的外资项目和外向型企业，为当地对外开放升级奠定基础。

（四）补齐要素短板，健全支撑体系

建设人才队伍，强化人才保障；用好产业政策，发挥导向作用；增强金融支持，促进融资多样化；加强基础设施建设，建设一流设施，补齐要素短板，这是新动能加速成长、新旧动能接续转换的支撑保障。

要强化人才保障，建设一流人才队伍。牢固树立人才第一资源理念，实行更加积极开放有效的人才政策，实现数量型人口红利向质量型人才红利转变。围绕让人才"活起来"多做文章，在落实好已有人才政策的基础上，继续谋划推出最能补齐发展短板、最能激发潜在优势的人才新政，深化人才管理体制机制改革，探索实行以增加知识价值为导向的分配政策，吸引人才、留住人才，让人才发挥作用。搞好人才服务，领导干部要主动放下身段，贴近人才，爱惜人才，同人才交朋友，为人才提供一对一、个性化、精细化的服务，真正为人才解决实际问题，使临沂人气更旺盛、精英更云集。

用好产业政策，发挥导向作用。国家确定在综合试验区推行国家级新区、国家自主创新示范区和全面创新改革试验区等相关政策措施，赋予了一系列先行先试、试点示范的权利。这些政策涉及创新、产业、财税、金融、土地、开放、生态等诸多领域，一定要研究透、运用好这些政策，捞净“真金白银”。如选择部分战略性新兴产业和新旧动能转换重点行业（项目）先行先试临时性的期末留抵退税政策；对新旧动能转换重大项目实行用地计划单列，允许耕地占补平衡指标在省内调剂使用，运用好这些政策就能最大限度提高政策普惠面，为产业集群发展提供政策保障。

增强金融支持，推动企业融资方式创新。深化金融改革，通过政银企合作推进活动，大力发展普惠金融，改善小微企业、创新企业融资环境。通过举办资本交易大会、政银企合作推进会，拓宽企业融资渠道，促进实体经济发展。辅导鼓励企业通过资本市场融资，引导扶持符合条件的企业发行债券、股票，提高直接融资水平，推进企业资本运作和融资方式的创新。

加强基础设施建设，建设一流基础设施。坚持基础性、先导性、战略性方向，提高智能化、网络化、现代化水平，加快建设交通、能源、水利、信息基础设施，构建技术先进、功能完善、便捷高效、安全坚固的综合基础设施支撑体系。

案例二十五

全国第二大农村“淘宝”村集群

电子商务是基于互联网的新兴业态，对于创造新的消费需求、开辟新的就业增收渠道、创造制造业跨界融合、推动服务业转型升级、培育经济发展新动力具有十分重要的作用。把加快电商发展作为践行新发展理念、推动新旧动能转换的重要举措和关键环节来抓，带动传统产业转型升级、新兴产业壮大发展，是电商发展的未来趋势。

一、曹县“淘宝”村集群发展的历程

曹县位于鲁、豫两省八县交界处、山东省最西南边缘，县域面积 1969 平方公里，总人口 169.5 万，其中农业人口 129 万人，多年来一直是山东有名的贫困县。

20 世纪 90 年代，曹县大集镇丁楼村部分村民开始从事影楼布景加工，产品销售依靠个人“跑单帮”。2010 年底，有村民尝试在淘宝网进行销售，随后大量订单接踵而来，吸引了周边村民以及亲友不断加入这个销售行列。产品由摄影服扩展到表演服饰、儿童演出服等。短短几年时间里，许多外出读书、务工的年轻人陆续返乡创业。2013 年 3 月，新一届党委政府组建后，在丁楼村进行消防安全检查时，发现了这一新型的农村经济发展模式，同时也发现其中还存在一些不够完善的问题。党委政府决定成立大集镇产业发展办公室，提出了“淘宝网店卖天下，演出服饰富万家”的口号，大力支持大集镇

电商的发展。2013年底，大集镇的丁楼、张庄被阿里巴巴集团授予“中国淘宝村”称号。在大集镇的辐射和带动下，曹县电子商务的发展呈现出一种裂变式、集群式的良性发展。2015年，曹县被山东省政府授予“首批电子商务示范县”荣誉称号。到2016年，全县有6个淘宝镇、48个淘宝村，成为全国第二大农村淘宝村集群，电商从业人员14.7万余人，网店有45000多家，全县有进出口实绩的企业165家。2017年，曹县淘宝村发展到74个，其中大集镇32个行政村全部成为淘宝村，是全国最大的演出服产业集群。在曹县东南部，以大集、阎店楼、安蔡楼、梁堤头等乡镇为主的表演服饰、影楼服饰类产品在网络平台的销售占了淘宝、天猫的60%以上；在曹县西北部，以青菏办、普连集、庄寨等乡镇为主的家具、工艺品、板材等产品的网上销售占淘宝、天猫的40%以上，占京东的50%以上；在曹县城区，以曹普工艺、巨鑫源集团为代表的传统企业也在阿里巴巴国际站、环球资源、淘宝、天猫、京东等平台线上销售。2018年1月，曹县成立了曹县电子商务促进会，截至6月底，电子商务交易额完成214亿元、网络销售额82亿元；电商企业达到3650家，网店发展到4.79万个，完成跨境电商交易额2亿美元。

改革开放以来，大量农村人口涌向城市，许多村里只留下老人、孩子，发展相当缓慢。而当同龄人还在为车贷房贷辛苦打拼、为是否逃离北上广犹豫不决时，曹县淘宝村却因淘宝网人口开始回流。以大集镇为例，2013年以来，已有780名大学生、8200名外出务工青年返乡创业，“留守儿童”“空巢老人”的问题也不复存在。

曹县的发展经验表明，落后地区在工业化、信息化融合发展的条件下，也可以实现跨越式的产业进步和经营模式转型。而曹县电子商务逐渐成为加快新旧动能转换和供给侧改革的关键点和突破口，深刻影响着人们的生产生活方式和经济运行模式。

二、曹县发展“淘宝”村集群的经验

曹县在发展“淘宝”村集群中积累了许多经验，其主要经验如下：

（一）党委政府高度重视是保障

曹县县委、县政府高度重视电子商务的发展，成立了以县长任组长的县农村电子商务发展工作领导小组，先后制定出台了《曹县人民政府关于加快电子商务发展的实施意见》《关于进一步加快电子商务发展的若干意见》等条例。县政府按照“规划引领、龙头带动、园区支撑、环境优化”的发展思路，鼓励电商企业向园区聚集，吸引国内外电子商务企业和配套服务企业入驻，形成集网上商品交易、物流配送、融资支持、综合服务、人才培训等功能完善、产业特点鲜明的电子商务产业园区。

（二）有效整合资源，建立与完善配套服务基础设施

1.物流服务体系健全

曹县有效整合各种资源，并建立区域农村电子商务平台、运营服务中心、仓储配送中心、镇级服务站、两大产业聚集区、村级服务点，形成由县域电商公共服务中心、乡镇服务站、村级服务点组成的农村电子商务服务体系，为培训电商人才、对接大型电商平台、实现“购物不出村，农资到地头”奠定了基础。

2.逐步完善互联网通信基础设施

曹县推进“宽带入乡进村”战略进程，着力提高宽带接入能力，优先服务淘宝村、电商园区、电商企业，全县基本形成了光纤与无线相结合，实现了村村互联网宽带的全覆盖。

（三）各产业发挥优势，借势发展

1.依托资源优势，推动农村产业重构

曹县是芦笋种植大县，全县有芦笋加工企业 20 余家，年加工能力 14 万吨。菏泽巨鑫源食品有限公司等一批加工企业开发的芦笋系列产品如芦笋罐头、芦笋饮料、芦笋茶等系列产品在网上交易平台均有销售；曹县烧牛肉（如王光烧牛肉、米家烧牛肉、聚福烧牛肉）、黑花生、黑小麦、杂粮、麻糖等特色农产品在网上也处于热销状态。

2.依托产业优势，促进传统企业转型升级

曹县林木制品、草条工艺制品产量和出口量居全国第一，林产品加工板块特色明显，形成了一批以林木草柳加工为主业的专业乡镇、专业村。2008 年以来，许多传统外贸进出口企业也加入跨境电商的队伍。曹县木制品出口龙头企业山东曹普工艺公司 2018 年重点在阿里巴巴国际站、淘宝网、天猫网建设了自己的销售平台，以中艺木业、双龙工艺公司为代表的跨境电子商务企业网上接单量大量提升。

通过电子商务的发展，倒逼传统产业在营销环节上实现“跨越发展”。全县电子商务形成了“网店”“网店＋加工厂”“网店＋加工厂＋网络分销”、跨境电商、网上客户定制等多种形态共存的发展模式。

三、曹县发展“淘宝”村集群面临的瓶颈

比较分析曹县电子商务发展现状，面临着不少问题。总体来说，模式发展滞后，规模小、档次低、经营散、效益差，特别是制约电子商务发展的人才、服务平台等关键要素成为不容忽视的问题，应引起高度重视并认真加以解决。

（一）思想认识存在误区，整体氛围不够浓厚

目前在思想认识和工作着力点上存在着一些误区，主要表现在以下几个方面：

1.存在电商就是开网店的误区

电子商务是用互联网技术和思维改造传统的商贸流通业，开展网络销售只是一个方面，更重要的是如何利用互联网、大数据、云计算等技术和基础设施，推动零售业、批发业、社区商业、外贸、制造业、生活服务业等转型升级。

2.存在抓大放小的误区

电子商务的发展特点是从边缘到主流，一开始总是小微企业反应最快，很多大型电商企业也是从小微企业做起来的，因而不能轻视小微企业的发展。因此，像曹县这样经济欠发达的地区，一方面要推动当地传统龙头企业利用互联网转型升级；另一方面要顺应“互联网＋”时代潮流和良好机遇，引导大众创业、万众创新，尤其要鼓励年轻人创业，培育电商发展后劲。

3.招商引资存在误区

政府发展电子商务的重点是推动优势企业利用互联网转型升级。在缺乏成熟的电商服务商和专业人才的情况下，不必急于自建平台或引进服务商，应该以开放的心态借助于外地的服务商，同时注重培育本地服务商，因为互联网的根本特点就是跨地域，平台企业的注册地或者服务器不管在上海、

北京等发达地区，还是在曹县这样的落后地区，也一样可以服务全国、全球范围的客户。

（二）专业化人才缺失，发展后劲乏力

电子商务形式上看似简单，实则专业性很强，不仅需要经营理念的更新，更需要经营方式和手段的深刻变革。从调查情况看，曹县电商专业人才十分匮乏，真正懂电子商务、会电商经营、善电商管理的复合型人才寥寥无几，电商人才培养引进工作成为掣肘曹县电子商务发展的主要瓶颈。

（三）产业档次低，同质化严重

无论是表演服饰产业集群还是木制品产业集群仍然处于模仿、复制阶段，无论是网商还是加工企业在管理上都很粗放。网店页面没有经过专业的装饰和美化，同类产品还存在“盗图”现象，没有专业的设计人员和团队。在走访及调研过程中发现，60%以上的网店主要采取网络分销的模式，这在一定程度上导致了产品雷同，更加剧了价格的竞争。而多数厂家的经营者知识产权意识淡薄，缺乏品牌观念，仅10%企业注册了自己的商标。同时绝大多数加工厂和网店仍采用家庭式经营方式，随着网销规模的扩大，对生产、仓储的空间需求急剧上升，在用地指标无法突破的情况下，很难扩大经营。

（四）企业发展瓶颈突出，资金、服务压力较大

1.电商企业占压流动资金

演出服饰、工艺品、木制品等网上产品销售具有季节性，企业要保证正常销售，必须一直生产备货，积压了部分产品。以大集镇庆生服饰为例，该公司待售的货物价值达到100万元以上，占压了大量流动资金。

2.农村电商企业贷款融资难度较大

电商企业普遍规模较小，手续、账目不够规范，缺乏合适的抵押物或担保人，无法满足金融机构放款条件。曹县金融机构探索设立了部分门槛较低、针对农村电商企业的金融产品，但受上级金融机构授信额度限制，普遍额度较小，无法满足企业需求。

3.电商创业者缺少政策资金支持

用于支持电商创业的小额担保贷款需要具备营业执照、经营场所等前提条件，而电商新从业者往往从开设网店、订单销售起步，无法满足放贷标准，不能享受国家创业补贴政策。

4.服务业等配套产业羸弱

曹县农村电子商务相关的电子商务服务业基本上限于物流快递企业，其他诸如代理运营、店铺装修设计、图片摄影、餐饮、住宿等类别的服务商基本很少。在服务业缺失的情况下，当地电商店铺运营水平快速提升受到制约。

(五)园区大而不强，没有形成聚集效应

曹县有较大的产业园四个，但是相关配套功能不健全。电商企业无论是表演服饰还是木制品等，都是以加工为主，所需空间大，产业链不断延伸，家庭作坊或者小型车间均不能满足企业的需求。

四、曹县发展“淘宝”村集群的启示

曹县“淘宝”村集群仍处在起步阶段，但势头迅猛、潜力巨大，若能抢抓机遇，通过快速精准发力，以大数据、数字经济为支撑，以电子商务产品品牌化、产业园区化、产品规模化、人才高端化、产品国际化为任务目标，必将有利于产品标准化生产、市场化销售、品牌化经营步伐，推动农村经济转型升级；有利于优化产业结构调整，加快一、二、三产业融合发展，实现转型发展，有利于做大做强曹县“淘宝”村集群。

(一)努力营造浓厚的电商氛围

鼓励返乡农民、返乡大学生、转业军人等各类群体依托电子商务创业。采取“宣传引导、培训指导、政策扶持”等有效措施，努力挖掘电商返乡创业优秀案例，进行宣传报道；同时，积极联系人社等部门开展电商创业就业培训，提供基础保障。需要组织县、乡镇领导干部或者企业家、创业者走出去，学习全国优秀的县域经验，参加电商研修班、电商交流活动等，邀请大学专家学者或者领导干部进行授课，让互联网思维入脑入心。

(二)共同发力，建立人才引进、培养体系

完善落实人才引进政策。将电子商务人才作为紧缺急需人才，建立健全电商人才成长促进机制，打破地域、行业限制，从社保补贴、医保补贴、就业补贴等方面予以支持，鼓励电商企业积极引进一批网页制作、产品设计、营销策划、跨境贸易等电商高端人才；把著名的电商、网商请来授课；制定出台优惠政策，吸引更多的人入驻，带动本地培训。同时，要创新人才培训模式。电商人才的培养，首先要选对培训对象，通过对具有较高的文化素质和见识群体的培训，让他们对电子商务也有一定的认识和了解，改变思维模式，掌握电商职业技能；再者要分层次做好人才培训工作，对于技术含量低、创新要求低的岗位，做好基础培训，保证他们正常上岗。对于企业急需专业技术人才，结合企业需求，可以采取购买专业人才服务机构服务的形式，组团到大城市或专业市场定向邀约、高薪聘请；同时结合不断发展的电商形势，结合不同规模企业结构，还要设定不同的网商培训课程，分层次进行差异化培训，提升电商从业人员的整体素质和专业素养。

（三）重视多管齐下，着力破解发展瓶颈

做强“淘宝”村集群需要实施“互联网＋品牌”工程。要加强“两个品牌”建设，即“地域品牌”和“产品品牌”。通过“产业集群化，产品品牌化，电商特色化”和成立专家委员会等，加强地域品牌建设。通过加强重点企业电商赋能培训，指导企业整合注入品牌策划、运营、培训、融资等各类服务资源；在阿里、京东、苏宁等平台上开展系列品牌宣传、网络促销活动等，加强产品品牌化建设。

重视引进、培育第三方服务商。出台优惠政策，通过招商引资面向国内外引进高素质、有丰富电子商务运营经验的企业，搭建电子商务公共服务平台，特别是构建市一级、县一级、区一级、村一级服务平台的系统建设，镇一级的创业平台可以为创业者提供免费厂房以鼓励年轻人进行创业。

为应对新零售发展趋势，可推进“互联网＋”便利店、“互联网＋”超市建设，对传统便利店进行线上线下整合。一方面，加快引进阿里“盒马鲜生”、京东“京东生鲜”等新零售模式；另一方面引导超市、便利店积极对接阿里天猫小店、京东新通路、苏宁零售云、邮政（邮乐宝、邮掌柜）等智慧便利店项目，促进便利店智慧化升级改造。

（四）落实政策，形成园区聚集效应

要制定电商园区优惠政策。根据各园区的实际情况，制定入园优惠政策，吸引返乡大学生、电商企业入驻园区。同时，要规范电子商务产业园区的招商行为，并积极开展国家级、省级、市级电子商务产业示范园区的创建工作，以及积极推动跨境电商园区建设，推广扶持跨境电商，支持企业借助已有跨境电商渠道，积极培育国际化企业群体，深度开拓多元化国际市场，在跨境电商发展的基础上，建设县域跨境电商产业园区，进一步规范跨境电商企业的发展。同时，完善园区配套服务。进一步加强电商园区水、电、道路、通信等基础设施建设，加强餐饮、住宿、医疗、娱乐等公共设施建设，加强基础网络、仓储物流、技术研发、人才培训等配套设施建设，打造适合电商集聚发展的外部环境，增强对电商产业的支撑引领和辐射带动作用。

第六编

培育区域新动能案例

案例二十六

塑造高质量发展基因的新旧动能转换之路

——以青岛国际院士港小巢引凤为例

李沧区地处青岛中心城区，曾是青岛的传统工业基地，创造和见证了我国近代纺织工业“上青天”的辉煌，是新中国纺织业“郝建秀工作法”的诞生地。近年来，在经济发展新常态下，青岛市加快了供给侧结构性改革的步伐，全市110家老工业企业列入搬迁计划，其中，李沧区有55家，占全市总数的一半。随着这些企业的搬迁，李沧区面临着日益严峻的产业空心化问题的考验。

2016年以来，李沧区坚持“腾笼换鸟，凤凰涅槃”的思路，以建设“宜业宜居宜身宜心的创新型花园式中心城区”为目标，强化人才和科技“两大支撑”，激发改革、开放、创新“三大动力”，抢抓山东省全面展开新旧动能转换重大工程、青岛市打造“三中心一基地”的发展机遇，发扬“直面问题、排除万难、无中生有、始终顶尖、永远领先”的院士港精神，坚持大胆创新、主动创新，以创新推动产业结构深度调整，从根本上全面重塑高质量发展基因，打造了青岛国际院士港(以下简称“院士港”)。

一、积极创建院士港

实施创新驱动发展战略，是应对现代发展环境变化、把握发展主动权、提高核心竞争力的必然选择，是加快转方式调结构、推动新旧动能转换、实现经

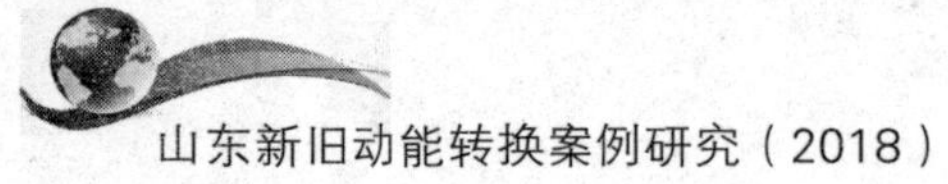

济高质量发展的必然选择。

对于一个地区来说，创新是发展的加速器，是引领发展的第一动力。而创新驱动，从根本上讲是人才驱动。如果把人才队伍比作金字塔，院士就是人才队伍的塔尖，李沧区从构筑院士创造创新创业创投高地切入，主动建立院士港，积极推动院士研究成果转化，推动传统经济向创新型经济转型，催生新动能"核变式反应"的工作思路和工作实践，正是贯彻落实新发展理念的体现。

院士港定位于突出"高精尖缺"导向，面向全球招引百名知名院士开展科学研究和成果转化，打造具有首创性的院士创造创新创业创投高地，确立起省、市、区三级联动机制，平台纳入了《山东新旧动能转换综合试验区建设总体方案》。

截至 2018 年 9 月，院士港累计接待洽谈院士 320 余名，签约引进了以色列籍美国国家工程院院士、2011 年诺贝尔化学奖得主丹尼·舍特曼，当代"静电纺丝纳米纤维之父"西拉姆等 108 名院士，其中外籍院士 92 名，占比达 85%；累计实现 18 个院士项目落地运营，已建成 9 个项目，实现 30 种产品产出，初步形成国际院士的集聚效应和成果转化的集群效应。

二、院士港的创新模式

院士港特别注重强化科技同经济对接，创新成果同产业对接，创新项目同现实生产力对接，研发人员创新劳动同其利益收入对接，着力构建系统创新、规模创新、集成创新、协同创新的新格局。

（一）系统创新

所谓系统创新，就是要建立创新的生态系统，由那些能够将新的理念、技术与产品、服务和生产过程相结合的资源、人才、机构和基础设施等所组成的体系。具体到院士港，就是要塑造形成创新生态系统，即构筑院士生态体系、院士经济成长体系、科技经典旅游体系。生态系统一经形成，就会产生强大的自我成长能力和持久稳定动力，这是创新发展的必经之路。

截至 2018 年 10 月初，院士港规划了"9＋3＋1"的基本格局。"9"就是院士港九大功能板块布局，打造院士工作站、院士产业加速器、院士研究院、院士产业核心区试验区、院士技术论坛、院士技术双创银行+、院士特色风情居、院士综合服务网、院士顶尖荟等9大核心板块;"3"就是丝路协创中心、亚马孙-AWS联合创新中心、邮政跨境电商产业园等3个配套板块;"1"就是把楼山片区作为配套片区。

其中,建筑面积20万平方米的综合性枢纽型院士工作站、建筑面积10万平方米的院士产业加速器、规模100亿元的院士产业基金已投入运营。院士研究院用于承载院士实验室、研究院、工程中心、技术中心等。其占地182亩、建筑面积102万平方米的一批独栋科研楼宇已开工建设。院士产业核心区在院士港九大功能板块中,占地面积最大、建设体量最大、承载能力最大,决定着院士经济成长体系的大局。已开工建设院士产业核心区试验区,规划建设面积超过120万平方米,统筹地上地下开发,目标是打造院士科研成果产业化核心区。同时,正在积极推进院士技术论坛、院士特色风情居、院士综合服务网、院士顶尖荟等板块的规划设计。

亚马孙-AWS联合创新中心作为数字经济平台,丝路协创中心作为面向"一带一路"的开放平台,邮政跨境电商产业园作为"市场平台",都要力争在山东打造对外开放新高地、青岛打造上合组织地方经贸合作示范区中实现规模效益产出。三大平台与院士港的关系是:院士的项目和技术要向三大平台倾斜,三大辅助平台共同支持院士港,形成更加创新、开放、活跃的优势互补体系。

楼山片区以老城区企业环保搬迁为契机,结合院士项目产业优势进行优化、完善,打造生态网络覆盖、高端产业聚集、创新技术孵化为一体的产城融合功能区。

(二)规模创新

实践证明,领先科技出现在哪里,高端人才流向哪里,发展的制高点和经济的竞争力就转向哪里。对于院士港而言,就是要不拘一格引进、使用、经营顶尖人才。

1. 在组织愿景方面,计划用3~5年时间,形成人才的规模创新

集聚10名世界级顶尖人才及团队,引进100名国内外知名院士,带动1000名长江学者、国家杰出青年、"千人计划"专家及博士、博士后集聚李沧。

2.在基因组成方面，坚持“国际性、顶尖性、中坚性、市场性”四项原则

重点引进在本领域国际上排名在百名以内甚至前十名，且年龄在40～65岁的中坚力量，研究成果具有广阔市场空间、每年在院士港工作时间3个月以上的院士，大力引进和支持长期驻院士港工作的院士。在总体保持院士港签约院士规模在108名左右的原则下，通过院士项目评审评估，坚持优胜劣汰，持续优化院士结构。

3.在资源聚合方面，实施“四百名士聚李沧”工程

加快实现百名院士、百名使节、百名高管、百名能工巧匠汇聚李沧，形成强大的人才荟萃资源合力和规模效应。

（三）集成创新

院士港的建设愿景就是要为承接我国牵头组织的国际大科学计划和大科学工程不断积累积极因素，为奠定我国成为世界主要科学中心的重要基石贡献力量。因此，要力争在形成外籍院士集聚优势、成果转化集群效应的基础上，争取设立1～2个国家实验室，布局打造国际联合实验室，形成领域、行业、产业的集成效应。

1.主攻五大领域

截至2018年9月，108名入港院士中，生物医药领域31名，占比达到29%；新能源新材料领域30名，占比达到28%；高端装备制造领域22名，占比达到20%；网络信息领域20名，占比达到19%；设计研发等领域5名，占比达到4%，集成创新态势初步显现。

2.创新服务模式

培育打造了一支专业化团队，组建了院士港管理委员会（下设办公室）和院士港集团公司，秉持“妈妈式＋互联网”最无私、最无微不至的服务理念，构筑“全身心、全过程、全天候、全方位”服务体系，为院士项目启动期提供项目综合资助、院士生活补贴、办公和研发场地、人才公寓等全方位支持，激发各类主体的创新活力，让院士留得下、住得好、待得久，更好更快地促进集成效应的形成。

（四）协同创新

协同创新是一项复杂的创新组织方式，其关键是要形成以企业、大学、研

究机构等为核心要素，通过知识创造主体和技术创新主体间的深入合作和资源整合，产生系统叠加效用的创新模式，是一种资源间的“强强联手”。而政府在这其中起到的是积极的贯通作用。具体到院士港，就是要在企业成长和产业发展方面进行积极探索，让“科技之花”结出“产业之果”，促成院士项目落地，并顺利实现产出，让创新优势转化为竞争优势、发展优势。为此，院士港作了很多积极的探索。

1.坚持“四个一”

院士港坚持当前以“产”为主、未来以“研”立港，按照“引进一名院士、带来一个核心团队（并按市场方式组建企业）、围绕一个专业领域、推进一批项目”的成果转化“四个一”模式。坚持基础研究、应用研究、成果转化“三位一体”，充分放大院士港功能，把融合性研究、协同性开发作为重点，提高全球高端要素配置能力。如2017年引进建设的以袁隆平院士为首席科学家的青岛海水稻研发中心项目，在建成当年就取得了重要科研突破，在6‰盐度种植条件下测产，最高亩产达到620.95千克，海水稻2018年已开展大范围试种。同时，促成海水稻研发中心与恒星学院成立海水稻学院；牵线同为院士港建设项目的海水稻种植项目与海水过滤技术项目达成合作意向，将共建15亩左右的示范基地。这些都较好地体现了创新主体间的“强强联手”。

2.实行“一事一议，一人一策”

帕克院士是美国麻省理工学院博士，加拿大皇家科学院、加拿大工程院、韩国科学技术翰林院、韩国工程翰林院四院院士。他研究成果的其中一项是可用于汽车轻量化、智能高端家电、高铁、航空航天等领域的新材料，应用前景广阔。但是院士本人没有从商经验，对生产环保、技术保密要求较高，需找一家业务对口、交通便捷、远离居民区的公司，并由帕克院士控股进行合作。为此，院士港先后召开17次专题调度会，最终找到满意的公司和场地，并帮助其将厂房进行了装修改造，大大提高了成果转化效率。

系统创新、规模创新、集成创新和协同创新中都包含了无中生有到始终顶尖、永远领先的院士港精神，就是因为这些创新，向盐碱地要粮食，向海水要淡水，李沧成功地走出了基因重组的第一步。

三、院士港吸引利用高端人才培育新动能的启示

院士港通过吸引利用高端人才培育出了新动能，从中可以得到以下启示：

（一）体制机制创新是关键

体制机制是制约引进利用人才和成果转化的一个重要因素，尤其很多成果转化不顺，很大程度上是“科技、企业、政府”没有三合一。而院士港之所以能够快速发展，很大程度上得益于聚焦聚力于突破机制瓶颈，着眼于“四个通”，即促进科学院与工程院优势直通，促进东西方科研思维和体制机制融会贯通，促进港内港外资源联通，促进科学家、企业家与政府三维贯通，千方百计整合资源，形成科技创新、思想碰撞、交流转化的强大磁场。

（二）打造一支实干担当的干部队伍是重要保障

李沧区为了激励干部干事创业，打造一支强而有力的李沧铁军，出台了一系列措施。

1.创新搭建“痕绩工作法”工作平台

2016 年 5 月，李沧区开始推行以“每日一事、每周一悟、每月一报、每季一评”为架构的“四个一痕绩工作法”，把区级、部门和街道、科室和业务骨干、社区等四个层面负责人纳入网格化管理，督促干部每天想事、认真干事、高效成事。

2.开展“治官治吏便民利民”专项行动

坚持问题导向，聚焦关键症结，针对干部队伍和机关作风中不同程度存在的“慵、懒、散、慢、拖、瞒、假、空、推、混”等 10 个方面的突出问题，坚决克服形式主义、官僚主义，坚决有力地破除在推动工作落实、服务群众和市场主体过程中的“梗阻病”。

3.出台一整套激励干部干事创业制度措施

推出“激励干部干事创业 20 条”“干部干事容错免责 10 条”“国企员工薪酬激励 20 条”“重点工作突出贡献奖励办法”等，更加注重把奖惩措施落实到干部个人，激发出干部干事创业激情。

4. 营造优质环境

遵循“政府负责阳光雨露，企业负责茁壮成长”的原则，深入推进“服务到企业、服务到项目、服务到社区、服务到居民”的工作，当好“店小二”和“保姆”，大力优化营商环境和创造创新环境。

经过两年多的不懈奋进，院士港建设已得到中央和省、市的肯定。下一步，李沧区还要以创新驱动为根本杠杆和攻坚武器，开启加快创造创新“新势能”向“新动能”转换的新阶段，推动土地、平台、资本、人才等各方面资源加快汇入经济发展主航道，尽快实现“总量追赶、动能转换、生态重塑”的高质量发展，为省市实现创新发展、持续发展、领先发展做出“李沧贡献”。

案例二十七

新旧动能转换背景下诸城特色小镇建设案例

诸城作为全国百强县之一，在推动新旧动能转换过程中结合当地经济状况、地域特点、民俗风情等推动特色小镇建设，目前已规划建设了“健康食品小镇”“北方绿茶小镇”“恐龙小镇”等农业“新六产”特色小镇。

一、诸城特色小镇的特点及作用

特色小镇“非镇非区”，是创新发展平台。特色小镇不是行政区划单元上的“镇”，它没有行政建制；特色小镇也不是产业园区的“区”，它不是单纯的“大工厂”，而是按照创新、协调、绿色、开放、共享发展理念，聚焦特色产业，融合文化、旅游、社区功能的创新创业发展平台。

在新旧动能转换、乡村振兴大背景下，诸城特色小镇建设日趋完善，涌现出许多特色小镇。主要特色小镇如下：

昌城食品健康小镇。“十三五”期间，健康美食小镇将具备和完善产业发展、旅游服务、文化发展、社区居住等四大功能，依托省高端安全食品示范区，合理规划三次产业园区，成功打造集良种猪繁育、标准化养殖、饲料生产、兽药防疫、生猪屠宰、肉制品加工、生物工程于一体的绿色食品产业体系，培育发展食品工业、特色农业、现代服务业，实现一、二、三产业融合发展，已带动1.2万社区群众就近转化成产业工人，年人均纯收入增加2800元；高端安全食品示范区被授予“全国食品工业产业集群示范区”称号，全国仅此1家。

迈赫机器人特色小镇。为了发挥迈赫机器人的龙头带动作用，诸城市规划建设机器人小镇，打造一个集研发生产、创业孵化、科普教育、产业集聚、生态宜居于一体的特色小镇，形成优势互补、链式发展的产业集群，建设国内一流的智能装备制造产业基地。诸城机器人特色小镇集中融合了智能化、信息化、数字化及工业互联网的先进技术，致力于打造新一代的智能化工厂，并形成特有的机器人小镇的个性魅力，做到真正的产城融合、宜居宜业。

恐龙小镇。恐龙化石是诸城特有的古生物资源。为保护好、展示好、开发好恐龙化石资源，进一步叫响“中国龙城”品牌，诸城市 2017 年规划建设恐龙小镇。小镇规划将适应现代旅游消费需求，以恐龙文化为主题定位，按照“1＋N＋1”的模式，即恐龙文化主题加多个业态的发展，再加整体运营，拓展科研科普、娱乐、餐饮、购物、影视、演艺等多个业态，带动创意文化发展；完善配套设施，拉长产业链条，以此深入挖掘旅游文化资源，打造具有核心竞争力的主题乐园，多层次、全方位提升全市旅游业档次水平。

教育小镇。诸城教育小镇汇集北师大实验学校、繁华高中新校、繁华新城学校等多所名校。新建诸城繁华中学选址于龙华街以西、环湖东路以东、环湖南路以北、正大繁华新城以南距离现校区约 4 公里，占地 351.8 亩，建筑面积 12.85 万平方米。本项目计划投资 3.8 亿元，目前已开工建设。在花园社区规划建设的北师大实验学校和新标准幼儿园，占地 800 亩，地上附属物的赔付工作已结束，目前已开工建设。教育小镇将成为诸城一张闪亮的文化名片。

红色小镇。枳沟“红色小镇”以弘扬“尽善尽美唯革命，全心全意为人民”的尽美精神为切入点，坚持把资源保护与旅游开发相结合，依托“一山一水一尽美”文化底蕴，全面实施尽美红色文化旅游、庙山民俗文化旅游、潍河生态观光旅游开发战略，着力打造以北杏社区为中心、周边社区为节点、红色旅游为基础、休闲旅游为补充，促进工业化、信息化、城镇化和农、工、商产业融合发展，全面提升镇域经济发展实力。

（一）诸城特色小镇的特点

作为一种新型的经济发展形态，从本质上说，特色小镇是生长出来，而不是刻意打造出来的，更不是任意克隆出来的。特色小镇的发展靠的是培育，每个特色小镇都是独一无二、不可复制的。顾名思义，特色小镇有着鲜明的“特色”，不同于一般所称的“镇”行政区划单元。

1. 特色小镇的“特”

首先，体现在产业“特”。传统产业中的某一产业、某一生产环节或高新服务业是特色小镇需要培育发展的。如障日山农旅小镇就专注于传统种植业中的水果种植，着力打造集观光、旅游、采摘、休闲、加工于一体的三产融合型特色小镇。其次，体现在人群“特”。特色小镇的从业者与创业者有独特的才华和思想，收入和学历较高，技能和智力也较高。再次，体现在位置“特”。特色小镇不同于专业小镇，大部分在中心城市周边或内部区域，有比较独立的空间，如昌城食品健康小镇。

2. 特色小镇的“色”

首先，特色小镇具有优美的生态环境。诸城特色小镇选在风景较美的地方，有利于吸引更多产业进入；同时，有些特色小镇也吸引了更多游客，帮助当地居民就业创业，拥有较好的居住环境，如大源生态小镇。其次，特色小镇具有丰厚的文化底蕴。特色小镇对文化建设比较看重，有利于提高当地居民心灵归属感或文化认同感，从而形成和积累新的文化亮色或特质。如北方绿茶小镇，每年围绕“茶文化”主题举办节会，吸引游客100多万人次。再次，特色小镇拥有很高的自治管理水平。由管委会或镇政府负责特色小镇的环境配套和行政管理，特色小镇自治性组织（由镇民选举）负责特色小镇的服务事务和日常管理。

（二）特色小镇的作用

特色小镇的设立，对于推动产业转型、拉动项目建设、推进供给侧结构性改革等大有裨益，具体表现在：

1. 特色小镇正成为加快产业转型升级的新载体

首先，特色小镇正成为现代创业群体集聚的首选地。据初步统计，首批37个特色小镇集聚了以大学生创业者、大企业高管、科技人员、留学归国人员创业者为主的创业人员7839人、创业团队2116个。其次，特色小镇正成为培育新产业、催生新业态的孵化器。如北方绿茶小镇引入“金融＋”“互联网＋”理念，与阿里巴巴和腾讯合作，推进线上线下同步经营，开创“绿茶＋互联网”的营销新形式。再次，特色小镇正成为传统产业转型发展的新抓手。各地对用特色小镇建设理念提升改造传统产业的认识高度一致，努力引进新技术、融入新功能，促进产业转型升级。如大源生态小镇积极打造个性化生态农场、园区旅游线路和果蔬采摘，努力提升农场发展层次，拉长产业链，提高了农场的产出效益。

2.特色小镇正成为推进项目建设、拉动有效投资的新引擎

一是有效投资速度加快。据统计，首批37个特色小镇2015年新开工建设项目431个，完成固定资产投资（不含商品住宅和商业综合体项目）477.9亿元，平均每个特色小镇12.9亿元。二是企业、创客不断入驻。初步统计，首批37个特色小镇新入驻企业3258多家，其中国家级高新企业66家、总部企业590家；引进国家及省级“千人计划”人才49人，国家级、省级大师91人。诸城依托特色小镇，建成农业科技创新平台52个，其中3个国家级企业技术中心、9个工程技术中心、9个农科驿站、4个院士（专家）工作站。三是综合效益正逐步提升。数据显示，有29个小镇与196个高校、省级以上科研院所开展了技术合作；央企、外企、民企等纷纷主动前来对接，特色小镇引来金凤凰的能力正不断提升。仅一年，37个特色小镇就创造税收收入53.1亿元；创造了大量的就业岗位，增加了居民的收入。

3.特色小镇正成为推进供给侧结构性改革的新实践

一是特色小镇在创造多种有效供给上有新思路。特色小镇集成了产业、文化、旅游和一定的社区功能，是一、二、三产联动发展、生产生活生态融合发展的集合体，在小小一个空间里创造多样化的供给，给不同客户提供多种有效需求。二是特色小镇在提高供给质量上有新作为。特色小镇建设以加快产业转型升级为目标，集聚的是各类高端要素，汇集的是各种新技术，提供的是高质量的产品，在产品供给质量上有新提升。三是特色小镇在提升供给效率上有新示范。特色小镇紧盯一个特色产业，利用最新技术，研发产业全系产品，提供具有比较优势的个性化供给，大大提高了供给效率和质量。四是特色小镇在创新制度供给上有新做法。特色小镇的创建制、政策的期权激励制和追惩制，定制的个性化服务等，都是从加快转型升级、集聚高端要素、满足创新创业者需求而产生的制度供给。

二、诸城特色小镇建设的主要做法

诸城特色小镇建设既按照习近平总书记的批示精神，认真总结学习浙江和国内其他地方的有益经验，又结合本地实际，因地制宜、实事求是、循序渐进推进，主要做法如下：

（一）坚持规划引领，形成科学的特色小镇规划建设体系

诸城市以国家新型城镇化综合试点创建为契机，引导和鼓励一批特色镇、中心镇、产业强镇因地制宜加快发展，初步形成了产业延伸环、居住发展与社区配套网的综合架构。将特色小镇规划与经济社会发展、土地利用、生态环境保护、历史文化保护、旅游发展等相关专业规划的有效衔接，着力打造"三生三美"融合发展新格局。突出"一镇一业""一镇一品"，同步配套建设"文化＋旅游＋居住"三大功能区，实现四位一体融合发展。

（二）坚持人才培养政策，强化人才科技支撑

优秀人才是特色小镇建设的根本支撑。实施新型职业农民培育工程，深化农业科技展翅行动，构建现代农业多元化技术支撑体系。成立全国首家农村社区学院，年培训农业人才 2 万人次。组建 20 多人的农业专家顾问团，举办产业融合发展培训班 30 多期，组织外出考察学习 600 多人次，服务群众 1 万多人次。建成农业科技创新平台 46 个，其中包括国家级企业技术中心、工程技术中心和院士工作站。

（三）提供土地、税收优惠，强化政策支撑

政策是特色小镇建设的制度保障。特色小镇审批政策明确省、市两级创建层次和创建、培育两级名单，为各地结合自身实际条件培育特色小镇提供支撑。诸城特色小镇税收政策明确小镇新增空间范围内新增财政上交部分，并明确规定年度返还金额及实施办法，为积极建设特色小镇带来实质利益。特色小镇土地政策上明确对如期完成年度指标的小镇按实际使用土地指标的百分比给予配套奖励，规定年内未达成规划目标加倍倒扣奖励用地指标，这样就避免了建设主体盲目申报特色小镇的可能。

（四）加大财政投入力度，强化资金支撑

坚持把农业农村作为财政保障和预算安排的优先领域，持续加大投入力

度，确保财政投入只增不减。如2016年以来，健康食品小镇累计完成投资14.95亿元。其中，2018年共引进项目11个，总投资5.144亿元；已完成投资3.1亿元。优化资金支出结构，突出绿色生态导向，增量资金主要向资源节约型、环境友好型农业倾斜，提高农业补贴政策效能。发挥财政资金的引导和杠杆作用，创新投入方式，通过政府与社会资本合作、政府购买服务、担保贴息、以奖代补、民办公助、风险补偿等措施，引导和撬动更多金融资本和社会资本投向农业农村。

三、诸城建设特色小镇的经验

通过对诸城特色小镇发展主要模式的剖析，总结其发展的特点和经验，以便于供其他区域发展特色小镇参考。

（一）突破行政界线，发挥产区整合优势

特色小镇要依据特色农业产业集聚区进行规划，保障特色农业产业适度规模化生产经营，实现土地利用效率最优，推动农业特色小镇建设与农业特色产业协同发展。

（二）发挥比较优势，做大做强特色产业

农业特色小镇要充分发挥当地农业资源禀赋优势，切忌农业产业雷同，立足农业产业特色主题，做大做强特色产业，融合三次产业，延伸产业链条，获得规模效益。

（三）注重制度创新，保障特色小镇发展

建立健全城乡融合发展体制机制和政策体系，加快推进农业农村现代化。农业特色小镇是一种新的组织形态，现代农业产业组织内部制度对其发展起到决定性作用；同时，政府的相关政策、社会参与主体的非正式制度都将在很大程度影响特色小镇的健康发展。这需要在内部组织管理制度、政府政策体系、社会参与管理制度等方面进行制度创新与重构。

（四）拓展小镇功能，强化农村经济增长点

完备小镇农业生产基础功能，加强公共服务基础设施建设，开发传承区域农村历史文化资源，融入现代科技手段，使农业特色小镇彰显其独特魅力，集聚产业、吸引人才、增收增效、和谐宜居，成为新型城镇化发展的创新点。

案例二十八

东营区依靠新旧动能转换促进区域经济高质量发展

东营区作为东营市的中心区,“因油而建,因油而兴”,曾是这一城区的鲜明特色。全球金融危机爆发以来,世界经济进入长周期深度调整阶段,深层次结构性矛盾集中显现,特别是国际油价持续低迷,油田效益下降等一系列难题,严重冲击东营区经济发展后劲,新旧动能转换迫在眉睫。东营区聚焦自身短板,破解发展瓶颈,在全力打造新旧动能转换先行区和创新创业核心区、加快产业转型升级等方面进行了积极探索。

一、东营区推动新旧动能转换的新探索

东营区在推动新旧动能转换中进行了以下探索:

(一)加快产业升级,优化经济结构

一是持续提高服务业比重。到2017年,服务业成为拉动经济增长的第一驱动力。服务业内部结构不断优化,交通运输、金融等现代服务业占服务业增加值比重达到50%以上。新兴业态加快发展,电商平台达到23家,银行机构达到26家,物流企业达到36家,诺德保税仓库、Hellobike北方总部、腾讯、百度、猪八戒网、中国网库集团、清华大学电商实验室等一批知名企业落户中心城。二是加快工业转型升级步伐。2017年全区规模以上工业企业达到124家,产值突破千亿元大关,达到1003亿元。高新技术产业迅速发

展，2017 年全区纳入统计的高新技术企业达到 66 家。三是加快发展现代农业。按照乡村振兴要求，积极推动农业朝着生态化、园区化、工厂化方向加快发展，2017 年现代农业园区发展到 49 个、16.8 万亩，新型经营主体达到 550 家，"三品"认证农产品达到 101 个，标准化蔬菜基地、无公害水产品基地达到 7.9 万亩，国家 3A 级以上景区达到 8 家，省级以上旅游特色村达到 12 个。四是积极催生新业态、新模式。基于"互联网＋"应运而生了一系列新业态、新模式，蓝海、鲁百、银座等传统商贸企业，通过自建电子商务平台和第三方电商平台开展销售，山东休斯敦石油装备交易中心、易瑞跨境电子商务平台、海科电子营销服务平台等一批重大交易平台相继建成，黄河三角洲大数据港、东营易创电商创业园建成运营，电商平台规模快速膨胀。

（二）聚焦优势产业，完备载体建设

一是聚焦石化产业，加快建设史口生态化工循环经济产业园区。目前建成区面积 6.9 平方公里，现有企业 67 家，其中规模以上企业 22 家，一次性加工原油能力达到 1500 万吨，2 家企业获得 462 万吨进口原油指标，2017 年园区实现工业产值 1106 亿元。二是聚焦石油装备产业，加快建设东营高新区。东营高新技术产业开发区是国内唯一以石油装备为主导产业的省级高新区，规模以上工业企业 63 家，高新技术企业 24 家，已成为全国最大的石油装备制造业基地和专用配件集散地。三是聚焦现代服务业，加快产业基地建设。东营商贸园建成区面积 2.4 平方公里，是山东省重点服务业园区，区内有万达广场、金大地建材市场等专业市场 10 余家，精品专业街 7 条，入驻商户 5800 余家，销售额过亿元企业 10 家；黄河三角洲第三方服务基地、城南风景旅游度假区、黄河三角洲外贸综合服务基地、中小企业总部基地等四大基地建设取得显著成效。

（三）强化扶持措施，完善政策体系

一是加快深化"放管服"改革。出台了《深化"放管服"改革提升政务服务效能保障新旧动能转换工作方案》，推进"联合审、集中批、网上办"，推动不同部门信息互联互通，降低制度性交易成本，激发市场活力和社会创造力。二是加大产业政策支持力度。制定了支持工业、建筑业、服务业发展的三个"十条意见"，以及招商引资"黄金双十条"；出台了《关于深化科技体制改革加快创新发展的实施意见》，加大在项目落地、市场开拓、资金保障、创新发展等方面的支持力度。三是扩大产业投资基金。成立规模100亿元的石油石化产业投资基金、30亿元的新兴产业及上市并购投资基金，重点围绕石油石化、石油装备、新能源、新材料等领域，筛选优质项目进行投资，为实体经济发展注入金融动力。

（四）加快双招双引，推进项目储备

自新旧动能转换重大工程启动以来，东营区就牢牢抓住项目储备这个牛鼻子，把招商引资、招才引智作为“一号工程”，按照“四新”“四化”的要求，围绕“十强产业”和城市建设，扎实推进“双招双引”三年行动计划，不断增强经济发展的动力和活力。截至2018年，已入库项目245个，计划总投资1293.3亿元，其中产业项目120个，估算总投资1135.85亿元。

（五）激发创新活力，推进纵深发展

深入推进商事制度改革。全面推行“五证合一，一照一码”登记制度，市场活力得到激发，市场主体发展到8万家。认真落实“三去一降一补”任务，淘汰落后产能1060万吨。加快推进规模企业规范化、公司制改制及企业上市，上市挂牌企业达到20家。公布“零跑腿”和“只跑一次”事项131项，营造了透明、便利、宽松、公平的创业环境。区政务服务中心完成搬迁，265项服务事项集中入驻。对外开放不断深化，2017年完成进出口总额92.09亿元，出口市场拓展到120个，海外注册商标发展到17件，海外工程队伍发展到200余支。科技创新能力不断提升，2017年，全区研发投入占GDP比重达到2.97%，发明专利申请量836件，授权量264件，均列全省前列。目前，全区拥有有效发明专利813件，万人专利拥有量13.1件，列全省第一位。

二、东营区推动新旧动能转换面临的问题

东营区推动新旧动能转换面临诸多问题，其主要问题如下：

（一）发展理念滞后，改革魄力不足

一切变革归根结底源于思想的变革。有些同志对新旧动能转换的认识不深，对“四新”“四化”等基本概念都搞不清楚，不论是谋划企业发展，还是推动项目建设，依然是新瓶装旧酒、穿新鞋走老路。相比南方等先进地区，在思

想上、理念上亟待再解放，行动上亟待再突破。

(二)产业结构单一，低端供给突出

工业结构偏重，石化和石油装备产业占到工业总量的85.7%，综合抗风险能力弱。石化产业占到全区工业的62%，其中炼油又占到石化产业总量的82.7%，初级产品、老产品占产品总量的80%以上。石油装备企业扎堆低端领域，存在小而全的不利局面，产能利用率仅维持在50%左右。服务业转型发展不快，商贸餐饮等传统服务业企业占比达到51%以上。新产业、新业态起步晚、发展慢，很多处于空白状态。

(三)创新能力不足，对外依赖性强

一是投入不足。2017年全区研发投入占GDP比重为2.97%，而深圳比重达到4.13%，与先进地区存在不小差距。二是引进难。目前尚未形成强化创新的规模优势，与青岛、苏州等先进城市相比，难以引进技术水平高、理念先进、成长性好、带动优势明显的创新团队。三是载体少。目前全区没有国家级研发机构，石化企业除海科外，基本都没有研发机构，科研平台数量不足，极大限制了企业创新能力的提高。

(四)载体建设不配套，缺乏有效支撑

一是史口生态化工循环经济产业园区基础设施建设还不到位，园区内道路、管廊建设不完善；园区土地指标不足，加上受环保、安全形势影响，新上项目无法落地，限制了园区发展。二是东营高新区地处中心城区，土地平均出让价均高出周边县区，也一定程度上影响了项目招引。三是东营商贸园规划控制范围小，总规划面积不到2平方公里，已经没有新的发展空间，招商受到很大限制，园区经济总量和产业层次提升较慢。四是牛庄新型农民创业园入驻企业层次规模不高，集聚发展能力不强，影响了园区的进一步发展。

(五)人才引进较难，高端人才匮乏

高层次人才引进工作与经济发展的要求相比还存在不小差距，主要表现在人才总量仍然偏少，层次结构不优，虽然有的企业在人才引进上作了很大投入，仍然无法解决急需紧缺人才引进难、留住难、培养难、作用发挥难的问题。有的企业反映，即便是花高价与重点院校合作，采取订单式培养人才，仍然很少有学生报名参加，企业职业经理人更是十分匮乏，即使更高的薪资待遇，也难以吸引优秀经理人，反而面临着高端人才的流失。

三、加快新旧动能转换的路径

加快推进东营区新旧动能转换应进行创新探索，应选择切合实际的路径。

（一）牢固树立新发展理念和转变工作作风是加快推进新旧动能转换的先行条件

一要思想再解放。思想决定行动，思路决定出路。只有思想再解放，才能更加清醒地认识发展趋势，从传统发展模式中解放出来，更加精准地贯彻党中央的决策部署，在更大范围内汇聚起推进新旧动能转换的强大合力。二要作风再转变。“喊破嗓子不如甩开膀子”，只有转变工作作风，全面提高执行力，才会有强大的凝聚力和战斗力。全体党员干部需要统一思想、凝聚智慧，积极地从政府决策部署中找准结合点、着力点和突破点，扑下身子，脚踏实地，努力成为推动地区新旧动能转换的行家里手，让决策迅速变为行动，让行动尽快变为结果。

（二）突出工作重点，精准发力方向是推进新旧动能转换的目标所在

围绕强势产业，发挥自身优势，以重点产业培育带动其他产业发展。一要坚持传统产业转型升级，拉长产业链条。大力加强传统产业的转型升级，抓好前端的技术创新和后端的模式创新，着力在关键领域形成突破，拉长产业链条，开展循环化改造。二要坚持合作共赢发展，打造产业集群化。政府要积极营造有利于产业专业化发展的投资环境，创造公平竞争、开放有序的市场环境，提供优质的公共服务，加速资本、技术和人才的集聚。三要主攻高端技术，提升核心竞争力。要走“专精特新强”的发展道路，以新技术、新业态、新模式对现有的生产、研发、营销等各领域、各环节进行整合再造，推动主导产业向“高端化、品牌化、国际化”方向发展，提高企业综合发展水平和核心竞争力。四要培育壮大新兴产业和特色产业，提升产业层次。要依托现有产业基础和地区优势，大力发展新能源汽车、装备制造、生物医药、新材料、新能源、节能环保、信息技术等战略性新兴产业，加快形成支柱性、先导性产业，引领工业转型发展。

(三)强化创新驱动,激发转换活力是推动新旧动能转换的关键所在

没有创新支撑就没有新旧动能转换。为此,一要强化企业创新主体的地位。把创新作为增强企业活力和竞争力的动力源泉,建立健全以企业为主导的产业研发创新体制机制,促进创新要素向企业集聚,实现创新人才集聚在企业,创新成果转化在企业,创新经济诞生在企业。二要完善以企业为核心的产学研一体化协同创新体系。发挥科研院所和高校在知识创新、原创性及核心技术研发上的突出优势,鼓励企业与其共建技术研发平台和产业技术创新联盟,提升协同创新能力。鼓励构建企业间集团化的研究开发联合体,发挥不同类型、不同规模、不同产业链分工的优势,优化分工协作,促进集成创新。三要加大企业创新的政策支持。要加大对企业创新主体地位的政策激励,鼓励企业普遍设立研发准备金,在一线城市建设研发中心。鼓励支持中小微企业走"专精特新"的路子,打造独角兽企业、"隐形冠军"。四要鼓励商业模式创新。强化企业在商业模式创新中的主体地位,引导企业由产品渐进式创新向商业模式突破性创新转变,建立以"互联网+"为主要方向的商业模式创新体系,实现线上线下的融合发展,推动产业纵向延伸、横向嫁接、跨界融合。

(四)狠抓项目建设,厚植转换根基是推进新旧动能转换的重要支撑

推进新旧动能转换重大工程,最终还是要落实到项目上。一要转变思维方式。在项目论证过程中,要从传统的发展模式中解放出来,根据新旧动能转换的要求,深入挖掘区域和产业的内部潜力,树立世界眼光,对标国际一流标准,不断研究提出"四新""四化"项目。二要加大招商引资力度。创新招商引资方式,瞄准世界500强和行业隐形冠军,引进技术水平高、产业关联性强、发展空间大的大项目、好项目。要把项目落地作为最终目标,对已签约的项目,组建专门跟进团队,加大跟踪落地力度,避免出现"签约时轰轰烈烈,落地时冷冷清清,最后不了了之"的现象。三要增强对外开放拉动力。扩大发达国家、先进地区招商力度,依托优势产业、重点园区和骨干企业,精心策划洽谈活动,深入开展产业链招商、委托招商,提高招商引资成效。四要构建动态管理机制。完善滚动式、动态性的项目库,加强对重点项目进展情况的督导调度,将前景看好、趋于成熟、带动力强、关联度大的项目及时更新入库,着力构建“储备一批、开工一批、建成一批、投用一批”的良性循环机制。

（五）强化载体建设，提升承载能力是推进新旧动能转换的阵地基础

园区是新旧动能转换的主阵地。一要完善园区规划。要按照打造宜居宜业的现代化城市要求，以重点园区为核心，同步推进园区谋篇布局，聘请高水平第三方机构，精心制定园区空间规划和产业规划，明确园区各自发展方向和目标，培育特色经济和优势产业，打造具有核心竞争力的区域经济增长点。二要优化产业布局。要充分利用国家及省级层面对园区的认定政策，在做强做优优势产业的同时，谋划好新兴产业布局，抓好存量土地集约利用，招商引进科技型、创新型企业，打造创新高地。三要优化空间布局。通过空间、土地、生态等优化升级实现生产、生活、生态融合发展，园区综合竞争力、承载能力和可持续发展能力得到提升，新旧动能转换的阵地基础得以夯实。

（六）创新体制机制，推动改革落地是推进新旧动能转换的根本要求

要以破解体制机制障碍为主攻方向，大胆探索、先行先试，通过改革要素配置体制、政府服务体制、产城融合体制，建立适应新旧动能转换的制度环境和政策环境。一要全面落实改革举措。要持续深化“放管服”改革，开展“四减一降”行动，推行“一窗受理、一网办理、一链审批”模式，不断优化营商环境。坚决克服本位主义和部门利益羁绊，坚决避免“上有政策下有对策”，确保改革举措落地生根。二要加快释放政策红利。国家对新旧动能转换试验区赋予了一系列先行先试、试点示范的政策红利。要结合地区实际，深入研究，主动对接。三要积极推进体制机制创新。要结合实际，在体制机制方面大胆闯、大胆试。当前要做好深化机构和行政体制改革，根据中央部署要求，统筹考虑各类机构设置，进一步形成科学合理的治理体系和管理机制。

（七）大力招才引智，优化人才队伍建设是推进新旧动能转换的根本保障

人才特别是高层次人才，既是创新的主力军，也是衡量一个地区发展潜力的重要标准。为此，一要研究启动人才倍增计划。一方面，学习借鉴先进地区的人才政策，出台更加优惠的政策，打造开放包容的人才发展环境，对高层次人才，变硬性引进为柔性引进，实现从“集聚人才”向“发展人才”的战略转变。二要加强企业家队伍建设。企业要想实现创新,必须要在管理决策上有较高水平的企业家队伍,成为推动新旧动能转换的带头人。要鼓励企业家进校园、出国门,入名企考察学习,大胆进行技术创新。三要加强企业技术人员队伍建设。根据企业发展实际情况,重点针对技工队伍进行培训,以提高职业素养和职业技能为核心,建立一支理论与实践结合紧密的专业化技能队伍。

案例二十九

东昌府区以规划引领新旧动能转换

东昌府区是聊城市政府驻地，位于冀、鲁、豫三省交界处，区位优势明显。党的十八大以来，东昌府区积极适应经济发展新常态，着力培育新动能，加快推进产业转型升级，产业结构不断优化，服务业成为经济增长支撑和主动力；新经济发展实现新突破，涌现出了一批高新技术产业，推动着经济高质量发展。2017 年实现生产总值 325.24 亿元，同比增长 7.8%；财政收入总量、税收收入总量均居聊城市第一。

一、东昌府区推动新旧动能转换的做法

规划引领是新旧动能转换的“牛鼻子”，东昌府区坚持规划先行，在充分调研的基础上，编制了《东昌府区新旧动能转换重大工程实施规划》。规划坚持以习近平新时代中国特色社会主义思想为指导，以新技术、新产业、新业态、新模式为核心，以知识、技术、信息、数据等新生产要素为支撑，构建“1+2”现代产业体系，重点打造 1 大优势产业集群和 2 大产业基地，打造聊城市新旧动能转换先行区，建成鲁西地区极具活力的经济增长点。

（一）主攻方向

实现产业智慧化。推动传统产业数字化、网络化、智能化建设，运用新技术、新管理、新模式，加快产业智慧化发展。

推动智慧产业化。加速知识、技术、创意向现实生产力转化，打造一批战

略性新兴产业发展策源地、集聚区和特色产业集群。

推进跨界融合化。培植壮大农业“新六产”，加快制造业与互联网融合、服务业与先进制造业融合、旅游业与上下游产业融合、产城融合等。

实现品牌高端化。深入实施质量强区和品牌战略，着力打造一批国内外知名的产品、企业、行业和区域品牌。

（二）发展布局

东昌府区重视经济发展布局的优化，形成两城引领、三园提升、四带协同、全域联动发展的新格局。

1. 两城引领

“主城”作为传统城区，着力实现优化提升；“高铁新城”则着力打造科技创新集聚区、新旧动能转换示范区。实施主城区和高铁新城“双核”联动，打造新旧动能转换主引擎。

2. 三园提升

依托嘉明经济开发区、凤凰工业园、郑家工业园，积极引进和培植一批龙头大企业，进而带动大批中小企业进驻园区，形成特色鲜明的新增长点，打造新旧动能转换主载体。

3. 四带协同

培育形成大运河文化旅游带、京九绿色物流带、大外环生态农业带、湖南路创新创业带，“四带”协同打造新旧动能转换增长极。

4. 全域联动

坚持深度融合、互利共赢，促进全区各镇街、园区特色发展，错位发展和互动发展，实现全区整体效益最大化。

（三）发展目标

到 2022 年，新旧动能实现平稳接续、协同发力，基本形成新动能主导经济发展的新格局，经济质量优势显著增强，基本建成质量效益好、产业结构优、创新能力强的现代化产业体系。“四新”经济增加值占比年均提高 1.5 个百分点左右。

二、东昌府区以规划引领新旧动能转换取得的成效

新旧动能转换规划实施后，东昌府区坚持以问题为导向，着力于破解制

约经济发展的突出问题，举全区之力推进实施新旧动能转换工作，取得了一定的成效。

（一）产业结构不断优化

东昌府区三次产业比例调整为10.6∶44.2∶45.2，三产占比比2017年同期提高0.5个百分点。现代服务业加快发展，获批“省级服务业综合改革试点区”，服务业占比明显高于聊城市其他区县水平，成为东昌府区经济发展的支柱产业。

（二）新型工业扩量提质

2018年上半年，规模以上工业增加值增长6.8%，增速比一季度快3.9个百分点。其中，金帝公司高端轴承保持器国内市场占有率达70%，企业规模居国内第一，被工信部评为“中国制造业单项冠军培育企业”。大族激光智能制造产业项目和中通新能源汽车产能扩建项目入选全省新旧动能转换重大项目库第一批优选项目名单。

（三）现代农业加快发展

农业“新六产”不断发展，完成土地流转30.84万亩，市级以上龙头企业54家，同比增加8.6%。新增农民专业合作社53家，新增家庭农场7家。21家企业实现了溯源管理，开始使用溯源标识；6家企业产品被授权使用“聊·胜一筹！”区域性公用品牌。“三品一标”认证企业达到23家，东昌府区被评为“山东省农产品质量安全县”，为全省首批获此殊荣的9个县（市、区）之一。

三、东昌府区以规划引领新旧动能转换的启示

东昌府区在以规划引领推进新旧动能转换过程中，坚持顶层设计、遵循科学谋划与产业发展相结合的道路，积累了宝贵的经验，得到了一些有益的启示。

（一）建立现代化产业体系是加快实现新旧动能转换的根本途径

实施新旧动能转换的主要抓手和着力点是要不断地改造提升传统产业，大力培育新兴产业，建立现代化产业体系。实施新旧动能转换，必须根据自身经济发展特点、优势和不足，突出转换重点，强化产业优势，补齐产业短板，努力构建现代化产业体系，推动经济高质量发展。

东昌府区根据自身产业特点和区位优势，以新旧动能转换实施规划引领产业发展，加快构建“1＋2”现代化产业体系。一是培育高端装备产业集群。传统装备制造业作为东昌府区的支柱产业，对东昌府区经济的发展发挥着基础性的作用，但东昌府区装备制造业也存在着传统产能比重较高、产业布局分散、科技含量不足、处于产业链底端，企业效益不佳等突出问题。因而规划应以传统装备制造业转型升级为主要抓手，以龙头企业为核心聚集资源要素，促进产业集群化发展。二是打造鲁西生态农业基地。目前东昌府区农业发展的主要短板是第二产业的衔接作用并未凸显，形不成规模和体系，产业链相加、价值链相乘、供应链相通“三链重构”体系亟待完善，应规划以实施乡村振兴战略为支点，促进农林牧渔业与加工、旅游、文化、康养等产业深度融合，利用现代化信息技术大力发展智慧农业、农村电商等新产业新业态，加快发展农业“新六产”。现阶段，东昌府区农业种养殖业已初具规模并形成了东昌上林苑、天乐庄园、天地亿丰等独具特色的田园综合体和现代农业庄园，集旅游、文化、康养等功能的农村旅游业发展潜力巨大。三是打造冀鲁豫三省交界的现代服务业基地。应规划以构建现代服务业产业体系为目标，重点发展生产性服务业与生活性服务业。

（二）构建强大动力机制是加速新旧动能转换的必然要求

实现新旧动能转换必须构建强有力的动力机制。改革、创新、开放是新旧动能转换的三大动力引擎，加速新旧动能转换，需要重点在深化改革、创新发展、加大开放上下功夫。首先，深化改革是激发新旧动能转换内生动力的关键举措。推动新旧动能转换必须建立一套与之相适应的体制机制。这就需要在加快推进中坚持把深化改革作为根本动力，建立积极严格有效的督查和问责机制，改善政府某些部门的低效以及不积极作为；构建对各地政府开展体制机制创新的奖励与容错机制，持续激发全社会活力和创造力。其次，科技创新是推动新旧动能转换的核心驱动力。新旧动能转换的关键在于以创新引领发展，东昌府区通过规划大力实施“创新强区”战略，搭建科技创新平台，构建科技孵化生态环境，以及发挥企业家精神，激发企业内生创新动力，创造出适宜创新的环境。再次，扩大开放是推动新旧动能转换的强大助推力。实施新旧动能转换必须加大产业和市场开放力度，特别是服务业开放力度。通过加大开放，在先进技术、高端人才、重大项目引进等方面就会产生新突破。

（三）建立协调推进机制是实现新旧动能转换的必由之路

新旧动能转换作为一项系统工程，必须统筹协调发展，增强发展的整体性。在促进区域协调发展、城乡协调发展、经济社会与自然环境协调发展的过程中，进一步解决发展不平衡不协调的问题，使人才、知识、技术、信息、数据等要素在区域、城乡、部门、企业间自由流动，共享各类要素及资源，最终形成协同合力。特别要通过规划的实施，统筹区域协调发展，形成高效、协调、可持续的空间开发格局；统筹城乡协调发展，加快新旧动能转换在城乡落地生根；统筹经济社会与自然环境协调发展，贯彻绿色发展新理念。

（四）构建强大支撑保障体系是推进新旧动能转换的根本保证

加快新旧动能转换是新时代破解我国经济发展难题的必然选择，也是顺利实现经济发展阶段转变的关键所在，是一项艰巨的历史性任务，必须构建强大的支撑保障体系才能保证新旧动能转换取得实效。在支撑保障体系中，政府服务是新旧动能转换的核心支撑，东昌府区以新旧动能转换实施规划为引领，积极争取落实国家、省、市关于新旧动能转换综合实验区各项政策，加快转变政府职能，2018 年上半年，削减区级行政权力事项 48 项，推行“一次办好”审批服务，严格实行“清单”管理，进一步减少政府对资源的直接配置，创造了一个逐渐向好的营商环境。人才建设是新旧动能转换的关键支撑，新旧动能转换归根到底是新技术、新模式的应用，新产业、新业态的发展，这都需要一批掌握核心技术、引领新兴产业发展的高层次创新型人才的关键支撑。基础设施建设是新旧动能转换的基础支撑，通过基础设施的进一步建设和完善，将为加速新旧动能转换提供基础保障。

案例三十

周村区改造提升传统动能的实践与启示

淄博市周村区作为一个老工业区，以改造提升传统动能为抓手，探索出新旧动能转换的新路子，形成了一些可复制的经验做法。

一、周村区改造提升传统动能的背景

周村区现辖区域面积160平方公里，人口25万，有2个镇、4个街道办事处、1个省级经济开发区。周村是一个老工业区和百年商埠，还是全国重要的轻纺工业基地，2004年被命名为“中国纺织产业基地”。周村区在发展中遇到传统动能减弱而严重制约经济发展的困境，改造提升传统产业、培育经济发展新动能就成为一种必然选择。

（一）周村经济发展遇到瓶颈

周村区是一个老工业区，传统产业居多，近年来随着经济转型升级的深入和市场竞争的加剧，再加上资源、环境对产业发展的约束，传统产业发展碰到了“天花板”，面临着强生产、弱品牌、品质一般的尴尬局面。具体表现为以下几个方面：

一是普遍存在技术装备水平较低，工艺较落后，科技含量低的问题。因为竞争充分、利润偏低，多数传统产业企业没有多余的资金进行产品研发。

二是周村区传统产业小企业居多且较为分散，导致缺乏行业影响力，近年来传统产业对地方经济的支撑作用有弱化的趋势。

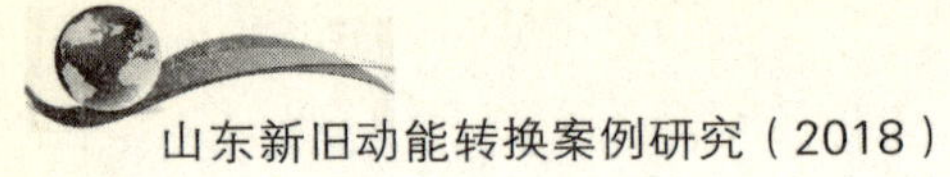

三是在生态被越来越重视的情况下，传统的生产方式受到越来越多的制约。

（二）新旧动能转换带来重大机遇

周村区传统产业面广量大，这些传统产业对城镇职工就业、保证经济社会稳定起到十分重要的作用，对周村区而言推进新旧动能转换不应是简单的淘汰传统产业。在山东省新旧动能转换重大机遇面前，周村区委、区政府审时度势，认识到技术落后是传统产业丧失竞争力的主要原因，从而确定把传统动能改造提升作为周村区新旧动能转换的重要抓手。通过引进高新技术，克服传统产业发展的瓶颈，促进传统优势产业经历“凤凰涅槃”，催生“老树发新芽”，实现新旧动能接续转换。

二、周村区改造提升传统动能的做法

周村区为打好新旧动能转换这场攻坚战，成立了以区委书记、区长为组长的新旧动能转换重大工程建设领导小组，统筹指导新旧动能转换工作。确定了转型升级、创新驱动、深化改革等动能改造提升路子，制定印发了《关于推进新旧动能转换重大工程的实施方案》，并将任务细化分解，具化为 86 项工作措施，逐项明确到各单位具体责任人，逐项制定时间表、路线图，确保高质量落实到位。

（一）夯实传统动能改造提升的基础

周村区在夯实传统动能改造提升的基础方面做了以下几方面的探索：

1. 坚持向存量要发展，拓展传统动能转换的空间

周村区加快“腾笼换鸟”，把新项目落地建设、低效用地盘活利用有机结合，为传统动能改造提升开辟了广阔空间。2017 年以来，共盘活利用土地 2654 亩，新上了一批带动性强、效益高的好项目。如海尔家居产业园项目盘活永盛、大汉物流低效土地 359 亩，项目建成后每年可实现产值 120 亿元、税收 5 亿元，新增就业 2 万人；千禧农谷项目盘活废旧高尔夫球场及普利苗木园 120 亩，可实现年销售收入 8 亿元、利税 1.3 亿元，新增就业 500 余人；智慧厨电项目盘活樊家物流园低效土地 110 亩，可入驻企业 50 家，每年可实现营业收入 30 亿元、利税 8000 万元，新增就业 5000 余人。

2. 优化园区布局，整合提升传统动能

园区是承接项目、集聚产业、加快传统动能改造的主要载体，是区域经济弯道超车的强力引擎。周村区坚持力量向园区集中、政策向园区倾斜、要素向园区配套，形成“一个经济开发区＋三个特色产业园＋N个小型特色产业集中区”的发展布局。完善园区管理体制，通过引入专业运营公司、实施规范化管理，着力将园区经济打造成新旧动能转换的重要增长极。按照每个园区一个研究中心、一个大数据平台、一个产业创新综合体的标准建设，提升园区综合竞争力。目前随着一批重点项目落地，园区建设呈现出全面提速的良好势头。丝绸纺织产业园内恒利纺织年产1.5亿米高档环保面料和研发中心项目等4个项目均已开工建设。海尔家居产业园是海尔COSMO在家居领域的全国首个示范基地，已开工建设。智慧厨电产业园总建筑面积4.62万平方米的一期6栋标准厂房即将交付使用，并与中国网库集团、阿里巴巴1688平台展开合作。

3. 全力打造区域品牌，提升传统产业内涵

品牌建设是传统产业提升产业价值、增强企业竞争力的有效途径。周村区发挥和放大“中国纺织产业基地”“中国软体家具产业基地”“中国电热锅产业基地”三个区域品牌效应，组织企业参加广交会、华交会等国内展会，并大力开拓俄罗斯、中亚、欧美等国际市场，集中展示“周村制造”品牌。引入专业品牌运营机构，在产品开发、推广等方面提供服务。建立企业品牌培育梯队目录，每年在目录库内挑选10家左右企业重点培育，争创中华老字号、山东老字号等各类品牌。

（二）坚持用创新驱动传统动能的改造提升

1. 抓好两化融合建设，为传统动能插上信息化的翅膀

工业化和信息化的深度融合是实现传统动能改造提升、打造竞争新优势的重要手段。2017年，周村区组织嘉和耐材等5家企业与银蕨科技公司对接，促进传统产业智能化改造合作，方达电商园等6家企业被列入山东省“互联网＋”示范培育计划名单。2018年，确定“1家智慧工厂、10个智能车间”，目前项目完成投资8000万元，示范作用明显。同时公布了20个“智慧车间”和“机器换人”重点项目，加快推进区内企业智能化改造。其中，多星电器锅

体拉伸—成型—抛光智能化生产车间以自动化代替人工，极大降低了生产成本；玉兔公司自动化灌装生产线，实现了人工零参与。做好“工业企业上云”工作，目前已有50家企业启动了上云工作。

2.通过实施技术改造，加快推动传统动能转换

技术改造是推动传统动能改造提升的重要途径，周村区鼓励企业加快推进技术改造，抢占新一轮产业竞争制高点。制定了《全区技术改造突破年实施方案》，紧紧围绕“高、新、轻、绿”为转型方向，强化调度管理，力争尽早投产达效。2018年1～8月，累计策划技改项目176个，涉及企业136家，其中计划投资500万元以上项目127个；完成技改投资69.4亿元，同比增长20.2%；共有41个项目列入市重点技改项目，个数同比增长78.2%。其中，宏信化工引进的台塑点巡检系统，通过对重点设备主要部位的智能化巡检，极大提高了安全管理效率；大染坊公司引进的电子大提花车间，是国内丝绸纺织行业首条宽幅提花生产线，提升了市场竞争力；新景机械年产1000台智能装备及机器人项目等37个项目实现开工建设。

3.突出科技平台建设，推进科技成果转化

科技创新已成为传统企业转型发展的重要支撑，周村区积极整合研发资源，力争每个行业至少建成一个国家级研发平台，每年召开一次省级以上行业技术研讨会，聚拢先进技术与人才。方达电子商务园二期、京鲁科创等创业创新平台的建设，为传统动能改造提升提供了科技支撑。2018年，大染坊公司发挥全产业链优势，获批国家级企业技术中心，山东省共认定4家，公司新产品产值占比达到80%。齐鲁华信公司被认定为山东省瞪羚企业名单。目前周村区丝绸纺织、沙发家具、电子电器三大传统产业国家级企业技术中心、技术研发中心达到3家，院士工作站1家，省级技术研究中心、工业设计中心2家，另有7家企业正在申报省级企业技术中心和技术研究中心。引导企业依托行业协会等，主导或参与制订修订一批国际、国家及地方行业标准，周村区制定出台的《山东省家用多功能电热锅团体标准》在国家标准信息平台公布。积极推进校城融合发展，与山东理工大学、山东轻工职业学院分别签订了校城融合发展战略合作协议，达成合作协议或意向60余项。认真落实上级补助政策，为20家企业落实352.9万元省财政研发补助资金。

(三)营造传统动能改造提升的优良环境

为营造传统动能改造提升的优良环境,着力营造传统动能改造提升所需的服务环境、强化规划和政策支持以及提供人才支撑和智力保障等。

1.营造传统动能改造提升所需的服务环境

传统动能改造提升给政府部门的服务提出了新的要求,政府部门必须提高适应传统动能改造提升的服务能力。周村区实施倒逼机制,制定出台《"蜗牛奖"认定办法》,整治不作为、慢作为。认真落实"店小二"服务精神,实行"一次办好"项目审批;编制印发《惠企政策汇编》及《政策解读》,收录各项惠企政策38项,并主动送政策到企业。同时,加大对上争取力度,2017年以来为传统动能改造提升争取各类资金2000万元以上。

2.强化规划和政策支持

传统动能改造提升是一项系统工程,离不开规划的引导和政策的鼓励支持。周村区印发了《关于推进新旧动能转换重大工程的实施方案》,并制定出台了《周村区重点项目论证实施办法》《全区技术改造突破年实施方案》《周村区招商引资技术改造重点项目要素保障实施方案》《周村区工业和服务业企业三年培训实施方案》等政策文件。

3.提供人才支撑和智力保障

人才是第一资源,也是传统动能改造提升的强大引擎。周村区深入开展人才政策宣传,累计发放"淄博人才新政23条"、配套实施细则、《人才支持政策指引》等2万余册。2018年,周村区入选省泰山产业领军人才工程2人,引进"千人计划"专家2人、泰山学者特聘专家1人;举办了"2018院士专家周村行暨海外智力洽谈会""专家人才周村行"和"企业高校院所行",各类人才的引进和使用为传统动能改造提升提供了强力支撑。

三、周村区改造提升传统动能取得的成效

周村区传统动能改造提升的成效初显,传统产业规模不断壮大,发展质量逐步提升。2018年上半年,三大传统产业规模以上企业中丝绸纺织行业主营业务收入达到44.33亿元,沙发家具行业达到10.3亿元,电子电器行业达到74.51亿元,分别增长6.1%、5.8%、6.2%。同年1~7月,周村区工业

增加值增幅为5.9%，规模以上工业企业实现主营业务收入476.13亿元，同比增长9.1%，实现利润36.33亿元，同比增长13.0%。同年1～8月，周村区工业纳税前200名企业累计纳税总额8.30亿元，同比增长58.57%，其中国税总额6.37亿元，同比增长75.65%，地税总额1.93亿元，同比增长19.95%。截至目前，税收过千万的企业有14家，比去年同期多3家，税收实现增长的企业有153家，占比76.5%，其中96家企业增幅超过50%。

四、周村区改造提升传统动能的启示

周村区改造提升传统动能带来的启示，主要有以下几个方面：

（一）传统动能改造提升的动力源泉是坚持走创新驱动之路

创新驱动是推进传统动能改造提升的第一动力。只有坚持创新驱动，才能催生新技术新工艺不断涌现，形成新业态、新模式，打造新的经济增长点。因此，必须通过激发创新原动力，为传统动能改造提升提供条件。一是加强创新平台建设。鼓励企业通过多种形式设立研发机构，推进企业与高校、科研院所开展战略合作，以创新促转型，实现“制造”向“创造”“智造”跃升。二是推进“大众创业，万众创新”。落实创业优惠政策，组织创业技能培训，发挥大学生创业孵化中心、众创空间等平台在培育创业主体、降低创业成本方面的功能，为创业者提供低成本、便利化、全要素的发展空间。三是增加技术改造中自主研发的比重。鼓励企业从一般引进向研制具有自主知识产权的技术方向发展。在核心装备、关键材料等领域开展技术攻关，并加强对研究成果的专利跟踪。四是利用新技术支撑品牌建设。建立产品和服务全过程管理体系，把好每个环节和关口，并加强品牌设计，选择品牌定位，制定品牌规划，树立品牌形象。实现传统品牌高端化，赢得未来发展的主动权。策划举办区域品牌推介高端展会、论坛，推动名企、名园区、名基地发展。抓好周村烧饼、凤阳沙发、大染坊丝绸、多星电器、玉兔调味品、王村醋、馍馍酱等优势品牌建设。

（二）传统动能改造提升的重要途径是坚持走合作开放之路

山东经济外向度低于全国平均水平，开放程度不高。因此要以融入国家、省重大区域发展战略为统领，加大招商引资力度和丰富对外开放内涵，用高质量的开放带动高质量的发展。一是优化招商引资体制机制。搭建资产运营平台，提高招商项目策划包装水平，全面收集国企、上市公司、知名民企等公司对外投资信息，有针对性地开展点对点招商。制定政策吸引区外银行、保险机构、小贷公司等优质企业入周发展，丰富金融领域业态。设立招商引资专项资金，用于兑现招商优惠政策。建立项目前期联合预审、招商项目落地保障等机制，提高招商引资质量和效率。二是促进对外贸易升级。大力发展跨境电商，依托方达电商园，以阿里巴巴“一达通”入驻成立周村“一拍档”外贸综合服务平台为契机，聚集本地电商和传统外贸企业，保持传统出口优势的同时不断培育外贸新优势。引导建筑企业抓住国际服务业转移机遇，积极承接国际工程。鼓励扶持实力企业赴境外投资，带动传统产业转移以及技术、设备、产品的出口。三是积极融入“一带一路”建设。加强投资政策宣传，引导企业在“一带一路”沿线国家开展投资。周村海天纺织在孟加拉国设立销售公司，并办理完境外投资手续。福王家具、蓝天沙发等家具龙头，与俄罗斯“中国购”“齐贸通”等电商平台开展合作。

（三）传统动能改造提升的布局策略是坚持走园区铸链之路

完整的产业链能够带来成本上的比较优势，使园区内的企业互为上下游产业，才能最大限度产生园区效应，将传统产能的压力转化为产业合作的优势。必须认真梳理现有产业情况，围绕产业链引进建链、补链、强链项目，促进产业集聚发展。一是加强产业链上下游合作，提升协同能力。围绕产业中的龙头企业，引进关联的上下游项目，填补缺项。如机械制造业引进精密铸造、零部件加工等项目。二是做强产业链条。在现有工业布局形成的产业链基础上，按照专业化分工协作的原则，加大对产业链中薄弱环节的扶持力度。三是加强横向联合，扩大链条规模。积极推动企业上市，主动寻求与国内外产业的合作对接，并引导企业增加投入带动产业链条规模扩张。

（四）传统动能改造提升的保障条件是坚持走深化改革之路

着力破除制约新旧动能转换的体制机制障碍，激发传统动能发展活力。一是深化“放管服”改革。继续精简行政审批事项，推进审批和服务的标准化。健全部门行政权力清单、责任清单和随机抽查事项清单并向社会公开。完善手续办理并联审批、容缺受理等制度。为项目提供充分的公共基础设施和服务，依托“互联网＋政务服务”，对项目手续办理、建设推进实行全过程跟踪服务。二是补齐要素短板。从用地供应、融资服务、科技人才、外部环境等方面，将各类资源要素打包集成，坚持区级统筹、统一调配的办法，优先保障重点项目和企业，做到应保尽保。三是建立完整的人才培养引进机制。通过高薪、技术入股等措施，吸引更多国内外高水平人才，加强创新型、复合型人才的培养，为传统动能改造提升提供智力支持。

案例三十一

生动演绎新旧动能转换的菏泽样本

——牡丹创意家居小镇的实践

2015年4月,在废旧厂房里崛起的天华电商产业园,是菏泽电商发展的标志。它是集网商创业孵化、众创(公共创造)空间、新媒体广告、电子商务、仓储物流、配送、线下体验及综合支持等功能为一体的电商产业园区。园区第一批入住的电商,有很强的"本土特点",大多从事像菏泽的牡丹、农副产品、家居装饰产品等产品的销售。其中,有70%以上的电商都经营家具的网上销售,但他们的货源地是河南甚至是更远的南方。

这就面临以下问题:一方面,菏泽市是个林业大市,林业种类丰富,生产家具的企业众多,但基于工艺、技术、销路等方面的限制一直发展不起来;另一方面,赶上电子商务大潮的菏泽家居销售的电商们,却苦于货源的不畅通、成本高、利润低。生产端的极大缺口成了天华电商园区管理者面临的难题。在此背景下,牡丹创意家具小镇应运而生,并在发展中逐渐成为菏泽市牡丹区用"四新"促"四化"、推动新旧动能转换的生动典型案例。

一、牡丹创意家居小镇的发展模式

牡丹创意家居小镇之所以能率先进入山东省"四新""四化"重大项目库,一方面在于它取得的成绩;另一方面在于它的发展是聚焦聚力"四新"促"四化",以新旧动能转换为发展引擎,以电子商务为依托,通过"电商+实体"的发展模式，形成了以“互联网＋”为特色的新实体经济。

（一）匠心与电商碰撞，用新模式促跨界融合化

在整个中国互联网崛起的大背景下，菏泽电商风生水起，以裂变式的速度急速增长。电子商务在菏泽的迅猛发展，正在倒逼菏泽传统产业的逆袭。比如菏泽的铁棍山药，种植历史悠久，但却几乎年年遭遇销售危机。原因就是知名度打不出去，没有话语权，定价机制被一些山药巨头控制。这一被动局面在电商化之后就有了彻底的改观。从原产地直供餐厅、餐桌，绕开了中间商，打破垄断，好东西也卖上了好价钱。菏泽山药的逆袭，同样适用于菏泽的家居产业。天华电商产业园成立以后，迅速实现了与阿里巴巴、猪八戒、菜鸟物流、京东等国内著名的电商企业的合作，这就为菏泽的传统产业打开了广阔的市场。牡丹创意家居小镇成立之初，就拥有了得天独厚的市场优势。

首先，拥有超强的物流区及电商直销平台，为天荣定制家具来料和产品走出去开通“高速列车”。其次，借助阿里巴巴、京东、猪八戒网等互联网平台，利用大数据、VR等技术，客户根据自身需求，打造适合自己的家居样式，实现私人订制及一站式购物体验。这是匠心与电商碰撞出的火花，是用新模式促跨界融合化的典型。

（二）匠心与科技融合，用新技术促品牌高端化

菏泽传统家居产品有着独特的地域特点，在牡丹创意家居小镇的生产车间，手工匠人的身影依然可循，能够看到手工匠人刀刻的巧夺天工的家具工艺品。但由于技术水平的限制，很难与大的流水线上生产的家居产品相媲美。

在牡丹创意家居小镇利用区域特色产业整合运营发展的模式，聚大聚强，小加工作坊的生产弊端就被有效摒弃。如天荣定制家居产品的身上，不仅流淌着传统鲁班匠人的血液，还有着现代高科技的烙印。在生产车间，全自动排钻机、砂边机、数控电脑雕刻机、电脑数控CNC等几十种自动化设备让人应接不暇，每一步骤都通过人工＋电脑控制进行把关，处处体现着精细化和专业化。

牡丹创意家居小镇要创造出菏泽高端家居产品的品牌效应，就需要突出创新意识和科技含量，突出高端制造，突出个性化需求，突出市场引领。目前，牡丹创意家居小镇实施的电商定制加盟和全国营销加盟模式，积极与淘宝、天猫、京东等电商平台合作，实现了线上线下、虚拟与实体、国内国际相结合，打造全国知名的电商家居销售平台。利用天荣家居品牌带动现有的天荣家居生活馆、鲁匠、AA、淘木轩、森梵、名门匠橡等品牌店铺的快速成长。天荣家居已经成为国内首屈一指的家具高端品牌，并逐步引领中国时尚家居的新潮流。

（三）匠心与人才的融合，用新产业促智慧产业化

现代社会企业的竞争最终会体现在人才的竞争上。牡丹创意家居小镇在成立前就在引进人才方面下了大功夫，具体做法就是从家居产业的前沿阵地北京、上海、深圳等城市精心挖掘和高薪聘请。截至 2018 年，公司已拥有了生产制造高级人才和研发设计人才 66 人。天荣家居还汇聚了美国和我国台湾的高端设计和运营管理精英，吸引了一大批高素质高学历的顶尖技术人才，打造出了一支既掌握国际先进生产技术又具有深刻理解设计理念的年轻专业团队。在现有的 4600 名车间工人中，有 600 人为中高级技术人才。天华电商产业园通过与阿里研究院签订的《长期合作协议》，建设了优博商学院，源源不断地为企业培训电商人才，目前已有 5000 余人。

人才的增长为企业的发展注入新的活力，传统制造产业与人才的融合，以及“互联网＋”与传统制造业相融合，推动着传统产业的网络化、数字化、智能化。运用新技术、新管理、新模式，对传统产业进行智慧化改造，使产品技术、工艺装备、能效标准等向更高水平跃升，从而实现传统产业的提质增效。

（四）匠心与环保相结合，用新业态促产业智慧化

匠心与环保相结合，现在牡丹创意家居小镇以“打造花园式的生产企业”为目标，厂区内实施全路面硬化和全覆盖绿化，确保地面零裸露。在未来，天荣的领导者们把现代人对环保、对美丽家园的渴求纳入自己企业的发展规划中，要成长壮大成“宜产、宜商、宜居、宜创、宜游”的现代化生态型人文小镇，就要实现传统产业要素重新高效组合，促进产业智慧化发展。

在实地调研中不难发现，虽然一件产品需要经过 28 道工序才能完成，但是整个车间环境并没有人们想象中家具工厂的“脏、乱、差”，更没有灰尘四起、油漆味刺鼻的现象，干净、敞亮的车间环境让人眼前一亮。企业投资了

1000万元给每个车间都安装了先进的中央吸尘设备，可将生产中产生的木屑和粉尘都由连接在工人操作台上的软吸管直接抽到粉尘设备集中处理中心进行处理，最大限度地保障了每件加工的备件以及半成品表面光洁、干净、无尘。这样做不仅为工人提供了良好的工作环境，还在很大程度上提高了产品的质量。另外，公司在规划建设生产车间之初，就将安全和消防工作放在了首位。目前，在公司所有的生产车间，全部实行覆盖式喷淋消防，并在生产车间的各个生产工序全部放置了安全消防设备。车间拥有高精准的安全防护措施，就最大限度地确保了日常安全生产。这样的匠心与严格环保标准相结合，使得牡丹创意家居小镇生产出的每一件家具都绿色环保，更符合当代人对绿色安全产品的需要。

牡丹创意家居小镇的发展模式，核心是依托于电子商务在菏泽的繁荣发展，电商的发展辐射到实体产业的发展。以“电商＋实业”为龙头，对菏泽传统家居产业进行整合运营。这种模式的独特之处在于聚合，将区域特色产业进行整合运营发展，从分散到集合，能够产生规模效应。在这个基础上，再融入现代企业需要的科技、人才、环保等要素的需求，加之菏泽政府的大力扶植，牡丹创意家居小镇才能在当今竞争激烈的市场经济中脱颖而出。

二、牡丹创意家居小镇的成效

2016年6月，天华电商产业园启动了家居产业，投资12亿在菏泽市牡丹区吴店镇兴建了牡丹创意家居小镇。截至2017年底，成长中的牡丹创意家居小镇已经占地1400亩，拥有了12个独立的家居生产工厂，从德国、意大利等国家引进3800多台高端自动化设备，从北京、上海、深圳等家居产业的前沿阵地挖掘和聘请高级研发及家居设计人才69人，采用了光氧催化（除臭）有机废气净化器处理，实现了从产品研发设计到体验式消费的家居全产业链智造，产品70％电商销售，20％外贸出口，10％线下定制，实现了线上与线下、虚拟与实体、创新与创业的有机结合，2017年实现了收入5亿元，创税3500多万元。“双十一”当天，牡丹创意家居小镇线上销售家居类目企业实现交易额1.1亿元。

牡丹创意家居小镇的发展为菏泽的发展带来了新的动力。截至2017年底，累计创税 3500 多万元，解决了近 100 个贫困户和 4000 人的就业问题，带动菏泽本地家居厂、板厂的发展，有效盘活周边经济，为菏泽市经济社会发展做出了巨大贡献。未来牡丹创意家居小镇仍将以家居业为特色启动产业，按照“产城融合”的发展理念，着力打造成产业上“特而强”、机制上“新而活”、功能上“聚而合”、形态上“精而美”的牡丹创意家居小镇，形成集生产、商业、居住、创业、旅游于一体的现代化生态型人文小镇，成为菏泽城市的后花园，为菏泽再添一张新名片。

三、牡丹创意家居小镇培育新动能的启示

总结牡丹创意家居小镇的发展，能得到以下几点启示：

（一）传统产业升级改造，衍生实体经济发展新活力

没有落后的传统产业，只有落后的产业传统。传统产业培育新动能，必须大胆创新体制机制，搭建研发创意平台、成果转化平台、人才智库平台、服务保障平台，以科技研发带动产业升级和产品的创新，走自主创新、自主设计、自主生产、自主品牌之路；另一方面要推动产品升级，做到精致生产，提高产品研发技术和管理水平，提高产品的档次和附加值，从而带动消费结构升级。

（二）传统产业与电商高度融合，培育产业发展新动能

菏泽在发展中挖掘到了发展电子商务的潜在优势，要因势利导，把小优势培育成大优势。电商是销售端，能很好地拉动实业，而实业又能保障电商销售渠道的供应链。牡丹创意家居小镇的发展模式已经表明电子商务能够促进传统产业与市场充分对接，加速人才、资金等要素流动和聚集，改善产业集群规模小、实力弱和集约化程度低的状况，推动企业提档升级。那么这样的发展模式很有可能复制到牡丹、服饰加工、山药、桐木制品等菏泽传统特色产业中，让“老树发新芽”“老树嫁新枝”，有效推进区域经济转型升级，加速新旧动能转换。

（三）政府护航，为新旧动能转换开辟通道

牡丹创意家居小镇的发展进程中仍有掣肘之处，如面临进一步的土地征用承包、管网工程、融资困难等问题，这仍需政府创造条件、改善发展环境。

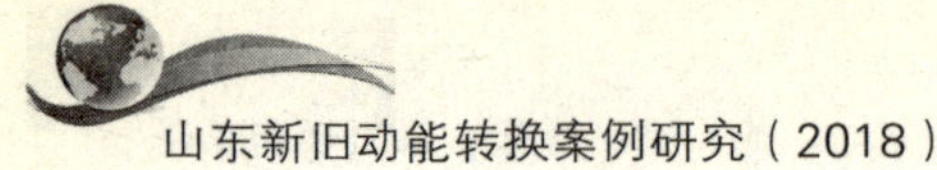

如将“放管服”改革落到实处，全面实行清单管理制度，扩大市场准入负面清单试点，清理取消不必要的生产和服务许可证；推广“互联网＋政务服务”，普及网上预约、审批、咨询，全面实行阳光审批、限时办结等制度，提高审批效率，持续改进对企业的服务。同时，应积极探索包容创新的审慎监管制度；适当扩大政府对初创企业新技术、新产品、新服务的采购力度，完善与新产业、新业态相适应的就业和社保制度；综合施策促进知识、技术等新生产要素合理流动、有效集聚，从而保障和促进技术市场发育，加快科技成果转化，加速改造提升传统动能；加大财税金融支持力度，落实和完善全面推开营改增试点政策，简化增值税税率结构，进一步减轻企业税收负担，以及促进金融机构增强服务实体经济能力，有效缓解中小微企业融资难、融资贵等问题。